全国高等教育经济管理类
新形态系列教材

商务礼仪

理论、案例与实训

附视频指导

BUSINESS ETIQUETTE

龚荒◎主编

戴西超◎副主编

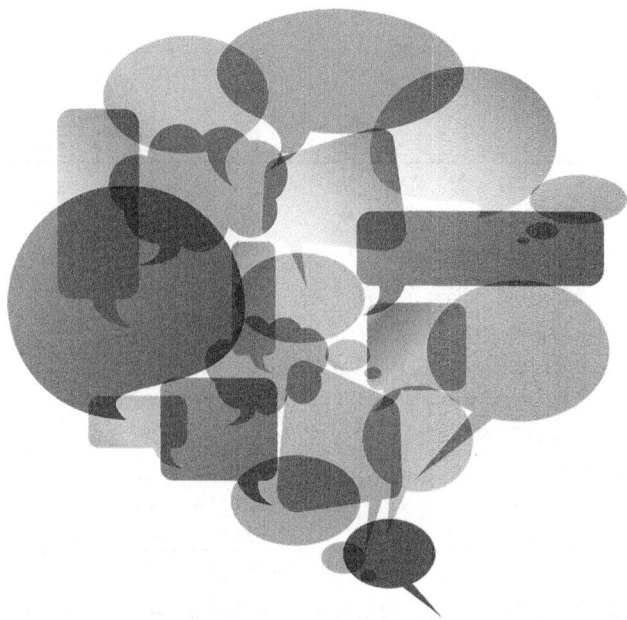

人民邮电出版社

北 京

图书在版编目（CIP）数据

商务礼仪：理论、案例与实训：附视频指导 / 龚
荒主编. -- 北京：人民邮电出版社，2023.6
全国高等教育经济管理类新形态系列教材
ISBN 978-7-115-61151-2

Ⅰ. ①商… Ⅱ. ①龚… Ⅲ. ①商务－礼仪－高等学校
－教材 Ⅳ. ①F718

中国国家版本馆CIP数据核字(2023)第023534号

内 容 提 要

本书系统阐述了商务礼仪的相关内容。全书分为 10 章，主要内容包括：商务礼仪概述、个人形象礼仪、商务交往礼仪、言谈礼仪、通信礼仪、求职面试礼仪、职场沟通礼仪、商务宴请礼仪、商务仪式礼仪、涉外礼仪。

本书采用"理论阐释+案例实训+视频指导"的编写模式，突出本课程"理论够用、重在实践"的教学特色，强化案例教学和实际应用能力的培养。各章均设计安排了引例、实例、拓展阅读等栏目，并附有练习测试题（包括选择题、判断题、简答题、自我测试等）、案例分析题和实训。

本书配有教学课件、教学大纲（课程质量标准）等教学资源，用书教师可登录人邮教育社区（www.ryjiaoyu.com）下载。

本书可作为高等院校经济管理类相关专业课或通识课的教材，也可作为职场培训或自学参考书。

◆ 主　　编　龚　荒
　　副 主 编　戴西超
　　责任编辑　孙燕燕
　　责任印制　李　东　胡　南
◆ 人民邮电出版社出版发行　　北京市丰台区成寿寺路 11 号
　　邮编　100164　电子邮件　315@ptpress.com.cn
　　网址　https://www.ptpress.com.cn
　　固安县铭成印刷有限公司印刷
◆ 开本：787×1092　1/16
　　印张：13　　　　　　　　　　2023 年 6 月第 1 版
　　字数：347 千字　　　　　　　2025 年 2 月河北第 4 次印刷

定价：49.80 元

读者服务热线：(010)81055256　印装质量热线：(010)81055316
反盗版热线：(010)81055315

前言

Foreword

党的二十大报告指出，中华优秀传统文化源远流长、博大精深，是中华文明的智慧结晶，其中蕴含的天下为公、民为邦本、为政以德、革故鼎新、任人唯贤、天人合一、自强不息、厚德载物、讲信修睦、亲仁善邻等，是中国人民在长期生产生活中积累的宇宙观、天下观、社会观、道德观的重要体现，同科学社会主义价值观主张具有高度契合性。党的二十大报告还指出，实施公民道德建设工程，弘扬中华传统美德，加强家庭家教家风建设，加强和改进未成年人思想道德建设，推动明大德、守公德、严私德，提高人民道德水准和文明素养。

礼仪教育承载着传承中华优秀传统文化和提高全社会文明程度的重任，是国民素质教育的重要内容。在社会实践中，人们也越来越认识到礼仪不仅是维系社会正常生活而共同遵守的行为规范和准则，同时也是一个人内在修养和素质的外在表现，是人际交往中的一种技能和艺术。对商务人员而言，礼仪是其在商务领域立足的基本素质，是商务人员需要终身学习的一门功课。

本书采用"理论阐释+案例实训＋视频指导"的编写模式，在框架结构设计上做了精心构思和安排，既考虑到该课程的整体性和系统性，又突出了实战技能和方法技巧的培训。本书特色主要体现在三个方面。

（1）在"**理论阐释**"方面，本书突出"理论够用、重在实践"的教学特色。本书针对不同情境下商务活动交往的需要，系统阐述了商务礼仪的相关内容。根据商务礼仪课程的特点，本书不强调理论知识的堆砌，突出"理论够用、重在实践"的教学特色。

（2）在"**案例实训**"方面，本书突出实用性的特色。各章均配有引例、实例、拓展阅读等栏目，并在每章末附有练习测试题、案例分析题和实训。章节中间穿插的实例和章末的案例丰富而精练，有的内容来自对商务礼仪实践的总结，有的内容改编自上百部教材、专著中的经典案例。案例分析题后附有问题讨论，教师可以有选择地将其用于课堂教学中的小组讨论。通过实训等环节的训练，学生可以提升实践应用能力，将理论联系实际，达到学以致用的目的。

（3）在"**视频指导**"方面，本书配备丰富而精彩的短视频。本书提供了大量的短视频，把更多的相关知识点和案例呈现给读者，这些短视频可用于课中播放和观后讨论，便于课程教学。用书教师可到人邮教育社区下载使用。

本书由龚荒任主编，戴西超任副主编。芈凌云、肖国建、姚伟坤、陈飞宇、杨雷、阿怡江·艾斯哈提、李克东等也参与了部分编写工作。在编写本书的过程中，编者借鉴和引用了有关书籍、文章和短视频资料，在此一并对这些资料的作者表示感谢。

为方便教师教学，本书配有教学课件、教学大纲（课程质量标准）等教学资源，用书教师可登录人邮教育社区（www.ryjiaoyu.com）下载。书中如有疏漏不妥之处，恳请读者提出宝贵的意见和建议（反馈邮箱：gonghuang@163.com）。

编　者

2023 年 2 月

目 录

Contents

商务礼仪概述 | 第1章 Chapter 1

本章内容

- ◎ 礼仪的内涵
- ◎ 礼仪的起源和发展
- ◎ 商务礼仪的范畴和功能
- ◎ 商务礼仪的原则
- ◎ 礼仪修养的目的和内容
- ◎ 礼仪修养的方法

引例

礼仪是第一课

与林晖同一批的应届毕业生共 22 人，实习时被导师带到某公司参观。

全体学生坐在会议室里等待总经理的到来，这时秘书在给大家倒水，同学们表情木然地看着她忙活，其中一个同学还问了句："有绿茶吗？天太热了。"秘书回答说："抱歉，刚刚用完了。"林晖看着有点别扭，心里嘀咕："人家给你倒水还挑三拣四。"轮到他时，他轻声说："谢谢，大热天的，辛苦了。"秘书抬头看了他一眼，满含惊讶。虽然这是很普通的客气话，但这是她今天听到的唯一一句感谢的话。

门开了，总经理走进来和大家打招呼，不知怎么回事，没有一个人回应。林晖左右看了看，犹豫地鼓了几下掌，同学们这才稀稀拉拉地跟着拍手，由于不齐，掌声越发显得凌乱。总经理挥了挥手说："欢迎同学们来这里参观。平时一般都是由办公室的同事负责接待，因为我和你们的导师是老同学，非常要好，所以这次我来给大家讲一下有关情况。我看同学们好像都没有带笔记本，这样吧，王秘书，请你去拿一些我们公司印制的纪念手册，送给同学们作为纪念。"

接下来，更尴尬的事情发生了，大家都坐在那里，很随意地单手接过总经理双手递过来的纪念手册。总经理的脸色越来越难看，来到林晖面前时，总经理已经快要没有耐心了。就在这时，林晖礼貌地站起来，身体微倾，双手接住纪念手册，恭敬地说了一声："谢谢您！"总经理闻听此言，不觉眼前一亮，伸手拍了拍林晖的肩膀说："你叫什么名字？"林晖照实回答，总经理微笑点头，回到自己的座位上。早已汗颜的导师看到此情景，才微微松了一口气。

两个月后，林晖被这家公司录用。有几位颇为不满的同学找到导师："林晖的学习成绩最多算是中等，凭什么选他而不选我们？"导师看了看这几张稚嫩的脸，笑道："林晖是人家点名要的。其实你们面对的机会是完全一样的，你们的成绩甚至比林晖更好，但是除了学习之外，你们需要学的东西太多了，礼仪便是第一课。"

通过案例我们可以感受到，礼仪是我们与他人建立良好人际关系的基础，也是促使我们个人进步的重要途径。那么，针对礼仪到底是什么、商务礼仪有哪些功能、商务礼仪有哪些原则、如何提升礼仪修养等内容，本章将予以系统阐述。

1.1 礼仪的内涵、起源与发展

1.1.1 礼仪的内涵

礼仪，是礼和仪的总称。礼最初的意思是敬神。东汉许慎在《说文解字》中提到："礼，履也，所以事神致福也。"在敬神的基础上，礼的含义逐渐拓展，引申为礼貌、尊敬，范围也扩及人，于是产生了一系列对人表示尊敬的礼节；同时，礼也包含为表示敬意或为显示隆重而举行仪式的意思。随着社会的发展，礼又成为衡量社会行为和道德的规范及法则的总称。仪本意指法度、准则和规范，后来才有了仪式及礼节的含义。

可见，礼仪是人们在社会交往活动中形成的行为规范和准则，是人们为维系社会正常生活而共同遵守的基本道德规范。礼仪具体表现为礼貌、礼节、仪式，是三者的统称。

礼貌是人们在相互交往过程中通过仪容、仪态、语言等表示敬重和友好的行为规范。例如，微笑、主动打招呼、道谢等。

礼节是指在比较正式的交际场合，人们相互表示尊重、祝颂、问候、致意、哀悼、慰问以及给予必要协助和照料的形式。如握手、介绍、馈赠等。

仪式是指具有专门规定的程序化规则的活动。例如，迎送仪式、签字仪式、颁奖仪式、开幕式、升旗仪式、奠基仪式等。

礼貌是礼仪的基础，体现了一个人的品质和素养；礼节是礼貌的升华，是礼仪的主要组成部分；仪式是礼貌的表达形式，是礼仪的秩序规范。礼仪作为一种社会文化和文明的象征，促进了人与人之间的沟通和交往。如今，礼仪规范已被列入某些正式的国际公约，成为各国正式交往中不可缺少的行为准则。

我们可以从不同的角度来认识礼仪。从个人修养的角度来看，礼仪是一个人内在修养和素质的外在表现，个人的素质体现在对礼仪的掌握和应用上。从交际的角度来看，礼仪是人与人之间交际的一种实用艺术，是一种交际方式，是人际交往中约定俗成表示尊重、友好的规范做法。从道德的角度来看，礼仪可以理解成为人处世的行为规范。从民俗的角度来看，"礼出于俗，俗化为礼"，不少礼仪就和民俗有着十分紧密的联系。例如，春节是中华民族悠久、隆重的传统佳节，节前扫尘、除夕守岁、晚辈给长辈拜年、大人给小孩压岁钱等，这些过年的习俗也和我们的节日礼仪紧紧结合在一起。

拓展阅读

用礼仪制度增强认同感和归属感

礼仪关乎人格，也关乎国格。我国自古就以礼仪之邦著称于世，注重树立礼仪之邦的良好形象。我国历来高度重视对国家重要礼仪的教育与宣传，特别是注重通过礼仪制度褒奖先进、彰显礼仪文化的时代价值。

近些年来，我国积极开展形式多样的纪念庆典活动，不断建立和规范礼仪制度。比如，在2019年的中华人民共和国国家勋章和国家荣誉称号颁授活动中，高规格、隆重的仪式，既是崇高礼赞又是庄严宣示，号召人们敬仰英雄、学习英雄，用实际行动为实现"两个一百年"奋斗目标和实现中华民族伟大复兴的中国梦贡献力量。实践证明，建立和规范礼仪制度，对规范人们的言谈举止、激发人们干事创业的精气神具有重要意义。新时代，我们要传承发展中华优秀传统礼仪文化、建立和规范礼仪制度，不断增强人们的认同感和归属感。

1.1.2　礼仪的起源和发展

礼仪产生于人类早期对大自然和神灵的崇拜形式。在当时的条件下，人们对自然界和自身的一些现象无法进行解释，就把它们看作大自然的恩赐与惩罚、神灵的意志，于是开始对自然及神灵产生敬畏，以求赐福和精神上的安慰或免除灾祸。为了表示虔诚，人们创造出了许多祭祀程序和方式，如图1-1所示，而后形成了一整套的仪式，这就是礼仪的起源。

图1-1　人类早期的祭祀仪式

古代，我国已经有了成文的礼仪制度，即"五礼"：祭祀之事为吉礼，冠婚之事为嘉礼，宾客之事为宾礼，军事之事为军礼，丧葬之事为凶礼。

尧舜时期制定的礼仪经过夏、商、周这三个时代的总结、推广而日趋完善。周朝还在朝廷设置礼官，专门掌管天下礼仪，使礼仪臻于完备。在这个时期，礼仪被打上了阶级的烙印。为了维护自己的统治地位，统治者开始将原始的宗教礼仪发展为符合奴隶社会政治需要的礼制，并将礼仪制度化，形成了典章制度和刑典法律。

春秋战国时期，诸子百家争鸣，礼仪也产生了分化。礼仪制度成为国礼，民众交往的礼俗逐渐成为家礼。《管子·牧民》中有"大礼"和"小礼"之说，注释为"礼其大者在国家典章制度，其小者在平民日用居处行为之间。"以孔子、孟子为主的儒家学者系统地阐述了礼制的起源、本质和功能，第一次在理论上全面而深刻地论述了社会等级秩序划分及其意义。

从秦汉到清末，纵观封建社会的发展历程，可以说历代统治者都十分重视礼仪，自秦汉以后的历代统治者都推崇儒家的礼治，如图1-2所示。汉武帝时期，"罢黜百家，独尊儒术"的治国方略确定之后，礼仪作为社会道德、行为标准、精神支柱，其重要性提高到了前所未有的高度。统治者根据自己的统治需要，在沿袭周礼的基础上，不断对礼制加以修改、补充。"导之以德，齐之以礼"，让人们以礼为准绳，不得逾越。这种以礼治国的做法，对稳定当时的社会秩序起到了重要作用。统治者还强化了朝廷设置的掌管天下礼仪的官僚机构，如汉代的大鸿胪、魏晋时的祠部、隋唐以后的礼部（清末改为典礼院）等。

图1-2　封建社会的礼制

　　封建社会的礼仪内容大致有国家政治的礼制和家庭伦理两类。礼制的核心思想已从奴隶社会的"尊君"观念发展为"君权神授"的理论体系，所谓"天不变，道亦不变"，这里的"道"指的就是三纲五常，三纲即"君为臣纲，父为子纲，夫为妻纲"，五常即"仁、义、礼、智、信"，二者形成了完整的封建礼仪道德规范。到了宋代，封建礼制有了进一步的发展，封建理学理论产生，道德和行为规范成为封建礼制的中心，"三从""四德"就是这一时期女子道德礼仪的标准。封建礼仪中的君权神授夸大、神化了帝王，三纲五常、三从、四德压抑了人们的个性发展、限制了人们之间的平等交往。

　　中华人民共和国成立后，我国逐渐确立了以"平等相处、友好往来、相互帮助、团结友爱"为主要原则的具有中国特色的新型社会关系和人际关系。"五讲四美三热爱"给予20世纪80年代强有力的精神支持。改革开放以来，现代礼仪的发展进入了全新的发展时期。

1.2　商务礼仪的功能和原则

1.2.1　商务礼仪的范畴和功能

1. 商务礼仪的范畴

　　根据适用的对象和范围，礼仪大致可分为政务礼仪、商务礼仪、服务礼仪、社交礼仪、涉外礼仪五大类。本书主要介绍的是商务礼仪。

　　所谓商务礼仪，是指人们在从事商务往来的各种经济活动中应当遵循的一系列礼仪规范和准则。商务礼仪既包括约定俗成的商务人员的个人形象礼仪、日常交往礼仪、通信礼仪、求职礼仪、餐饮礼仪、商务活动礼仪等，又包括因地域的文化差别而形成的地区和国家间的不同礼仪。

　　可以说，商务礼仪是一般礼仪在商务活动中的运用和体现，在内容上比一般的人际交往礼仪更为丰富。同一般的人际交往礼仪相比，商务礼仪具有很强的规范性和可操作性，并且与商业组织的经济效益密切相关。

2. 商务礼仪的功能

　　在商务交往中，礼仪的功能是显而易见的，其主要表现为以下几方面。

（1）树立形象

　　一个人讲究礼仪，就会在众人面前树立良好的个人形象；一个组织的成员讲究礼仪，就会为自己的组织树立良好的形象，赢得公众的好感。商务礼仪是企业文化的重要组成部分，商务人员在商务活动中不仅代表个人，还代表企业。因此，商务人员的个人形象同企业生产的产品、提供的服务一样重要，它反映了商务人员个人的教养、阅历及职业素养，体现了商务人员所在企业的管理水平与服务质量。

良好的形象是企业不可忽视的无形资产，是企业在营销中用美誉度赢得客户信赖的基础。尤其是在市场经济环境下，组织之间的竞争除了产品竞争外，还存在形象竞争。一个具有良好信誉和形象的组织更容易获得社会各方的信任和支持，也更可能在激烈的竞争中立于不败之地。所以，组织成员时刻注重礼仪，既是个人和组织良好素质的体现，也是树立和巩固良好形象的需要。

（2）规范行为

礼仪作为行为规范，是约定俗成、大家共同认可和遵守的。礼仪基本的功能是规范行为。在社会交往中，人们相互影响、相互作用，如果不遵循一定的规范，双方就缺乏互动、协作的基础。特别是在商务社交活动中，礼仪可以使人们明白应该怎样做、不应该怎样做、哪些可以做、哪些不可以做，有利于人们界定自我形象、尊重他人、赢得友谊。

（3）传递信息

礼仪是一种信息，有助于表达出尊敬、友善、真诚等感情，使别人感到温暖。礼仪的本质就是尊重人、体贴人。礼仪以表达对他人的尊重和恭敬作为出发点，以构建人与人之间和谐、美好的环境为宗旨。在社交活动中，恰当的礼仪可以获得对方的好感、信任，进而有助于自己事业的发展。

📖 **实例**

乔先生的推销之道

乔先生是一位成功的汽车推销人员，他讲过这样一个故事。

一次，一位中年妇女走进乔先生的展销室，说她想在这儿看看车打发一点时间。闲谈中，她告诉乔先生她想买一辆白色的FT轿车，就像她姐姐开的那辆，但对面FT轿车的推销员让她过一小时再去，所以她就先到这儿来看看。她还说这是她想送给自己的生日礼物："今天是我55岁的生日。"

"生日快乐，女士。"乔先生一边说，一边请她进来随便看看，接着出去交代了一下，然后回来对她说："您喜欢白色车，既然您现在有时间，我给您介绍一下我们的新款轿车，它也是白色的。"

正谈着，女秘书走了进来，递给乔先生一束玫瑰花。乔先生把花送给那位中年妇女："祝您长寿，尊敬的女士。"

她接过花，显得很感动，眼眶都湿了。"已经很久没有人给我送礼物了。"她说，"刚才那位FT轿车的推销员一定是看我开了辆旧车，以为我买不起新车。我刚要看车，他却说要去收一笔款，于是我就上这里来等他了。其实我只是想要买一辆白色车而已，只不过姐姐的车是FT，所以我也想买FT。现在想想，不买FT也可以。"

最后，她在乔先生这儿买走了一辆新款车。

从上面的案例可以看出，乔先生在说服顾客方面拥有高超技艺。他在接待这位女士时并没有使用劝她放弃买FT轿车而买其他车的推销语言，而是通过生日祝福、赠送鲜花这些礼仪举动，表达了对顾客的尊重和体贴，巧妙地拉近感情，感动对方，最终让这位女士改变了原来买FT轿车的想法。

（4）沟通协调

商务活动是一种双向交往的活动，交往的成功与否，首先取决于沟通的效果。面对商务谈判中的同一问题，双方利益不同、看法也不一致，这就给双方的沟通带来了很大的困难。但恰当运用商务礼仪，能够使商务活动的双方互相理解，最终达成一致，实现互惠互利。

除此之外，商务礼仪对商务人员而言也是内部沟通的好方式。在日常工作中，商务人员不可避免地要与同事进行沟通。能否有效地与他人沟通影响商务人员能否确保同事积极地配合自己的工作、能否处理好与上级的关系以及能否协调好团队等。

1.2.2　商务礼仪的原则

商务人员在商务往来中，要遵循以下商务礼仪的原则。

1. 尊重原则

孔子云："礼者，敬人也。"敬人是礼仪的一个基本原则，它要求人们在交往活动中互尊互敬、友好相待。尊敬是"礼"的本义，是礼仪的重点和核心。在对待他人的诸多做法中很重要的一条就是敬人之心常存。处处尊敬、重视他人，处处维护他人的自尊心，这是构建美好和谐关系的基石，更是为自身赢得尊重的必要条件。

商务人员与人交往，不论对方职务高低、才能大小，只要与之打交道，首先就应尊重他人的人格。人格作为一个人的主体灵魂，是个人在社会生活中主体地位与价值的表征，所以，尊重人的人格为尊重原则的第一要义。相互尊重还包含尊重人的人身自由及其他权利，比如要尊重人的隐私权，允许他人表达思想、表现自己等。此外，善于肯定人、欣赏人和赞美人，也是尊重的具体表现。商务礼仪中的尊重还包括了解和尊重不同国家与地区的不同礼节方式及风俗习惯。

📚 实例

尊重的力量

一个颇有名望的富商在路边散步时，遇到一个衣衫褴褛、瘦骨嶙峋地摆地摊卖旧书的年轻人，年轻人正在寒风中啃着发霉的面包。有着同样苦难经历的富商顿生一股怜悯之情，便不假思索地将几张钞票塞到年轻人的手中，然后头也不回地走开了。没走多远，富商忽然觉得这样做不妥，于是连忙返回，从地摊上拣了两本旧书，并抱歉地解释说自己忘了取书，希望年轻人不要介意。最后，富商郑重其事地告诉年轻人："其实，您和我一样也是商人。"

三年后，富商应邀参加一个商贾云集的慈善募捐活动时，一位西装革履的年轻书商迎了上来，紧握着他的手感激地说："先生，您可能早忘记我了，但我永远也不会忘记您。我一直认为我这一生只有摆摊乞讨的命运，直到您亲口对我说，我和您一样都是商人，这才使我树立了自信，从而创造了今天的业绩……"

富商万万没有想到，三年前一句普通的话竟能使一个自卑的人感到被尊重、使一个穷困潦倒的人找回了自信心。一个认为自己一无是处的人看到了自己的优势和价值，终于通过努力获得了成功。

不难想象，即使当初这位富商给年轻人很多钱，但没有那一句尊重、鼓励的话，年轻人也不会改变自己的人生。这就是尊重的力量。

2. 诚信原则

诚信原则要求在与人交往中做到诚实守信。诚实是指待人真实不欺、说话做事客观公正；守信是指说话算数、言行一致。在商务交往中，一个人做了承诺，就应想方设法做到。"以诚感人者，人亦诚而应"，只有诚心地对待他人，才能得到别人的真诚对待。信誉是交往的基础，商务交往更应诚实守信，以获得他人信赖。古人云："守礼者，定知廉耻，讲道义。"礼仪绝不是外表的伪饰。真正掌握商务礼仪精髓的人是发自内心地表现出对他人的尊重、友好，他们表里如一、待人真诚。这些真诚的言行，不仅展示出商务人员在商务交往中的品德修养，还有助于建立和谐、融洽的人际关系。

3. 平等原则

平等原则是指与他人交往时以礼待人，不根据对方的地位、财富、相貌、学历等的不同进行区别对待，而应当对所有的交往对象一视同仁，给予同等程度的礼遇。平等原则是现代礼仪的基础，也是现代礼仪区别于以往礼仪的主要原则。

商务活动中，交往的各方在道德和人格上是平等的，要建立和谐、融洽的关系，应给予各方充分的尊重，既不能盛气凌人，也不能卑躬屈膝。商务礼仪的平等原则，常常表现为商务礼仪的主体和客体相互往来中使用的礼仪的对等，双方给予彼此同等的礼遇。平等原则要求商务人员在交往中不要骄狂、不要我行我素、不要自以为是、不要厚此薄彼，更不要以貌取人或以职业、地位和权势压人，而是应该时刻谦虚待人，只有这样才能在人与人、企业与企业的交往中建立良好的人际关系。

4. 适度原则

适度原则是指商务交往中要把握与特定环境相适应的感情尺度，就是要求在运用礼仪时，既要掌握普遍规律，又要针对具体情况。在不同的交往背景下，人们要掌握交往的各种尺度，不得随意逾越。在商务交往中对人要热情友善，但对人热情的表现要有一定的分寸，要恰到好处，使人能够自然适应，同时还要注意言行适度。为了保证取得良好的交往效果，言行适度要求人们在交往中注意语言、行为技巧，即语言的使用要合乎规范，行动做到把握分寸、大方得体。在交往前，首先要考虑目的何在，然后根据目的，针对不同场合、不同对象，正确地表达自己的敬意。例如，在行握手礼时，对于老朋友或多年未见的熟人，握手时往往会加大力度甚至双手相握；对于初次见面的女士，男士若是力度控制不当，不但不能够传递热情，反而会引起对方的反感。在商务交往中，适度的热情能使人感受到春天般的温暖，可是过度的热情有时只会适得其反，让对方感觉你太做作，自己也会觉得不自然、不舒适。

5. 宽容原则

宽容原则是指人们在交际活动中运用礼仪时，既要严于律己，更要宽以待人。"海纳百川，有容乃大"，能设身处地地为别人着想、原谅别人的过失是一种美德。宽容既是现代人的一种礼仪素养，也是商务礼仪所必须遵循的基本原则。

在商务交往中要保持豁达、大度的态度，善解人意、宽容和体谅他人，不能总以自己的标准去衡量一切、求全责备、锱铢必较、咄咄逼人；要善于换位思考，容纳别人的礼仪不周之处，不要斤斤计较，不要因别人的礼仪不周而耿耿于怀。《汉书》有云："水至清则无鱼，人至察则无徒。"只要不是原则上的过错，现实中的许多过失都可以一笑了之。

宽容是一种美德，宽容意味着交往主体要有容人的雅量和主动为他人考虑的品德，是对交往对象的人生观、价值观和个性差异等给予充分的理解和尊重。由于各地的文化背景差异、个性差异、受教育程度差异、礼仪修养差异等，在商务交往中，礼仪不周之处常有，只要不是有意而为，受礼者就要有容纳别人过错的胸襟，不可得理不饶人、苛责对方。有人认为以宽容的态度待人处事是懦弱的表现，其实不然，它是一种有气度的行为，往往具有巨大的感染力。宽容别人不但能缓和气氛、改善交往环境、显示自己良好的礼仪修养，而且能在相当程度上潜移默化地影响对方，使其受到感染。

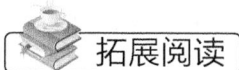

拓展阅读

六尺巷传说

六尺巷传说是发生在清代康熙年间安徽桐城境内的一个脍炙人口的民间故事。

大学士张英的府邸与吴家相邻。吴家盖房欲占张家隙地，双方发生纠纷，告到县衙。因两家都是望族，县官不敢轻易了断。

于是，张家人千里传书给在京城的张英求援。张英阅罢，立即批诗寄回，诗曰："千里家书只为墙，让他三尺又何妨。万里长城今犹在，不见当年秦始皇。"张家人得诗后，豁然开朗，将围墙退让了三尺。吴家见状深受感动，也连让出三尺，形成了一条六尺宽的巷道。

6. 从俗原则

从俗原则就是指交往各方都应尊重相互之间的风俗、习惯，了解并尊重对方的禁忌。如果不注意禁忌，就会在交际中引起麻烦。由于国情、民族、文化背景的不同，在人际交往中，实际上存在较大的地域文化差异。商务人员对这一客观现实要有正确的认识，不要唯我独尊，盲目否定其他人不同于己的做法。商务人员应坚持入乡随俗，与绝大多数人的习惯做法保持一致，切勿随意批评、否定其他人。商务人员遵守从俗原则，会对礼仪的应用更加得心应手，更加有助于人际交往。

1.3　商务人员的礼仪修养

1.3.1　礼仪修养的目的和内容

1. 礼仪修养的目的

礼仪修养的目的是指礼仪主体通过修养，使自己的言行在社会交往中，与自己的身份、地位、社会角色相适应，容易被人理解和接受。在社会交往中，每一个人均有多种社会角色，社会角色不同，所遵循的礼仪要求也不同，即使同一角色在不同场合，礼仪要求也不同。在商务交往中认清自己的角色，把自己的角色扮演得恰到好处，做到处处得体、事事有礼，这是一件很不容易的事。因此，我们每一个人都要增强自己的角色意识、明确自己的社交定位、加强自身的礼仪修养，以适应个体多种社会角色的不同礼仪要求。

2. 礼仪修养的内容

商务礼仪的修养包括多方面的内容，概括起来主要有以下几方面。

（1）道德品质修养

礼仪从广义上说就是一种道德行为。道德是调整人与人之间以及个人与社会之间关系的行为规范的总和，是做人的规矩和行为准则。道德是礼仪的基础，是礼仪的内在灵魂；礼仪是道德的表现形式，是道德的外在表现；礼仪与道德是互为表里、相得益彰的辩证统一关系，礼仪与道德应统一在一个人的思想和行为之中。

商务人员礼仪修养的提高首先要加强个人道德修养，主要包括道德意识修养和道德行为修养。道德意识修养是通过学习道德知识，形成正确的道德观念，遵守社会公德，维护良好的社会秩序，同时加强自身职业道德和家庭伦理道德的修养。道德行为修养，就是努力把自己的道德意识转化为具体的行为，从小事做起，"勿以恶小而为之，勿以善小而不为"。要能够识大体、顾大局、坚持原则，不为一己之利而放弃原则；要善于关心、尊重别人，乐于助人，在职场中做到敬人、诚信、友善。因此，只有加强道德知识的学习和实践，才能真正提升个人的道德修养。

（2）文化知识修养

礼仪的内涵丰富而深刻，与许多学科和知识经验都有密切的联系。个人只有拥有广博的文化知识，才能深刻地理解礼仪的原则和规范。例如，学习民俗学可以使我们更好地了解一个民族的文化传统、风土人情；学习美学可以使我们更好地懂得什么是美、什么是丑，怎样才能做到内在美与外在美的和谐统一；学习心理学可以使我们更好地理解和尊重他人的人格和情感，提升自我控制能力；学习公共关系和沟通理论，可以使我们懂得协调沟通、塑造组织形象和个人形象的方法等。特别是中国传统礼仪文化，有许多宝贵的思想和智慧值得我们去挖掘和汲取。

拓展阅读

我国传统礼仪文化

我国素以礼仪之邦著称于世,古代的思想家、教育家十分重视"礼"的教育。春秋末期的孔子就曾指出:"不学礼,无以立。"孔子小时候常做练习礼的游戏,"入太庙,每事问",后来还专程赴周向老子请教礼。相传,他选取了士人必须学习的礼制17篇,编辑成《礼》,也就是流传至今的《仪礼》。《仪礼》《周礼》《礼记》合称为"三礼",是我国重要的礼仪论著。孔子非常重视对学生在日常行为方面的教育,他要求学生衣冠整齐,走有走的样子,坐有坐的姿势,为人处世要彬彬有礼、温文尔雅。《史记·孔子世家》中就说:"孔子以诗书礼乐教,弟子盖三千焉,身通六艺者七十有二人。"其中"六艺"指的是礼、乐、射、御、书、数。

《三字经》是我国流传时间长、范围广、影响大的一本国学启蒙教材,相传为南宋学者王应麟所著,被人们誉为"古今奇书",已经被翻译成英、法、俄等多种文字在国外流传,还被联合国教科文组织选入儿童道德教育丛书。书中写道:"为人子,方少时,亲师友,习礼仪。"意思是做儿女的在年少时,要拜师访友,学习礼仪。清代李毓秀所作的《弟子规》中详细规定了学生在言谈举止方面的礼仪规范,其中有尊敬长者方面的要求"或饮食,或坐走,长者先,幼者后";有仪表方面的要求"冠必正,纽必结,袜与履,俱紧切";有仪态方面的要求"步从容,立端正,揖深圆,拜恭敬";有禁酒方面的要求"年方少,勿饮酒,饮酒醉,最为丑";有语言方面的要求"刻薄语,秽污词,市井气,切戒之"。此书礼仪教育方面的内容十分丰富、具体。

在我国历史上还流传着许多讲究礼仪的佳话。比如,"廉蔺交好"(讲究礼让)、"张良纳履"(尊老敬贤)、"程门立雪"(尊敬老师)、"管鲍之交"(交友之道)、"三顾茅庐"(待人以诚),这些故事脍炙人口、妇孺皆知,对今人仍有很大的教育意义。

(3)心理素质修养

一个人的心理素质会直接影响商务交往的质量。一个具有良好心理素质的商务人员在交往活动中遇到各种困难和情况时,都能始终保持沉着冷静,根据所掌握的信息,迅速采取合理的行为方式,化险为夷,争取主动;相反,一些缺乏良好心理素质的人在参加重大交际活动前,常会出现惊慌失措、心神不定、坐立不安的状况。这说明一个人是否具有良好的心理素质,是能否顺利参加交际活动、完美地运用交际礼仪的重要因素。因此,心理素质修养也应成为礼仪修养的重要内容。

(4)行为习惯修养

习惯在人们的生活中有不可低估的作用,它是一个人后天养成的行为,是指在一定情况下自动地进行某些动作的特殊倾向。商务礼仪是人们商务交往活动中的一种行为模式。一个人长期自觉练习这种行为模式,可以变成自身的自动行为。可以说,礼仪修养是一个人行为习惯的形成过程。检验一个人礼仪修养如何,很重要的标准是看他是否已经把交际礼仪规范化,并让它成为自身个性中的一种稳定成分,简单地说,就是看他是否能在各种交际场合自然而然地遵守交际礼仪规范。如果一个人只会矫揉造作地做几个礼仪动作,而在日常的交际活动中却我行我素、违背礼仪规范,那只能说明此人的个人礼仪修养是不高的。

1.3.2 礼仪修养的方法

礼仪的修养,不仅指对礼仪的练习,还包括将所习之礼培养成一种习性或品性的过程。这非一朝一夕可就,一般说来,应着重于知、情、意、行的统一,注重运用以下方法。

商务礼仪：理论、案例与实训（附视频指导）

1. 提升学习礼仪的认知

礼仪是一个社会文化沉淀的外显方式。经历了传承、变异过程，礼仪的习得首先便是个体的"社会化""文化化"过程。也就是说，礼仪主要是靠传统，靠有意无意地模仿，靠周围环境的影响，靠在交际实践中不断地学习、摸索，逐渐地总结经验、教训而习得的。因为礼仪具有变异性的特点，个体在完成了社会化以后，还有一个继续"社会化"的过程。所以，习礼可谓一个贯穿终生的过程。除此之外，对于一些跨文化交往所涉及的不同民族、不同文化的礼仪，其习得则是靠入境问俗的诚心和细心了解和熟悉，并以此规范自己的言行。

同时，就社会方面而言，为适应现代市场经济发展的需要，开办一些礼仪学校、举行短期培训，通过网络、电视、广播等传播媒介开办专题系列讲座，发挥大众传媒的示范作用，这些都是人们学习礼仪的良好途径。这样做，无疑也有助于整个社会文明程度和道德水平的提高。

拓展阅读

积极推进礼仪教育

礼仪教育的系统性要求整合优化多种教育模式，着力构建家庭、学校、社会协同发力的礼仪教育体系，让人们在实践中自觉感知礼仪、尊崇礼仪、践行礼仪，推动现代文明礼仪内化于心、外化于行。发挥家庭作为礼仪教育第一课堂的作用，通过言传身教、耳濡目染，促进青少年学礼尚礼；发挥学校作为礼仪教育主阵地的作用，通过开设礼仪课程、强化礼仪训练，组织开展升国旗仪式、入党入团入队仪式等礼仪实践活动，把礼仪教育贯穿教育教学全过程；发挥社会作为礼仪教育"实训基地"的作用，通过举办礼仪培训班、礼仪文化节等，提高社会公共礼仪水平。

大力营造全民学礼、明礼、尊礼、用礼的浓厚氛围，有助于开展礼仪教育、提升教育效果。重大纪念庆典活动是开展礼仪教育的重要契机，可以进一步优化形式和规程，体现仪式感、庄重感、荣誉感，营造国家崇礼重礼的文化氛围。加大对重要礼仪的宣传普及，综合运用各种媒体，通过专题栏目、公益广告等形式，大力宣传日常生活中的礼仪活动和礼仪规范，普及礼仪知识，讲好礼仪故事。发挥先进典型的示范引领作用，通过评选、表彰文明礼仪模范个人和先进单位，以榜样的力量激励人、鼓舞人，推动全社会形成见贤思齐、争当先进的良好氛围。开展群众性文明礼仪创建活动，组织开展文明礼仪比赛、自创自演礼仪剧目等活动，广泛弘扬文明礼仪新风。

2. 陶冶尊重他人的情感

在礼仪修养过程中，情感是由知到行的桥梁。陶冶尊重他人的情感就是个体要产生一种尊重他人的真挚感情，能够时时处处替他人着想，对他人始终抱有热情友好的态度。我们可能都有这样的体验：在交际活动中，如果遇到一个对人热情、诚恳的人，那么能很快与其建立起一种良好的关系；相反，如果碰到的是一个冷漠无情或虚情假意的人，则难以营造融洽交流的气氛。通常，一个人可以很快就了解一些礼仪方面的知识，但若缺少对人的情感，那么他就无法把这些礼仪完美地表现出来。因此，我们可以看出，情感比认识具有更大的稳定性，改变情感比改变认识要困难得多，陶冶尊重他人的情感是礼仪修养中更为艰巨的任务。

3. 锻炼履行礼仪的意志

要使礼仪规范变成自觉的行为，没有坚韧不拔的意志是办不到的。意志坚强的人能有效地控制自己的言行，特别是在不顺利的情况下，也能不畏困难，始终如一地按照自己的信念待人处事。

个体所习之礼要培养成"习"，要有意识地摒弃不合礼仪的旧习惯，养成遵从礼仪的新习性。习性是一个人行为方式的自动化，是不需要多加思考和意志努力的行为方式，受人的性格核心层和中介层的支配与制约。一个人的行为习惯是其观念、态度的下意识表现。习性一旦形成后，具有一定的稳固性，但通过意志努力可以改变。因此，不该以"习惯成自然"为由，姑息、迁就那些不合礼仪的坏习惯，而应从思想观念上重视、加强礼仪意识，牢记坚强的意志是保证礼仪规范履行的精神力量。

4. 养成遵从礼仪的行为

礼仪修养的综合结果就在于使人们养成良好的礼仪习惯，也就是把人们在交际活动中对礼仪原则和规范的遵从变成一种习惯性的行为。衡量礼仪修养的效果，不是看个人了解多少有关礼仪方面的知识，而是看他在交际活动中的行为是否符合礼仪规范的要求、是否能够促进交际活动的顺利进行。因此，在礼仪修养过程中，要重视自身的行为演练，进行严格的自我训练和自我改造，使自己掌握调节行为的能力，从而养成良好的行为习惯；要从一件件具体的小事做起，养成习惯；从大处着眼，小处着手，逐渐成习。

在礼仪修养过程中，知、情、意、行是相互联系、相互渗透、相互促进、缺一不可的。没有知，情就失去了理性指导，意和行就会是盲目的；没有情，就难以形成意，知就无法转化为行；没有意，行即缺乏驱动的力量，知和情也就无法落到实处；没有行，知、情、意都没有具体的表现，也就都变成了空谈。因此，在礼仪修养过程中，要坚持晓之以理、动之以情、炼之以意、守之以行。

📖 练习测试题

一、单选题

1. （　　）是礼貌的表达形式，是礼仪的秩序规范。
A. 礼节　　　　　　B. 仪容　　　　　　C. 仪态　　　　　　D. 仪式

2. 隋唐以后，朝廷设置掌管天下礼仪的官僚机构叫（　　）。
A. 大鸿胪　　　　　B. 大理寺　　　　　C. 礼部　　　　　　D. 祠部

3. 古人云"守礼者，定知廉耻，讲道义"，这指的是礼仪的（　　）原则。
A. 诚信　　　　　　B. 尊重　　　　　　C. 从俗　　　　　　D. 宽容

4. 在商务交往中，关注地域文化差异，了解并尊重对方的禁忌，这符合礼仪的（　　）原则。
A. 诚信　　　　　　B. 尊重　　　　　　C. 从俗　　　　　　D. 宽容

5. 在仪态方面要求"步从容，立端正，揖深圆，拜恭敬"，出自（　　）。
A.《仪礼》　　　　B.《周礼》　　　　C.《三字经》　　　　D.《弟子规》

二、判断题

1. 远古时代人们出于对大自然和神灵的崇拜，创造出了各种祭祀方式和程序，形成一整套的仪式和行为规范，这就是礼仪的起源。（　　）

2. 我国古代有了成文的礼仪制度，形成了"五礼"即吉礼、嘉礼、宾礼、军礼和凶礼。（　　）

3. 我国封建社会的礼仪内容包括国家政治的礼制和家庭伦理两类。（　　）

4. 道德是礼仪的基础，是礼仪的内在灵魂，礼仪是道德的外在表现。（　　）

5. 礼仪是一种讲究形式的例行公事，礼仪养成主要依靠学习、效仿。（　　）

三、简答题

1. 如何理解礼仪的基本内涵？如何从不同的角度来认识礼仪？

2. 古人所讲的礼仪与我们现代所讲的礼仪在内容上有何区别？

3. 请举例说明商务礼仪的功能。

4. 商务礼仪的原则有哪些？除了教材列出的原则，你还可以补充一些原则吗？

5. 礼仪修养包括哪些内容？

6. 个人的道德修养和礼仪修养是什么关系？

7. 商务人员如何提升自身的礼仪修养？

四、自我测试题

商务礼仪基本能力测试

1. 商务活动中，男士和女士在握手和进行互相介绍时（   ）。

A. 男士需要起立   B. 女士需要起立

C. 男士和女士都不需要起立   D. 男士和女士都需要起立

2. 在商务活动中，商务男士应该做的是（   ）。

A. 主动伸手与女士握手   B. 当女士离开的时候，起立恭送

C. 吃饭时为女士买单   D. 以上都是

3. 女士在商务场合的仪容仪表不正确的表现是（   ）。

A. 穿着以冷色调为主的西装套裙   B. 一只手戴了 2 枚戒指

C. 面部化了淡妆   D. 将长头发盘起来

4. 在商务活动中，较好的结识他人的方法是（   ）。

A. 同身边的人打招呼，互相介绍，轻松聊天

B. 让自己自信些，站在屋子的中间等对自己感兴趣的人跟自己打招呼

C. 主动结识单独的一个人，或者主动结识一组人

D. 跟与自己关系很好的人待在一起，不理睬其他人

5. 当你收到一封不在你职责范围内的商务邮件时，你会（   ）。

A. 立即转发给相关职责人

B. 转发给相关职责人，并附言说明为什么你要转发

C. 当作垃圾邮件删除，并忘记此事

D. 把邮件内容打印出来，放在复印机上，希望其他人能够处理

6. 如果一个气急败坏的客户打电话过来投诉产品或服务，你会（   ）。

A. 马上将电话转到等待状态，然后去休息室透透气

B. 告诉来电者打错电话了，并自我保护般地挂断电话

C. 保持冷静，倾听客户的投诉，尽快帮他解决或找人帮他解决问题

D. 冲他大喊大叫，让他安分下来，毕竟还没有人能这样跟你说话

7. 如果必须给两个人做介绍，但是你忘记了其中一个人的名字，你会（   ）。

A. 对自己忘记了姓名的人说："我们互相认识吗？"

B. 对要介绍的双方说："你们能互相做个自我介绍吗？"

C. 什么也不说，希望他们自己进行介绍

D. 对自己忘记了姓名的人说："总会有这样的时候，请再告诉我一次你的名字。"

8. 当为客户和自己公司的总经理做商务介绍时，你会（   ）。

A. 即兴表演   B. 把客户介绍给公司的总经理

C. 把公司的总经理介绍给客户   D. 什么也不做，互相介绍是他们自己的事情

9. 当收到别人的商务礼物，你想表示特别感谢时，你会（   ）。

A. 发电子邮件，因为这是最快、最有效的方法

B. 寄出一份自己手写的感谢信

C. 在收到礼物的 72 小时内电话致谢

D. 口头感谢

10. 当你和重要的客户用餐时，有人来电，你会（　　　）。

A. 两声铃声内接听，并尽快结束通话

B. 不接听，假装是别人的手机在响

C. 向一起用餐的客户表示歉意，并把手机设置成静音模式，优先考虑眼前一起用餐的人

D. 向一起用餐的人表示歉意，离开座位，到洗手间去接听

计分方法如下：

每题10分，90分及以上的为优秀，80分为良好，70分为一般，70分以下为不及格。

答案：1. D 2. D 3. B 4. C 5. B 6. C 7. B 8. C 9. B 10. C

思考：根据测试，再结合自身礼仪修养的现状，分析自己欠缺哪方面的礼仪知识和技能。

案例分析题

【案例1-1】　　　　　　　　　　　花3分钟感谢

一家公司的公关部招聘一位职员，许多人参与了角逐。公司的面试和笔试十分烦琐，一轮轮淘汰下来，最后只剩下5个人。5个人都优秀，都有较好的外表和学识，且都毕业于名牌大学。公司通知5个人，聘用谁得由经理层会议讨论通过。于是5个人安心地回家，等待公司最后的决定。

几天后，其中一个人的电子邮箱里收到一封信，信是公司人事部发来的，内容："经过公司研究决定，你落聘了，但是我们欣赏你的学识、气质，因为名额所限，实是割爱之举。公司以后若有招聘名额，必会优先通知你。你所提交的材料录入计算机存档后，不日将邮寄返还于你。另外，为感谢你对本公司的信任，还随信寄来本公司产品的优惠券一份。祝你开心！"

她在收到电子邮件的那一刻知道自己落聘了，十分伤心，但又为公司的诚意所感动。两天后，她收到了寄给她的材料和一份优惠券，以及一个电子邮件中没有提及的带有公司标志的小饰物。她十分感动，顺手花了3分钟时间用电子邮件给那家公司发了一封简短的感谢信。

但两个星期后，她接到了那家公司的电话，说经过经理层会议讨论，她已被正式录用为该公司职员。后来，她才明白这是公司的最后一道考题。公司给其他4个人也发了同样的电子邮件，也送了优惠券和小饰物，但是回信感谢的人只有她一个。她能胜出，只不过因为多花了3分钟时间去感谢。

问题：案例中的"她"为什么能够被公司录用？案例对你有何启示？

【案例1-2】　　　　　　　　　　　买地的故事

有一家叫MC事务所的公司想扩建厂房，他们看中了一块近郊土地意欲购买，同时有其他几家公司也想购买这块地。为购得这块土地，MC事务所的董事长多次登门，费尽口舌，但土地的所有者——一位倔强的老太太，说什么也不卖。

一个下雪天，老太太进城购物顺便来到MC事务所，她本意是想告诉董事长死了这条心。老太太推门刚要进去，突然犹豫起来，原来屋内整齐干净，而自己脚下的鞋沾满雪水、肮脏不堪。正当老太太欲进又退之时，一位年轻的女职员出现在老太太面前："欢迎光临！"

女职员看到老太太的窘态，马上回屋想为她找一双拖鞋，不巧的是拖鞋正好没有了。女职员便毫不犹豫地把自己的鞋脱下来，整齐地放在老人脚前，笑着说："很抱歉，请穿这个好吗？"

老太太犹豫了。女职员热情地说："别客气，请穿吧！没关系。"等老人换好鞋，女职员才问道："阿姨，请问我能为您做些什么？"

"哦，我要找董事长。"老太太说。"他在楼上，我带您去。"女职员就像女儿扶母亲那样，小心翼

商务礼仪：理论、案例与实训（附视频指导）

翼地把老太太扶上楼。老太太在踏进董事长办公室的一瞬间改变了主意，决定把地卖给 MC 事务所。

那位老太太后来告诉董事长："在我漫长的一生里，遇到的大多数人是冷漠的。我也去过其他几家想买我地的公司，他们的接待人员没有一个像你这里的职员对我这么好，你的女职员年纪这样轻，就对人这么善良、体贴，真令我感动。真的，我不缺钱花，我不是为了钱才卖地的。"

就这样，一个大企业家倾其全力交涉半年也徒劳无功的事情，竟然因为一个女职员有礼而亲切的举动无意促成了，真是奇妙之极。

问题：案例中体现了女职员怎样的礼仪修养？案例对你有何启示？

【案例 1-3】　　　　　　　　一次让人难堪的接待工作

据报道，一次，某大型企业组织外地金融机构驻本省的 20 余名代表考察该企业的环境，整个考察活动是成功的。然而，给这些金融机构代表留下深刻印象的，除了该企业引进资金的迫切心情及良好的环境外，还有一些令他们费解，同时也令人汗颜的片段。

在某开发区，由一个副主任负责向考察团介绍开发区的环境，活动组织者和随行记者都认为一个熟悉情况的领导一定会增强考察团的投资信心。哪知，这位副主任不知是有点紧张，还是没有做好准备，讲话结结巴巴、漏洞百出。而且，外地金融机构的代表一个个西装革履、正襟危坐，而这位副主任却穿着一件长袖衬衫，开着领口，袖子卷得老高。

考察团在考察该企业下属的一家钢琴厂时，企业负责人介绍钢琴的质量如何好，在市场上如何抢手，其中一个原因就是他们选用的木材都是从某优质林场中专门挑选的同一个品种，而且这个品种的树木生长缓慢。一位代表随口问道："木材这么珍贵，却拿来做钢琴，环保问题怎么解决？"没想到旁边一位陪同人员说："我们这里现在正忙着要吃饱饭，还没顾上搞环保。"一时间，所有听到这个回答的考察团人员瞠目结舌。事后，那个提问的代表对记者说："做钢琴用不了多少木头，我只是随口问问，也许他没想好就回答了。"

该企业安排考察团到一个风景区游览，山清水秀的环境的确令人心旷神怡。考察团刚下车，一位企业的接待人员却当着大家的面把一个或许是变质了的西瓜扔到了路旁。这大煞风景的举动令其他陪同人员感到无地自容。

问题：考察团的接待人员在礼仪表现上有哪些有失妥当之处？

【案例 1-4】　　　　　　　　成功推销的秘诀何在

乔先生是业界有名的汽车推销员，其成功的秘诀何在？乔先生自我介绍有三点。

（1）树立可靠的形象。乔先生努力改变推销人员在公众心目中的形象。他总是衣着整洁、朴实谦和，脸上挂着微笑，出现在顾客的面前；而且对自己所推销产品的型号、外观、性能、价格、保养期等烂熟于心，保证对顾客有问必答。他乐于做顾客的参谋，根据顾客的财力、气质、爱好、购车用场，向他们推荐适宜的小汽车，并灵活地加以比较，举出令人信服的理由来坚定顾客的购买之心，总是主动热情、认真地代顾客进行挑选。年复一年，乔先生就这样用自己热情的态度，真心实意地为顾客提供周到、及时的服务，帮助顾客正确决策，与顾客自然地达成了一种相互信赖、友好合作的关系。顾客都把他当作一个值得信赖的朋友，放下了戒备，高兴地接受他的种种建议。

（2）注意感情投入。乔先生深深懂得顾客的价值，他明白推销员的工作就是对顾客的竞争，而顾客都是活生生的人，人总是有感情并且重感情的。所以，他的工作准则是："服务，服务，再服务！"他豪迈地说："我坚信每个人都可能成为潜在的买主，所以我对我所见到的每一个顾客都热情接待，以期培养他们的购买热情。请相信，热情总是会传染的。"

　　乔先生感情投入的第一步是以礼貌待客，与顾客以情相通。顾客一进门，他就像老朋友一样地迎接，常常不失时机地奉上坐具和饮料；顾客的每一项要求，他总是耐心倾听，尽可能做出详细的解释或示范；凡是自己能够解决的问题则立即解决，从不拖拉。在这种情况下，绝大多数顾客都不得不对是否买车做出积极的回应，否则，心中就可能产生对不起推销员的内疚感。

　　乔先生感情投入的第二步是坚持永久服务。他坚信："售给某个人的第一辆汽车就是跟这个人长期关系的开始。"他把建立这种老主顾的关系作为自己工作的绝招。他坚持在汽车售出之后的几年中还为顾客提供服务，并绝不允许别的竞争对手在自己与老主顾中插进一脚。乔先生的种种服务使他的顾客备受感动，于是在第二次、第三次买车时自然就想到了他。据估算，乔先生的销售业务额中有近 80%来自原有的顾客。有位顾客开玩笑说："除非你离开这个城市，否则你就摆脱不了乔先生这个家伙。"乔先生感动地说："这是顾客对我的莫大的认可！"

　　（3）重复巧妙的宣传。乔先生宣传的办法不但别出心裁，而且令人信服。顾客从把订单交给乔先生时起，每年的重要节日都会收到乔先生的一封信，而且绝对准时。乔先生所用的信封很普通，但其色彩和尺寸都经常变换，以至于没有一个人知道信封里是什么内容。这样，它也就不会和免费寄赠的宣传品受到相同的对待——不拆就被收信人扔到一边。这样挖空心思地维护顾客值得吗？乔先生的回答是"太值得了"。想想他每年近80%的销售额来自原有的顾客，相信此言不虚。

　　然而，这么一位优秀的推销员却有一次难忘的教训。有一次，一位顾客来跟乔先生商谈买车，乔先生向他推荐了一种新型车，一切进行顺利，眼看就要成交，但对方突然决定不买了。乔先生百思不得其解，夜深了还忍不住给那位顾客打电话探明原因，谁知顾客回答："今天下午你为什么不听我说话？就在签字之前，我提到我的儿子将进入名牌大学就读，我还跟你说孩子的成绩和将来的抱负，我以他为荣，可你根本没有听我说这些话！你宁愿听另一位推销员说笑话，根本不在乎我说什么！我不愿意从一个不尊重我的人手里买东西！"

　　从这件事，乔先生得到了两条教训。第一，倾听顾客的话实在太重要了。自己就是由于对顾客的话置之不理，因而失去了一笔生意。第二，推销产品之前，要把自己推销出去。顾客虽然喜欢你的产品，但如果不喜欢你这个推销员，他也可能不买你的产品。

　　问题：

　　1. 乔先生的言谈举止体现了商务礼仪的哪些原则？

　　2. 一名成功的商务人员需要具备哪些素质和技能？列出你认为最重要的 3 条，并说明理由。

　　📚 **实训**

　　1. 实习见面会的礼仪演练

　　小组讨论本章开篇引例《礼仪是第一课》，分析其中存在的礼仪问题，以该案例为素材，编写实习见面会的脚本（补充情境和人物细节）。小组人员分别扮演总经理、王秘书、导师、林晖和其他实习同学，在班级进行表演，教师和其他小组的同学进行点评。

　　2. 对礼仪原则和礼仪修养的理解

　　某公司领导开会时，下属的手机铃声此起彼伏，这位领导非常生气，于是大声说："以后请各位注意，在开会时把手机关机或设成静音状态。相信各位也都学习过商务礼仪，礼仪的学习不只是说说而已，一定要付诸实际行动。如果下次开会时，谁的手机再响，我……"领导的话还没有说完，自己的手机响起来了。

　　领导的脸一下就红了，尴尬得不知道说什么好。

　　请对上述行为进行点评。

第2章
Chapter 2

个人形象礼仪

本章内容

◎ 仪表礼仪的原则

◎ 男士商务着装

◎ 女士商务着装

◎ 饰品佩戴的选择

◎ 仪容礼仪的基本要求

◎ 发型的选择

◎ 化妆的原则、禁忌与技法

◎ 体姿的展示

◎ 表情的运用

◎ 手势的解析和改善

◎ 风度的培养

引例

尴尬的王小姐

经理派王小姐到南方某城市参加商品交易洽谈会。王小姐认为这是领导的信任，更是见世面、长本领的好机会。为了成功完成这次任务，王小姐进行了精心、细致的准备。

当各种业务准备完毕后，她开始为选择以什么形象参加会议才合适犯愁了。经过认真的思考，根据对商务形象的认识，她塑造的形象是：身着浅红色吊带上装和白色丝织裙裤，脚上是白色漆皮拖鞋，一头乌黑的长发飘逸地披散在肩上，浑身散发着浓郁的香水味道。王小姐认为这样既能突出女性特点，清新靓丽，又具有时尚感。她相信自己的形象一定能赢得客商的青睐。

结果，出席会议的那天，王小姐看到参会的人们顿时觉得很尴尬，男士个个西装革履，女士都穿的是职业装，唯独王小姐穿的是具有时尚感、清新靓丽的服装。整个会议开下来，王小姐神情都特别不自然。

从案例可以看出，王小姐的尴尬是因为其外观形象与所处的场合不协调。那么在商务场合，个人应该具备怎样的形象礼仪呢？如何使自己的形象礼仪做到优美、得体、适度呢？这些是本章要解决的问题。

个人的外观形象是商务人员获得成功的重要条件，它能够透射出其文化修养、审美情趣等，能够体现出其精神风貌及对待工作和他人的态度。因此，注重设计自身优美的外观形象，既是维护自己人格尊严的需要，又是尊重他人的行为规范，这对任何一个商务人员来说都是非常重要的。

个人的外观形象主要通过仪表、仪容、仪态三个方面来体现。广义的仪表，包括容貌、姿态、着装、风度等，本书特指个人在着装方面的外观表现；仪容指的是一个人的容貌，但不单纯指外貌方面，它还包括发型及人体所有未被服饰遮掩的肢体；仪态侧重一个人的姿态、举止和风度，也包括人的体态语。本章从仪表礼仪、仪容礼仪、仪态礼仪三个方面对个人形象设计予以阐述。

2.1　仪表礼仪

仪表礼仪是指一个人的着装要与他的职业、年龄、体形和所在的场合相适宜。这能给人以美感，增进互相之间的好感。

2.1.1　仪表礼仪的原则

在人际交往和商务活动中，一个人的仪表与着装往往影响别人对自己的印象。意大利影星索菲娅·罗兰说："你的服装往往表明你是哪一类人。它们代表你的个性。一个和你会面的人往往自觉或不自觉地根据你的衣着来判断你的为人。"英国戏剧大师莎士比亚说："服饰往往可以表现人格。"知名学者郭沫若也说过："衣裳是文化的表现，是思想的形象，更是一个民族文化修养素质的具体化。"的确，服饰在商务交往中往往反映一个人的社会地位、身份、职业、个性特点、性格爱好、文化修养及审美品位。端庄、得体的着装是对自我的尊重，也是尊重他人的表现。用服饰为自己塑造一个美好的外观形象，在商务交往中所产生的效应是不容忽视的。商务交往中着装应遵循以下三个方面的原则。

1. TPO 原则

TPO 原则是国际上通行的着装标准，即着装要考虑到时间（Time）、地点（Place）、场合（Occasion）。它要求人们在选择着装、考虑其具体款式时首先应当兼顾时间、地点、场合，并力求使自己的着装及其具体款式与着装的时间、地点、场合协调一致。

（1）着装的时间原则

一年有春、夏、秋、冬四季，一天有 24 小时，显而易见，在不同的时间，着装的类别、式样应随之有所变化。比如，冬天要穿保暖、御寒的冬装；夏天要穿吸汗、凉爽的夏装；白天穿的衣服需要面对他人，应当合身、严谨；晚上穿的衣服不为外人所见，可适当宽大、随意等。

（2）着装的地点原则

从地点上讲，置身在室内或室外、驻足于闹市或乡村、停留在国内或国外、身处于单位或家中，在这些不同的地点，着装的款式理当有所不同，切不可以不变应万变。例如，穿泳装出现在海滨、浴场，是人们司空见惯的；但若是穿着它去上班、逛街，则显得不合时宜。在国内，一位少女只要愿意，随时可以穿短袖、短裙，但她若是以这身行头出现在着装保守的国家，就有悖当地习俗，显得有些不尊重当地人了。

（3）着装的场合原则

着装要与所处的场合相协调，从而有助于适应自己扮演的社会角色。比如，与顾客会谈、参加正式会议等，衣着应庄重考究；听音乐会或看芭蕾舞，则应按惯例着正装；出席正式宴会时，男士应穿正装，女士应穿中国的传统旗袍或西方的长裙晚礼服；而在朋友聚会、郊游等场合，着装应轻便舒适。

着装的场合原则其实就是要充分考虑到着装的目的性，比如为了表达自己悲伤的心情，可以穿深色、灰色的衣服等。一个人身着款式庄重的服装前去应聘求职、洽谈生意，说明他郑重其事、渴望成功；而在这类场合，若选择款式暴露的服装，则表示他自视甚高，对求职、生意的重视远远不及其对本人的重视。

2. 整体性原则

正确的着装能起到修饰整体、容貌等的作用，形成整体的和谐美。服饰整体美的构成因素是多方面的，包括人的形体、气质，服饰的款式、色彩、质地、工艺及着装环境等。

3. 个性化原则

着装的个性化原则主要是指根据个人的性格、年龄、身材、气质、爱好、职业等要素，力求在外表上反映一个人的个性特征。

年长者或身份地位高的人，服装款式不宜太新潮，款式简单且面料质地应讲究一些，才能与身份年龄相吻合；青少年着装应着重体现青春气息，朴素、整洁为宜，清新、活泼更好。形体条件对服装款式的选择也有很大影响。身材矮胖、颈粗、圆脸型者，宜穿深色低 V 字形领或大 U 字形领套装，不适合穿浅色、高领服装；身材瘦长、颈细长、长脸型者，宜穿浅色、高领或圆形领服装；方脸型者，则宜穿小圆形领或双翻领服装。

2.1.2　男士商务着装

西装是男士常见的商务服装，也是现代社交中男子较为得体的着装。国内外很多机构，包括一些大企业，规定工作人员不能穿休闲短裤、运动服上班，要求男士必须穿西服打领带，如图 2-1 所示。

一些剧院和公共场所也规定了活动参与者必须西装革履。为了塑造良好的个人形象，男士应该学会穿西装。

图 2-1　男士西装

1. 西装的选择

① 选择合适的款式。西装的款式可以分为英国、美国、欧洲三大流派。尽管西装在款式上有流派之分，但是各流派之间的差异并不大，只是在后开衩的部位、扣子单排还是双排、领子的宽窄等方面有所不同。不过，在胸围、腰围、肩围上还是有所变化的。因此，在选择西装时，人们要充分考虑到自己的身高、体形。身材较胖的人不要选择瘦型的短西装，身材较矮者不要穿上衣较长、肩较宽的双排扣西装。

② 选择合适的面料和颜色。西装的面料以挺括为宜。正式礼服的西装可采用深色（如黑色、深蓝色、深灰色等）的全毛面料制作。日常穿的西装颜色可以有所变化，面料也可以不必讲究，但必须挺括。如果穿着皱巴巴的西装，会损害自己的交际形象。

③ 选择合适的衬衣。穿着西装时，要穿带领的衬衣。花衬衣配单色的西装效果比较好，单色的衬衣配条纹或带格的西装比较合适；方格衬衣不应配条纹西装，条纹衬衣也不要配方格西装。

④ 选择合适的领带。在交际场合穿西装时应打领带，领带的颜色、花纹和款式要与所穿的西装相协调。领带的面料以真丝为优。在领带颜色的选择上，杂色西装应配单色领带，而单色西装则应配花纹领带；驼色西装应配金茶色领带，褐色西装则需配黑色领带等。

📖 **拓展阅读**

男士正装的 7 个原则

一、三色原则

三色原则是在国外经典商务礼仪规范中被强调的，国内知名的礼仪专家也多次强调过这一原则。

简单来说，男士身上的色系不应超过3种，很接近的色彩视为同一种色系。

二、三一定律

鞋子、腰带、公文包三处保持一个颜色，黑色为佳。

三、三大禁忌

左袖商标要拆掉；不能穿尼龙袜，不能穿白色袜；领带质地选择真丝，除非制服配套，否则不用免打结领带，颜色一般采用深色，短袖衬衫一般不打领带，穿夹克不能打领带。

四、有领原则

正装必须是有领的，无领的服装，比如T恤、运动衫一类不是正装。

五、纽扣原则

绝大部分情况下，正装应当是纽扣式的服装，拉链服装通常不能称为正装，即使某些款式比较庄重的夹克也不是正装。

六、皮带原则

男士的长裤必须是系皮带的，有弹性松紧带的运动裤不是正装，牛仔裤自然也不算正装。

七、皮鞋原则

正装离不开皮鞋，运动鞋、布鞋和拖鞋是不能称为正装的。经典的正装皮鞋是系带式的，不过随着潮流的改变，方便实用的无带皮鞋也逐渐成为主流。

2. 男士西装的搭配

① 合体的上衣与衬衣。合体西装的上衣应长过臀部、四周下垂，手臂伸直时上衣的袖子恰好过腕部，领子应紧贴后脖。

穿西装应穿长袖衬衣，衬衣不要过旧，领子要挺括，外露的部分要平整干净。衬衣下摆要掖在裤子里，领子不要翻在西装外，衬衣袖子长于西装袖子2厘米左右。

② 注意内衣不可过多。穿西装时切忌穿过多内衣。衬衣内除了背心之外，不要再穿其他内衣。如果确实需要再穿内衣，内衣的领圈和袖口也不要露出来。如果天气较冷，在衬衣外面还可以穿上一件毛衣或毛背心，但毛衣要紧身，不要过于宽松，以免穿上显得过于臃肿，影响穿西装的效果。

③ 打好领带。正式场合的领带以深色为宜，非正式场合的领带以浅色、艳丽为好。领带的颜色一般不宜与服装的颜色完全一样（参加吊唁活动穿黑色西装系黑色领带除外），以免给人以呆板的感觉。具体做法：一是领带底色可与西装的颜色是同色系或邻近色，但二者色彩的深浅明暗不同，如米色西装配咖啡色领带；二是领带与西装同是暗色，但色彩形成对比，如黑色西装配暗红色领带；三是单色的西装配花领带，花领带上的其中一种颜色尽可能与西装的颜色相呼应。

领带的打法有平结法、交叉结法、双环结法、温莎结法等。领带系好后，垂下的长度应触及腰带，超过腰带或不及腰带都不符合要求。领带要用领带夹固定。

④ 裤子合体。西装的裤子要合体，要有裤线，裤长要及脚面1～2厘米。西装裤兜内不宜放沉的东西。

⑤ 鞋袜整齐。穿西装时要穿皮鞋，不能穿布鞋或旅游鞋。皮鞋式样要稍保守，颜色与衣服相协调。皮鞋还应擦亮，不要蒙满灰尘。穿皮鞋时还要配上合适的袜子，袜子的颜色要比西装稍深一些，使它在皮鞋与西装之间起到过渡的作用。

⑥ 扣好扣子。西装上衣可以敞开穿，但双排扣西装上衣一般不要敞开穿。在扣西装扣子时，如果穿的是两粒扣子的西装，不要把两粒扣子都扣上，一般只扣上面一粒；如果是三粒扣子，只扣中间一粒。

📚 **拓展阅读**

西装的纽扣系法

如果穿单排一粒扣西装，扣与不扣均可。如果是单排两粒扣西装，扣子全部不扣表示随意、轻松；扣上面一粒，表示庄重；而全扣就不合适了。如果是单排三粒扣西装，扣子全部不扣表示随意、轻松；只扣中间一粒表示传统；扣上面两粒，表示庄重；全扣也是不对的。如果是双排扣西装，可全部扣，亦可只扣上面一粒，表示轻松、时髦，但不可不扣。如果穿三件套西装，则应扣好马甲上所有的扣子，外套的扣子不扣。

关于男士西装扣子的扣法还有"站时系扣，坐时解扣"的说法。男士在站立的时候，把西装扣子扣好，这样在讲话、比手势的时候，西装才不会随着肢体乱跑，整体线条看起来更干净利落。在坐下时，男士应解开西装扣，如此西装才能随着身体的弧度，自然顺势而下，线条看起来比较流畅，自己也不会有被束缚的感觉，从而舒适自在地坐在位子上。

3. 西服便装及其他服装的选择

在日常工作及非正式场合的社交活动中，男士可穿西服便装。西服便装的上下装不要求严格配套。颜色可上浅下深，面料也可以上柔下挺。可以衬衫、领带配西裤，也可以不扎领带、不穿衬衫，而穿套头衫或毛衣配西裤。

男士参加社交活动时也可穿中山装、民族服装或夹克。尤其在国内参加活动时，如出席庆典仪式、正式宴会、领导人会见国宾等隆重活动，可穿中山装与民族服装。穿中山装应选择上下同色同质的深色毛料中山装，一般配黑色皮鞋。中山装要平整、挺括，裤子要有裤线。穿着时要扣好领扣、领钩、裤扣。在非正式社交场合中，男士也可穿夹克等便装。

📚 **拓展阅读**

商务男士着装的新风潮

西装是商务男士着装不可或缺的，但并不是唯一的。步入 21 世纪后，商场中奋斗的男士开始追求时尚休闲，时尚休闲装已经成为他们挚爱的着装。比尔·盖茨、史蒂夫·乔布斯、马克·扎克伯格就是其中的代表。

针织衫内搭衬衫是比尔·盖茨心仪的搭配。日常出行、去学校演讲、接受采访、开公司年会，都能看到盖茨这样的经典搭配。盖茨虽偏爱如此搭配，却不是一成不变的。他会在衬衫和针织衫的颜色搭配上下功夫，而且搭配出来的效果很不错。

史蒂夫·乔布斯的标志性着装是黑色长袖高领套头衫、蓝色牛仔裤、运动鞋。多年来，人们怀疑乔布斯从未换过衣服。但他去世后，人们发现他的柜子里有上百件这样的衣服。

2.1.3　女士商务着装

国际上一般认为着装应男女有别，尤其在正式场合，一般礼仪认为女士的裤装属于便装和休闲装。因此，女士在商务场合的着装以套裙为宜。通常，套裙是西装套裙的简称。上衣是西装，下身是配套的裙子，如图 2-2 所示。

图 2-2　女士西装套裙

1. 套裙的选择

（1）面料的选择

西装套裙的面料应是天然材料，质地上乘，柔软、有垂坠感，不起球，不起皱。上衣、裙子、背心等应选用同一种面料。

（2）色彩的选择

以冷色调为主，借以体现着装者的典雅、端庄与稳重气质，不宜选择太鲜亮抢眼的色彩。套裙的色彩不要超过两种，否则会显得杂乱。选择套裙色彩时要考虑肤色、体形、年龄和性格，还要考虑是否与环境相协调。裙装并不一定是深色的，可以不受单一色彩的限制。如上衣与裙子可以是一种色彩，也可上深下浅或上浅下深，还可是不相同的颜色，以强化它给人留下的印象。但色彩组合要庄重，要适合自己的条件与气质。

（3）图案的选择

按照国际惯例，正式场合所穿的西装套裙可以不带图案，朴素简洁。如果本人喜欢，人们也可选择带格子或圆点的图案，但不宜有花卉、宠物、人物、文字等图案。

（4）大小适度

西装套裙的尺寸要求上衣不宜过长，下裙不宜过短。紧身式的上衣显得较为庄重，宽松式的上衣，看起来更加时尚。

（5）套裙款式

套裙款式的变化主要体现在上衣和裙子方面。上衣的变化主要体现在衣领方面，除常见的平驳领、驳领、一字领、圆形领之外，青果领、披肩领、燕子领也并不罕见。裙子的式样主要有两类：一类是西装裙、一步裙等，款式端庄、线条优美；另一类是百褶裙、旗袍裙、A 字裙等，款式新颖、优雅漂亮。

2. 套裙的搭配及穿着礼仪

（1）穿套裙时衬衫的搭配

衬衫面料轻薄柔软，基本色是白色，其他颜色只要搭配合理即可，不过不能过于鲜艳，不要有很多花或图案等。衬衫的款式很多，与套裙配套穿的衬衫不必过于精美，领型不必过于夸张、新奇。

（2）穿套裙时的鞋袜搭配

鞋子宜选择黑色高跟或半高跟船形皮鞋，以牛皮或羊皮制品为宜。系带式皮鞋、丁字皮鞋、皮靴、皮凉鞋等，都不宜与西装套裙搭配。

袜子为尼龙袜或羊毛袜。袜子可以是肉色、黑色、浅灰色、浅棕色等单色的。与套裙配套的皮鞋以黑色为宜。此外，也可选择与套裙色彩一致的皮鞋。但是，不要穿鲜红色、明黄色、艳绿色、浅紫色的鞋子。

穿套裙时要有意识地注意鞋、袜、裙三者之间的色彩是否协调。一般认为，鞋、裙的色彩深于或近似于袜子的色彩。穿袜子时要注意大小相宜，要完好无损，鞋袜不可当众脱下，袜口不宜暴露于外。

（3）套裙应当与妆饰相协调

穿套裙时要有整体性原则，要同时考虑妆容、配饰。其一，穿西装套裙时不可以不化妆，但又不可以化浓妆。其二，穿西装套裙时可以没有配饰，如果要佩戴配饰则以少为宜，合乎身份即可。佩戴配饰，不应超过 3 种，每种不能多于两件。

（4）注意适用的场合

西装套裙与其他服装一样，也有适用的场合。着装礼仪规定：女士在正式的交际场合中，一般以穿西装套裙为好。比如，在会议、商务谈判、演讲、商务活动中，要穿西装套裙，或者类似西装套裙的职业装。

女士在出席宴会、舞会、音乐会时，可选择与此类场合相适应的礼服、时装或民族服装。

实例

着装不对，吓到客户

小王刚刚以优异的成绩从学校毕业。她从众多竞聘者中脱颖而出，成为一家银行的工作人员。为了熟悉银行的服务工作，领导让她先在营业厅入口处帮助客户取号。小王知道在营业厅工作是要穿制服的，可她的制服还没有发下来，该穿什么好呢？小王心想，反正没有制服，先随便穿好了。于是小王便穿了她在学校时常穿的T恤和短裙，还特意戴上了男朋友为庆祝她应聘成功送的项链和耳环，便高高兴兴地来上班了。

九点整，银行准时开门了，客户陆陆续续地走了进来，小王很有礼貌地和客户打招呼，但是客户都对她不理不睬。小王看到一位50岁左右的阿姨犹豫地站在取号机前，似乎不知道该取储蓄号还是理财号。小王热情地迎上去说："阿姨您好，请问你想要办理什么业务？"阿姨抬头看了小王一眼，竟然转身朝大堂经理走了过去。大堂经理很快带着阿姨走到取号机前，帮她取了号，并说："对不起，阿姨，这位小王是我们新来的同事，我马上让她去换上工作服装，让您受惊了，真是对不起！"小王很惊讶，客户竟然把自己当成了坏人。

后来，经理对小王说，尽管没有制服，但也不可以穿T恤和短裙来银行上班。这样的打扮是在向客户表明，她根本不了解银行服务业形象的标准，或不愿意按照这个标准来要求自己。T恤和短裙这类休闲的服装风格与银行服务人员所体现出的规范、严谨的风格相去甚远，难怪客户会把她当成坏人。

第二天，小王吸取了昨天的教训，穿了一件简单朴素的白衬衫和一条深蓝色的西服裙，并将行徽别在了左胸前。这身行头穿上身，小王从随意休闲的形象转变成了端庄稳重的形象，再也没有客户拿她当"外人"了。

2.1.4 饰品佩戴的选择

饰品佩戴有一套规矩。佩戴饰品，既可以传达某种特定的含义，也能表现佩戴者的审美情趣和礼仪修养。

1. 饰品佩戴的原则

（1）饰品佩戴要少而精

选择饰品要做到恰到好处，宜锦上添花，而绝不能画蛇添足。切忌把大量饰品都佩戴到身上。饰品过多，如从头到脚，项链、手链、脚链一样不少，会形成一种夸张和奢华的形象。特别是公务人员要树立廉洁勤政、平易近人的形象，不能塑造成珠光宝气、华丽奢侈的形象。一般来说，佩戴的饰品不超过3个品种，可以取得画龙点睛的效果。一只手一般只戴一枚戒指，戴两枚或两枚以上的戒指都是不适宜的，这不仅不会带来美感，反而使人感觉杂乱无章。

（2）饰品佩戴要遵守成规

饰品通常可以传达某种信息和表达特定的含义，佩戴时要遵守约定俗成的规定。例如，戒指通常要戴于左手，戴无名指表示已经结婚或订婚，戴中指表示尚未结婚，戴食指表示无偶求爱，戴小指则表示终身不嫁或不娶。在一些西方国家，未婚女子把戒指戴在右手的中指上，修女则把戒指戴在右手的无名指上。已婚者应将手镯佩戴在左腕或双腕。

（3）饰品佩戴要注意协调

饰品佩戴应与服装相配。一般领口较低的服装必须配项链，而竖领上装可以不戴项链。项链色彩应与衣服颜色相协调。穿运动服或工作服时可以不戴项链和耳环。

饰品要与佩戴者的体形、年龄相配。比如：脖子粗短者，不宜戴多串式项链，而应戴长项链；宽脸、圆脸型和戴眼镜的女士，少戴或不戴大耳环和圆形耳环；年轻女士可以戴一些个性、时尚的饰品；年纪较大的女士应戴一些庄重、高雅的饰品。

佩戴饰品时，应力求同色。若同时佩戴两件或两件以上饰品，应使色彩一致或与主色调一致，比如选择同色系的手袋和腰带。

饰品佩戴还应遵循一年四季有别的原则。夏季以佩戴色彩鲜艳的饰品为好，冬季则佩戴一些金、银、珍珠等饰品为好。

（4）饰品佩戴男女有别

女士的饰品丰富多样，除了服装，还包括纱巾、发卡、胸饰、手袋、手表、耳环、项链、戒指、手镯等。这些饰品，有些有实用功能，有些是纯粹的装饰品。只要使用得体，饰品都能为佩戴者增色。男士的饰品相对少些，主要是手表、皮带、领带、胸饰、领带夹等。男性公务人员一般不宜戴耳环、项链之类的饰品。

2. 饰品佩戴的技巧

下面介绍几种常见饰品的佩戴技巧。

（1）项链

项链是最早出现的饰品之一。有些项链除了具有装饰功能外，还具有特殊的含义。佩戴项链必须讲究款式合适、尺寸适度，这样才可突出佩戴者的气质与个性，减少或弥补佩戴者脸型或脖子的不足，取得出人意料的装饰效果。对于一般女性来说，短项链可使脸型在视觉上变宽、脖子变粗，因而方形脸、脖子较短的女性适宜佩戴稍长些的项链，搭配穿着领口大一点、低点的上衣，使项链充分显露出来，这样可以使人看起来脸型较瘦、脖子较长，从而增加美感。

（2）耳环

耳环又称耳坠，可以由金属、塑料、玻璃、宝石等物料制成。有些耳环是圈状的，有些耳环是垂吊式的，有些耳环是颗粒状的。佩戴耳环要特别注意与脸型的搭配，避免佩戴与脸型相同的形状。

（3）手镯

佩戴手镯时对个数没有严格限制，可以戴一只手镯，也可以戴两只、三只手镯，甚至更多手镯。如果只戴一只手镯，应戴在左手而不应是戴在右手上；如果戴两只手镯，则可以左右手各戴一只手镯，或都戴在左手上；如果戴三只手镯，就应都戴在左手上，不可以一手戴一只，另一手戴两只。戴三只以上手镯的情况比较少见，即使要戴也都应戴在左手上。不过在此应当指出，这种不平衡应通过与所穿服装的搭配来求得和谐，否则会破坏了手镯的装饰美。如果戴手镯又戴戒指，则应当考虑两者在式样、质料、颜色等方面的协调与统一。

（4）手袋

手袋是我们日常生活中熟悉、常用的饰物。作为整体的一个重要部分，手袋的选择和花色都得花一番心思。手袋的选择应与场合、年龄、身材、身份相符合。身材高大的女士不宜用太小的包；

身材较矮的女性的包不宜过大；公文包适用于女性管理人员、办事人员等；手提式手袋适用于中老年人，显得沉稳端庄；斜肩背包则适用于年轻活泼的女孩或学生。另外，选择手袋要考虑到衣服与其他佩饰的颜色，保持一致或协调。

（5）帽子

帽子有遮阳、装饰、保暖和防护等作用，帽子的种类很多，选择亦有讲究。首先要根据脸型选择合适的帽子。圆脸戴圆顶帽，就显得脸大、帽子小，如戴宽大的鸭舌帽就比较合适。V字形脸的人戴了鸭舌帽就显得脸部上大下小，更显瘦削，因此戴圆顶帽比较合适。国字脸的人戴所有的帽子都比较合适。其次要根据自己的身材来选择帽子。高的人帽子宜大不宜小，否则给人头重脚轻的感觉。矮的人则适宜戴小帽子。个子高的人不宜戴高筒帽，否则给人的感觉是"又长高了"。个子矮的女性不宜戴平顶宽檐帽，否则会显得个子更矮。另外，帽子的形式和颜色等应和衣服、围巾、手套及鞋子等配套，才不会显得杂乱无章。

（6）围巾

围巾不仅具有保暖功能，更具有装饰美化的效果。佩戴围巾时应注意与其他服饰相协调。男士一般在冬季室外佩戴围巾，面料多为纯毛、人造毛织物等。而女士佩戴围巾的时间和场合较多，春夏佩戴真丝绸丝巾或纯棉围巾，冬季佩戴毛、棉围巾和披肩。现在围巾的变化更多了，人们还将长围巾或丝巾绑在头发上或是腰间做装饰物，起到画龙点睛的作用。

（7）眼镜

眼镜既是保护眼睛的工具，又是一种美容的装饰品。不同脸型佩戴适合的眼镜可改善脸部线条，给人以对称、平和的感觉，增强美感。另外选择佩戴墨镜时，不仅要考虑其颜色、款式、质地，还要考虑自己的脸型和肤色等。应该注意的是，在室内活动时不要戴墨镜，在室外礼仪性的活动中也不应戴墨镜。

（8）腰带

如今腰带已经成为一种时尚，特别是男士，几乎每一位男士都要在裤子上系一根皮带。腰带的作用已经延展到了实用性之外，其用于时尚搭配，甚至点缀的意义也日益凸显。腰带的颜色、款式、粗细不仅要与整体服装和饰品相协调，更要与佩戴者相协调。比如矮胖的人不宜戴宽腰带，正式场合不宜戴嬉皮风格腰带。

（9）香水

香水是一种无形的装饰品。香水有浓淡之分，浓度越低，涂抹的范围越广。一般来说，浓香水应以点擦拭或小范围喷洒式用于脉搏跳动处，如耳后、手腕内侧、膝后。淡香水（如香露、古龙水等）因为香精浓度不是很高，不会破坏衣服纤维，可以自由地喷洒及使用，如可喷洒在脉搏跳动处、衣服内里、头发上或空气中。需要注意的是，不要在阳光照射到的地方涂抹香水，因为酒精在阳光的暴晒下会在肌肤上留下斑点，紫外线也会使香水中的有机成分发生化学反应，引起皮肤过敏。

2.2 仪容礼仪

2.2.1 仪容礼仪的基本要求

仪容礼仪是个人基本礼仪的重要组成部分。仪容的基本含义是指人的容貌，但是从礼仪学的角度说，仪容还应该包括头发、面部、手臂和手掌，即人体不着装的部位。仪容礼仪主要涉及两个方面，即仪容的干净整洁和美化修饰，前者体现了仪容的自然美，后者体现了仪容的修饰美。

仪容的基本要求如下。

① 发型得体。男性头发前不盖眉，侧不掩耳，后不及领；女性根据年龄、职业、场合的不同，将头发梳理得当。

② 面部清爽。男性宜每日剃须修面，女性宜化淡妆。

③ 表情自然。目光平和，略带笑意。

④ 保持清洁。眼屎、鼻屎、耳垢等分泌物及时去除；除了每日剃须，鼻毛也应经常检查和修剪；定期修剪指甲并保持手部洁净；特别要强调的是，干净的牙齿是仪容中不可缺少的组成部分。有的人在外貌上精雕细琢，装扮得引人注目，当开口讲话时，却露出一口黄（黑）牙，破坏了整体美。因此，保持牙齿清洁很重要。

下面就仪容礼仪的两个关键内容即发型选择和化妆技法进行阐述。

2.2.2　发型的选择

发型是人体自然美与修饰美的结合体现。发型很大程度上体现了一个人的精神风貌，美观的发型能给人整洁、庄重、洒脱、文雅或活泼的感觉。发型要与性别、发质、服装、身材、脸型等相匹配，还要与自己的气质、职业、身份相吻合，这样才能扬长避短、和谐统一，显现出真正的美。

人们对发型的第一印象，首先在于头发的品质，即是否干净、健康和美观。为了保持头发的健康，应该每天梳理头发，并且根据自己的发质状况决定多久洗一次头发，一般不应超过 3 天。除了进行日常的保养，我们还要根据不同场合选择不同的发型。一般在正式场合，男士的头发不要超过 7 厘米，短碎发显得干净利落、自然有型，黑色的头发更能体现出男性的成熟稳重、干练大方。男士在修饰头发时要做到：前发不覆额，侧发不掩耳。

对于女士来说，正式场合下应该选择整洁、干练、美观、大方的发型。不宜染发，黑色的头发更能体现出东方女性的温婉柔美、内敛含蓄。在选择发卡、发带时要注意样式应庄重美观，切忌佩戴卡通、动物形象的发饰。在工作场合中，女士头发长度的上限是不宜长于肩部、不宜挡住眼睛。长发过肩的女士在工作场合中，可以采取一定的措施，如将超长的头发盘起来、束起来、编起来，不可以披头散发。

另外，发型应与自己的体态、年龄、脸型、职业等相匹配，如表 2-1 所示。

表 2-1　不同体态、年龄、脸型、职业女士的发型选择示例

类型		发型选择建议
体态	身材苗条	宜选择较长的发型
	脖子短	留短发或把头发梳成向上的发型
年龄	年轻	可选择的发型较多，但不宜选择复杂发型
	年长	忌过分摩登的发型
脸型	鹅蛋型	适合采用中分、左右均衡的发型，可增强端庄的美感
	圆脸型	应避免后掠式或齐耳的内卷式，可将头发分层削剪，让两颊旁的头发贴紧，使之盖住脸颊；或将头前部和顶部的头发吹高，给人以蓬松感
	方脸型	脸颊两侧的头发要尽量垂直，以产生紧凑感，缩小脸部的宽度
	长方脸型	可把头发梳平些，刘海稍长，齐眉或将眉盖住，以减短脸型的长度
	下宽上窄型	头前部的头发应向左、右两侧展开，以表现额部的宽度
职业	时尚前卫的职业	发型要活泼大方，以显出职业的朝气与活力
	文秘接待	应选择端庄的发型，以示职业的庄重

2.2.3　化妆的原则、禁忌与技法

容貌是个人形象的重要表现部分，它直接体现了一个人的精神气质、朝气与活力，是传达给对方直接而生动的第一信息。俗话说"三分长相，七分打扮"，选择符合自己气质、脸型、年龄的妆容能够让人看起来端庄靓丽，增添个人魅力和自信。在商务场合中，针对自身角色，进行必要的仪容修饰有助于取得成功。化妆是修饰仪容的方法，通过化妆可以突出自身的优势和长处，有效弥补自身的缺陷和不足，这样既能增强自信，又能给他人带来美感，对商务活动可以起到锦上添花的作用。因此，在商务交往中，女士重视和掌握化妆的原则、禁忌与技法是很有必要的。

实例

百变公主

小李是一名刚刚走上工作岗位的大学毕业生，对新的职场生活充满了憧憬与期待。为了尽快地融入职场，她在家人的支持下添置了不少行头，有职业装、化妆品、配饰等，可以说是应有尽有。可是每天早上上班前的化妆是她最痛苦的事情，一是花费时间多，二是她根本不知道自己适合化什么样的妆，每次都弄得自己很尴尬。有一次她被一名男同事笑话是百变公主，还有一次她使用了咖啡色的眼影，吓坏了同事。她自己也很苦恼，本来想用深色眼影让自己的脸看起来立体感强一些，为什么却适得其反了呢？

1. 化妆的原则

化妆是对他人的尊重，是一种必要的礼节。女性在正式场合应该化妆，且只能化淡妆，妆容过浓会显得轻浮、不够端庄。化妆需要遵循以下几个原则。

① 化妆要适度。化妆意在使人变得更加美丽，因此，化妆时要注意适度矫正、修饰得法，让人妆后能够避短藏拙。化妆时不要自行其是、寻求新奇。

② 化妆要自然。"清水出芙蓉，天然去雕饰"，化妆的基本要求就是自然、生动、恰到好处。化妆的最高境界是"妆成有却无"，既没有明显的人工美化痕迹，又好似天然如此美丽。自然的修饰使人的面貌真实生动，更显精神；反之，不当的妆容则会使人显得虚假而呆板，缺少真实感。

拓展阅读

《生命的化妆》

作家林清玄在《生命的化妆》这篇文章里引用一位专业化妆师的评述："最高明的化妆术，是经过非常考究的化妆，让人家看起来好像没有化过妆一样，并且这化出来的妆与主人的身份匹配，能自然表现那个人的个性与气质。次级的化妆是把人凸显出来，让她醒目，引起众人的注意。拙劣的化妆是一站出来别人就发现她化了很浓的妆，而这层妆是为了掩盖自己的缺点或年龄的。最坏的一种化妆，是化过妆以后扭曲了自己的个性，又失去了五官的协调，如小眼睛的人竟化了浓眉，大脸蛋的人竟化了白脸，阔嘴的人竟化了红唇……"

③ 化妆要得法。化妆虽讲究个性化，却难以无师自通，必须通过学习方能掌握。工作时妆容宜淡，社交时妆容可稍浓，香水不宜涂在衣服上和容易出汗的地方，口红与指甲油应为一色。使用的化妆品应属于同一个系列。因为每种化妆品都有不同的香味，如果混杂使用就会使香味混合，弄巧成拙。

④ 化妆要协调。高水平的化妆强调的是整体效果。所以，女性化妆时应努力使妆面协调、整体协调、身份协调、场合协调，以体现自己慧眼独具、品位不俗。

化妆的协调原则

一是妆容协调，指化妆部位色彩搭配、浓淡协调，所化的妆针对脸部特点。

二是整体协调，指妆容还应与发型、服装、饰物协调。比如，戴粉色的围巾时涂上粉色的唇彩就比较自然协调；如果唇彩是粉色的、衬衫的领子是蓝色的，就会显得反差太大，过渡不自然。

三是身份协调，指化妆时要考虑到自己的职业特点和身份，采用不同的化妆手段和化妆品。作为职业人士，应注意妆容要体现出端庄稳重的气质。

四是场合协调，指化妆要与所去的场合气氛协调一致。比如，日常办公，妆可以化淡一些；出入宴会、舞会等场合，妆可以化浓一些，尤其是舞会，妆可以亮丽一些；参加追悼会，素衣淡妆，忌使用鲜艳的颜色化妆。女士在不同的场合化不同的妆，不仅会使化妆者内心保持平衡，也会使周围的人感到舒适。

2. 化妆的禁忌

化妆的禁忌可以总结为"六勿"，具体如下。

① 勿当众化妆。化妆，应事先完成，或在专用的化妆间进行。如果在公共场合当众化妆，则有卖弄表演之嫌，可能会招致别人的反感。

② 勿在异性面前化妆。女人一般不会在异性面前化妆。对关系密切者而言，这样会使其发现自己的本来面目；对关系普通者而言，这样则有充当花瓶之嫌。无论如何，在异性面前化妆都会使自己的形象受损。

③ 勿妨碍别人。女士如果将自己的妆化得过浓、过重，那这种"过量"的化妆就是对他人观感的妨碍。

④ 勿出现残缺妆容。女士如果妆容出现残缺，应及时避人补妆，如果放任不管，则有损形象。

⑤ 勿借用化妆品。借用他人化妆品尤其是口红，是极不卫生和极不礼貌的，应尽量避免。

⑥ 勿非议他人妆容。化妆是个人之事，对他人的妆容不应自以为是地加以评论。由于个人文化修养、皮肤及种族的差异，每个人对化妆的要求及审美是不一样的。不要总认为只有自己化的妆才是好的。在和他人交往的过程中，即便是好朋友，也不要主动去为别人化妆、改妆及修饰。

3. 化妆的技法

女士化妆应以突出五官中最美的部分并且掩盖不足或弥补缺陷为目的。如参加商务晚宴，则可通过浓妆塑造出华丽高贵的形象；如上班，则适宜淡妆，以塑造自然、大方、优美的形象。那么，商务人员如何通过化妆有效地塑造美的形象呢？其关键就是要掌握化妆的技法（见表 2-2）。

表 2-2　女士面部化妆的技法

前提条件	护肤	护肤十大要诀：一是洁面，切勿不卸妆便睡觉；二是每天喝大量的白开水；三是少吃煎炸食物；四是吃大量新鲜蔬菜；五是不吸烟；六是经常清洗化妆棉和化妆刷；七是不借用他人的化妆品；八是尽量用不含油分的化妆品；九是保证充足的睡眠；十是做有效的运动
化妆的重点	眉毛	修饰眉毛可衬托眼睛，改善脸型。眉毛修饰后的标准是：眉头在鼻翼与内眼角的延长线上；眉峰在鼻翼与眼珠正中的延长线上，大约在眉头的 2/3 处；眉尾在鼻翼与外眼角的延长线上；眉头与眉尾在同一水平线上。修饰方法是握住眉笔顺着眉毛的自然形状一根根描画，画眉尾时斜向下倾斜描画
		不同的脸型要配以不同的眉形，如长脸型，描画出一字眉较合适；圆脸型宜选择眉峰高或上扬眉型，以使脸部拉长；宽脸型，宜拉近眉间的距离；窄脸型，要适当拉开眉头间的距离
	眼睛	如果眼睛过高，应强调下眼线；如果眼睛过低，应强调上眼线及眉尾部分；两眼间距离过宽，用眉笔加画眉头，眼头处应用深色眼影加以修饰；两眼间距离过窄，眉头处可拔一些眉毛，并用眼影强调眉尾；下垂的眼睛应强调上眼尾，向上画眼线，并加强眼影；上扬的眼睛要使用色调温和、适度的眼影强调下眼尾，使之平衡

续表

化妆的重点	唇部	唇部是面部最灵活的部分，俗话说："眼取其神，唇取其色。"东方人皮肤偏黄，宜选用暖色系列口红（正红色、红色、紫色和粉红色等）；口红颜色还应与服饰颜色相匹配
		化唇妆，先勾画唇线，可用唇刷，也可用唇线笔；再画嘴唇的轮廓，由嘴唇中央向上以弧线画出唇峰，再向嘴角延伸，要一气呵成，左右两边的唇线应对称；画下嘴唇唇线，应由左右两侧向中间描画，然后张开嘴画嘴角轮廓，上下嘴唇的连接应自然、清晰；最后用唇刷蘸取唇膏或直接用唇膏均匀地涂满整个嘴唇，注意不能越过唇线

实例

某公司关于女性仪容的标准

整体：整齐清洁，自然，大方得体，精神奕奕，充满活力。

头发：头发整齐、清洁，不可染色，不得披头散发。短发前不及眉、旁不及耳、后不及衣领；长发刘海不过眉，过肩要扎起（使用公司统一发夹，用发网网住，夹于脑后），不得使用夸张的发夹。

耳饰：只可戴小耳环（无坠），颜色不艳丽。

面貌：精神饱满，表情自然，化淡妆，不用有浓烈气味的化妆品，不可用颜色夸张的口红、眼影、唇线。

手：不留长指甲，指甲长度以不超过手指头为标准；不准涂有色指甲油，经常保持清洁；除手表外，手上不允许佩戴任何首饰。

衣服：合身、无褶皱、清洁、无油污，工牌佩戴于左胸处；长衣袖、裤管不能卷起，夏装衬衣下摆须扎进裙内；若佩戴项链，饰物不得露出制服外。

鞋：穿着公司统一配发的布鞋，保持清洁、无破损，不得趿着鞋走路。

袜子：袜子无勾丝、无破损，只可穿无花、净色的丝袜。

身体：勤洗澡，无体味，不使用气味浓烈的香水。

2.3 仪态礼仪

仪态，又称体态，是指人的身体姿态和风度。姿态是身体所表现的样子，风度则是内在气质的外在表现。人的举手投足、一颦一笑，并非偶然的、随意的，这些行为举止自成体系，像有声语言那样具有一定的规律，并具有传情达意的功能。人们可以通过自己的仪态向他人展现个人的学识与修养，并交流思想、表达感情。英国哲学家培根说："在美的方面，相貌的美高于色泽的美，而秀雅合适的动作又高于相貌的美。"在社交中，仪态是极其重要、有效的交际工具，它用一种无声的语言向人们展示道德品质、学识、文化品位等。用优良的仪态礼仪表情达意，往往比语言更让人感到真实、生动。所以，我们在商务交往中应举止优雅，做到仪态美。

2.3.1 体姿的展示

1. 站姿

俗话说"站如松"，一个人的站姿可以较好地展示其精神状态。男子的站姿如劲松，具有男子汉刚毅英武、稳重有力的阳刚之美；女子的站姿如静松，具有女性轻盈典雅、亭亭玉立的阴柔之美。正确的站姿是自信的表现，会给人留下美好的印象，如图2-3所示。

（1）标准的站姿

标准站姿的要领是：一要平，即头平正、双肩平、两眼平视；二是直，即腰直、腿直，后脑勺、背、臀、脚后跟成一条直线；三是高，即重心上移，看起来显得高。

（2）不同场合的站姿

在升国旗、奏国歌、接受奖章、接受接见等庄严的场合，应采取严格的标准站姿，而且神情要严肃。在发表演说、新闻发言时，为了减少身体对腿的压力，减轻由较长时间站立造成的双腿的疲倦，可以用双手支撑在讲台上，两腿轮流放松。主持文艺活动、联欢会时，可以将双腿并拢站立，女士可以站成丁字步，让站立姿势更加优美。门迎等服务人员往往站的时间很长，双腿可以平分腿站立，双腿分开不宜超过肩宽。双手可以前握垂放于腹前，也可以背后交叉，右手放到左手的掌心上，但要注意收腹。礼仪小姐的站姿，要比门迎等服务人员更美观，一般可采取立正的姿势或丁字步。如双手端、执物品时，上臂应靠近身体两侧，但不必夹紧，下颌微收，面含微笑，给人以优美亲切的感觉。

图 2-3　站姿

（3）不良的站姿

不良的站姿主要有以下几类。

① 身躯歪斜。古人对站姿曾经提出"站如松"的基本要求，这说明站姿以身躯直正为美。在站立时，若是身躯出现明显的歪斜，将直接破坏人体的线条美，而且还会给人颓废消沉、萎靡不振、自由放纵的直观感觉。

② 弯腰驼背。弯腰驼背其实是身躯歪斜的一种特殊表现。除腰部弯曲、背部弓起之外，大都会伴有颈部弯缩、胸部凹陷、腹部凸出、臀部撅起等其他不雅体态。凡此种种，都会显得一个人健康欠佳、无精打采。

③ 趴伏倚靠。在工作岗位上，要确保自己站有站相。站立时，随随便便地趴在一个地方，伏在某处左顾右盼，倚着墙壁、货架而立，靠在桌边，或者前趴后靠、自由散漫，都是极不雅观的。

④ 腿位不雅。应切记：在站立时双腿分开的幅度，在一般情况下越小越好，双腿并拢为好；即使分开，也要注意不可使双腿之间的距离超过本人的肩宽。另外，还有双腿扭在一起、双腿弯曲等姿势也应避免。

⑤ 脚位欠妥。在正常情况下，双脚站立时呈现出 V 字式、Y 字式（丁字步）、平行式等脚位。注意，采用人字式、蹬踏式和独脚式，则是不允许的。所谓人字式指的是站立时两脚脚尖靠在一起，而脚后跟大幅度地分开，这脚位又叫"内八字"。所谓蹬踏式，是指站立时为了舒服，在一只脚站在地上的同时，将另一只脚踏在椅面上、蹬在窗台上、跨在桌面上等。独脚式即一只脚抬起，另一只脚落地。

⑥ 手位不当。站立时，不当的手位主要有：一是将手插在衣服的口袋内；二是将双手抱在胸前；三是将两手抱在脑后；四是将双手支于某处；五是用两手托住下巴；六是手持私人物品。

2. 坐姿

端庄优美的坐姿给人以文雅、稳重、大方的美感，会给人留下良好的印象。所谓"坐如钟"，就是指坐姿要像钟一样端庄沉稳。

商务礼仪：理论、案例与实训（附视频指导）

（1）标准的坐姿

① 落座要轻、动作要缓，不论坐椅子还是坐沙发，不要坐满。坐定后双膝并拢或微微分开，两脚自然着地，双目正视对方，面带微笑。女士就座时，可以双腿并拢，以斜放一侧为宜，双脚可稍有前后之差。穿裙子的女士，落座时应用手把裙子稍稍向前拢一下，既防止裙子起皱，又表现出优雅的风度。

② 离座动作缓慢轻稳，不能猛起猛出，不能发出声响；离座要右脚向后收半步，然后起立，起立后右脚与左脚并齐，再从容移步；自左离座，坚持"左入左出"；应等身份高者先离座，身份同等可同时离座。

③ 通常情况下，与他人谈话时，可把双手轻搭在沙发扶手上，但不可手心朝上；也可双手相交放在腿上。标准的坐姿如图 2-4 所示。

图 2-4　标准的坐姿

（2）不同场合的坐姿

谈判、会谈时，场合一般比较严肃，适合正襟危坐，但不要过于僵硬。要求上身正直，端坐于椅子中部，注意不要使全身的重量只落于臀部，双手放在桌上、腿上均可。双脚为标准坐姿中的摆放动作。倾听他人教导时，对方若是长者、尊者、贵客，除了要端正坐姿外，还应坐在座椅、沙发的前半部或边缘，身体稍向前倾，表现出一种谦虚、重视对方的态度。在比较轻松、随意的非正式场合，可以坐得轻松、自然些，全身肌肉可适当放松，还可不时变换坐姿。

（3）不良的坐姿

以下坐姿均是素质低、没有修养的表现。

① 动作幅度过大、过急。在入座过程中，节奏太快、动作不轻稳，易给人留下做事潦草、忙乱的不良印象；离座时出现急、快的情况，易产生刮倒座椅、发出声响等问题，也会影响个人形象。

② 坐姿不端正。上身放松，半坐半躺在座椅上，或者完全瘫坐在座椅上；上身在坐立的过程中不停地晃动、左右歪斜、前仰后合；双手抱脑后，或抱膝盖，或夹在两腿之间。

③ 双腿姿态不规范。两腿过度叉开；腿不停抖动；双腿重叠，一条腿跷起（俗称"二郎腿"）；双脚没有平放在地面上，脚尖翘起；以脚蹬踏别的物体。

3. 走姿

走姿也称步态，是指一个人在行走过程中的姿势。它以人的站姿为基础，是站姿的延续，始终处于运动中。走姿体现的是一种动态美，能直接反映出一个人的精神面貌，表现一个人的风度。有良好走姿的人会显得年轻有活力。所谓"行如风"，就是指行走时动作连贯、从容稳健。步幅、步速要以出行的目的、环境和身份等因素而定。协调和韵律感是步态的基本要求。

（1）标准的走姿

上身基本保持站立体姿，挺胸收腹，腰背笔直；两臂以身体为中心，前后自然摆动，前摆约 35°，后摆约 15°，手心朝向体内；起步时身体稍向前倾，重心落于前脚掌，膝关节伸直；脚尖向正前方伸出，如图 2-5 所示。

（2）不同场合的走姿

喜庆场合，步态应轻盈、欢快，有跳跃感；悲伤场合，步态应缓慢、沉重，有忧伤感；参观展览，步态应轻柔；进入办公场所、登门拜访客户，步态应轻而稳；迎接外宾，步态应稳健、节奏稍缓；办事往来于各部门之间，步态应快而稳重；陪同参观，应照顾来宾行走速度，并善于引路。

（3）不良的走姿

不良的走姿主要包括含胸驼背行走、东张西望行走、双手插兜行走、S 形曲线行走等。

4. 蹲姿

俗话说"蹲要雅"，蹲姿是人的身体在低处取物、拾物、整理物品、整理鞋袜时所呈现的姿势，它是人体静态美与动态美的结合。蹲姿要动作美观、姿势优雅，如图 2-6 所示。

图 2-5　走姿　　　　　　图 2-6　蹲姿

（1）标准的蹲姿

下蹲时一只脚在前，一只脚在后，两腿向下蹲，前脚掌全着地，小腿基本平行于地面，后脚脚后跟提起，脚尖着地。女士应靠紧双腿，男士则可适度地将其分开。臀部向下，基本上是以后腿支撑身体。

（2）不同场合的蹲姿

蹲姿是特殊情况下采用的暂时性体姿，如集体合影前排需要蹲下时、捡拾地上物品时等。

（3）不良的蹲姿

弯腰捡拾物品时，两腿叉开、臀部向后撅起是不雅的姿态；两腿展开平衡下蹲，其姿态也不优雅。

2.3.2 表情的运用

美国心理学家登布（Temple）在其《推销员如何了解顾客心理》一文中说："假如顾客的眼睛朝下看，脸转向一边，表示你被拒绝了；假如他的嘴唇放松，笑容自然，下颌向前，则可能会考虑你的提议；假如他对你的眼睛注视几秒，嘴角至鼻翼部位都显出微笑，笑得很轻松，而且很热情，这项买卖就做成了。"由此可见，面部表情在传情达意方面有重要的作用。面部表情是丰富且复杂的体态语的一个重要方面，它包括脸色的变化、肌肉的收缩以及眉、鼻、嘴等的动作。

1. 眼神

孟子曰："胸中正，则眸子瞭焉；胸中不正，则眸子眊焉。"一个人的眼神可以表现出他的喜、怒、哀、乐，反映他的心灵。最容易表现情感、最难掩饰情感的，不是语言，不是动作，也不是态度，而是眼睛。言语、动作、态度都可以伪装，而眼睛是无法伪装的。

人们内心深层次的感情，首先反映在视线上，视线的移动方向、集中程度等都表达不同的心理状态。例如，一般而言，人们总是凝视自己喜欢的人，又回避对方目光；遇到自己不喜欢或感到不舒服的人时，把目光挪向别处；遇到麻烦，人们总是习惯垂下眼皮；有信心的人往往正视对方。

行为科学家断言，只有当你同他人眼对眼的时候，也就是说，只有在相互注视时，彼此的沟通才能建立。在沟通中，保持目光接触是十分重要的，甚至有的地区对目光接触的重视远远高于对语言沟通的信赖。在美国，如果你应聘时忘记看着主考官的眼睛，就别想找到一份好工作。加拿大人、澳大利亚人及很多西方人认为：沟通时目光的直接接触所传递的是诚实的信息。

加拿大社会心理学家杜勒斯曾于 1978 年做过一个实验，他将若干法律系的大学生分成两组，通过电视观看一个虚构的法律调查。两组学生所看到的证人和证词是完全一样的，不同的是第一组学生看到的证人在作证时，眼睛正视前方；第二组学生看到的证人在作证时，眼神总是躲闪。事后，第一组的学生都认为证人的证词是可信的，而第二组的学生则大多数都对证词的可信性提出了怀疑。

另外，对目光的运用与不同国家的文化背景也有一定联系。大多数来自英语国家的人在谈话中会使用更多的目光交流，没有目光接触的沟通几乎是不可能的事。与对方讲话时，或听对方讲话时，要看着对方，否则会被视为对话题没兴趣、心里有鬼不敢正视，或性格过于羞怯等。就算是在地位不等的两个人之间对话时也如此。

一般来讲，在人际沟通中，目光要朝向对方，适度地注视对方的脸和眼，不要仰视天上，不要俯视地面，也不要不停地眨眼或者用眼角斜视对方。而且，注视时既不要一动不动地直视，也不要眼球乱转。前者会使人感到滑稽可笑，后者会使人觉得莫名其妙。

📚 拓展阅读

曾国藩的识人术

某日，李鸿章带了 3 个人去拜见曾国藩，请曾国藩给他们分配职务。恰巧曾国藩散步去了，李鸿章示意那 3 个人在外厅等着，自己则走到里面等候。不久，曾国藩散步回来了，李鸿章禀明来意，请曾国藩来考查那 3 个人。曾国藩摇手笑言："不必了，面向厅门、站在左边的那位是个忠厚人，办事小心谨慎，让人放心，可派他做后勤供应一类的工作；站在中间的那位是个阳奉阴违、两面三刀的人，不值得信任，只宜分派一些无足轻重的工作，担不得大任；站在右边的那位是个将才，可独当一面，将大有作为，应予重用。"

李鸿章很是惊奇，问："还没有用他们，您是如何看出来的呢？"

曾国藩笑着说："刚才散步回来，在厅外见到这 3 个人，走过他们身边的时候，站在左边的那位态度温顺、目光低垂、拘谨有余、小心翼翼，可见是小心谨慎之人，因此适合做后勤供应一类只需踏实肯干、不需要多少开创精神的事情。站在中间的那位，表面上恭恭敬敬，可等我走后，就左顾右盼、神色不端，可见是个阳奉阴违、投机取巧的狡猾之辈，断不可重用。站在右边的那位，始终挺拔而立、气宇轩昂、目光凛冽、不卑不亢，是一位大将之才，将来成就不在你我之下。"

曾国藩所指的那位大将之才，便是日后立下赫赫战功的淮军勇将刘铭传。

2. 眉毛

眉毛也可以传递非语言信息。比如和一个老朋友见面，你可以不必用语言问候，或者用手势招呼，而仅仅挑起一下眉毛就可以示意。研究表明，人们可以运用眉毛来传递多种不同的信息，而且一些眉毛的运动被认为是世界各地人们所共有的，像紧缩眉头表示焦虑、眉毛扬起表示惊讶等。

俗话说"眉目传情"。眉和目总是连在一起来传递信息。词语中以"目""眼""眉"构成的词语是很多的，如"眉来眼去""眉开眼笑""挤眉弄眼""横眉冷目"等。眉毛的运动可以帮助眼神的传递。如果你眯起眼睛、眉毛稍稍向下，那表示你可能已陷入沉思；当你眉毛扬起时，那表示你可能在怀疑，也可能是心情兴奋。

3. 微笑

微笑是面部表情的基本形式，是不显著、不出声的笑。微笑是待人诚恳、友好的表现，是有文化、有风度、有涵养、懂礼仪的体现。它表示的是友好、愉悦、欢迎、赞赏等含义，有时也可以用来表示歉意、拒绝和否定。

（1）微笑的价值

在非语言沟通中，微笑是一种很常见但很有效的沟通方式，微笑对他人有心理学上所谓"移情"的效果。俗语说，"笑有传染性"。微笑的作用是巨大、多方面的。善于交际的人在人际交往中的第一个行动就是面带微笑。微笑能够使沟通在轻松的氛围中展开，可以消除由陌生、紧张带来的障碍。同时，微笑也显示你的信心，让你能够通过良好的沟通达到预定的目标。真心和诚挚的微笑有助于建立与他人的友好感情。

微笑是友好和善意的标志。笑容是一种令人感觉愉快的面部表情，它可以缩短人与人之间的心理距离，为深入沟通与交往创造温馨和谐的氛围。在大多数情况下，人们有一种共同的期待：希望看到笑脸。这种自觉或不自觉的心理期待，是想从微笑中获取友好和善意的信息。

微笑是宽容大度的表现。微笑可以缓和气氛、化解矛盾，从而摆脱困境。微笑不是畏惧、退缩，而恰恰是宽容大度的写照。微笑作为无声语言，有时其含义是鲜明的，有时其含义却是含蓄的，甚至是神秘的，令人捉摸不透。笑而不语，不置可否，使对方不得不进行种种推测，这无声的模糊语，似表态又无明确态度，可以达到巧妙回避的目的。

总之，微笑是人际交往中的润滑剂，是人们相互沟通、相互理解、建立感情的重要手段。英国诗人雪莱曾经说："笑是仁爱的象征、快乐的源泉、亲近别人的媒介。有了笑，人类的感情就沟通了。"正因如此，一些行业的服务规范中都列出了微笑服务的要求。

实例

高铁公司用软件检测员工微笑

为提高服务质量，某高铁公司近日出现了一个与众不同的监管员——微笑警察，这个监管员将每天对员工的面部进行扫描。微笑警察是一款公司新引进的微笑检测软件，能根据面部特征、嘴唇弧线以及眼部运动引起的皱纹给出微笑分析。在扫描面部后，这款软件就会估算出一个人最大的微笑程度，分成 0～100 级。如果检测到一个低于标准的微笑，一系列的微笑提示信息就会出现在计算机屏幕上，如"你看起来还是太严肃了""提起你的嘴角"等。

公司要求 500 多名员工使用这款软件，每天开始工作前检测自己的笑脸，并将笑脸打印出来，用这张微笑照片提醒自己一整天都要保持良好的微笑状态。

（2）微笑的技巧

在商务交往和职场沟通中，我们应该清楚地认识到微笑对处理客户、上下级关系的重要性。如果你想让微笑成为传递友好感情的使者，那么应发自内心地微笑。为了赢得客户的好感和顺利处理上下级关系，就要让他们在潜意识里了解你内心的感情，而不是你简单的表情。要做到发自内心地微笑，我们可以从以下几个方面来训练和改善。

① 微笑要真诚自然。但凡令人心动的微笑，无不透着真诚的情感、自然的神韵。一个与人为善的人，一个尊重人、关心人的人，一个古道热肠的人，他的微笑是发自内心的，代表的是友善、愉快和热情，会让对方的心中产生轻松愉快和可信的感觉。而虚情假意地笑，只会给人以做作的印象，甚至会招人反感。

② 微笑要适度得体。微笑有不可忽视的作用，但又不能总是笑。不论对象、场合时时处处地微笑，只会适得其反，弄巧成拙。要使微笑适度、得体，我们需要有自我克制的能力。心情愉快时容易露出笑脸，心情不好时就绷着脸，把微笑抛到脑后，这怎能达到与人沟通的目的呢？遇到挫折时我们仍能真诚地微笑，才难能可贵。多想些美好的事情，多为他人着想，对工作、生活充满信心，我们的笑容就会更灿烂、更自然。

③ 微笑要有适度的训练。对着镜子练习微笑，使双颊肌肉用力向上抬，嘴里念"一"字音，用力抬高嘴角两端，注意下唇不要过分用力。普通话中的"茄子""田七""前"等字词的发音也可以辅助微笑口型的训练。注意以下几点技巧：第一，调整自己的嘴型，注意与面部其他部位和眼神的协调，做使自己最满意的微笑表情，直到离开镜子时也不要改变它；第二，采用情绪记忆法，即将自己生活中最高兴的情绪储存在记忆中，在练习微笑时，可以想想那件最使自己开心的事，从而自然而然流露出笑容；第三，练习微笑前要忘掉自我和一切烦恼，让心中充满爱意；第四，训练时可以配上优美的音乐，放松心情，以减轻单调、疲劳之感。

2.3.3　手势的解析和改善

演员、政治家和演说家会通过训练使自己有意识地利用一些手势来加强语气，除此之外，在一般的人际沟通过程中，许多手势都是无意识的。比如，当说话者激动的时候，手臂的快速动作可以强调正说着的话。利用肩部、手臂、腿和脚表示的姿势形式也很丰富，尽管常常只起辅助的作用，但手势也可被有意识地用来代替说话。例如，把食指放在嘴唇前要求安静。又如，当争论很激烈时，有人为了使大家情绪稳定下来，做出两手掌心向下按的动作，意思是"镇静下来，不要为这点小事争执了"。

可以说，手势是人们在交谈中用得较多的一种行为语言。手势可以用来表示强调，或者代替说话，它在传递信息、表达意图和情感方面发挥着重要作用，它在人们交往中是不可缺少的。

📖 **拓展阅读**

有趣的"OK"手势

所谓手势，主要指我们如何使用我们的双手来传达信息。正如口语一样，手势也因国家、文化的不同而有不同的含义。环状手势，即用食指指尖和拇指指尖相顶，呈 O 状。在英国和美国，它表示肯定、不错，形似"OK"，但如果从英国过海底隧道来到法国，你会发现，当你使用该手势对法国朋友表示对他新车的欣赏时，他可不会高兴。因为在法国，该手势表示"一文不值"。

礼仪专家李荣建曾因为"OK"手势闹出笑话。他在上中学的时候，由于学校修路把侧门关闭了，学生就要绕很远的路去上课。有一次眼看就要迟到了，于是他决定翻墙进去，但学校明令禁止翻墙，经常派保安埋伏在墙下。他正犹豫不决的时候，看见一个同学刚好经过。隔着栅栏门，他小声问："墙底下有没有保安？"同学四下看看，也不说话，只是冲他做了个"OK"的手势。他一见很高兴，如武林高手一般，攀住墙头，"噌"一下翻了过去。就在他双脚落地之时，3 个保安过来将他团团围住，二话不说，把他带到了保卫处。回到教室，李荣建十分生气地问那个同学："明明墙底下有 3 个保安，你怎么做'OK'的手势来骗我？"那位同学也十分气愤地说："你是真傻还是装傻呀？我的意思是墙下有 3 个保安！"

可见，同一种手势在不同的地方和场合就会有不同的含义。

1. 手势语的解析

如果你是个细心的人，你会发现手势有很多种。不同的手势也表达不同的意思。下面列出了一些常见的手势语，并进行解析。

① 手掌的手势语。说话时伸出并敞开双掌，表示态度诚恳、言行一致；掌心向上的手势，表示友好、谦虚、不带任何威胁性；掌心向下的手势，表示控制、压抑、压制，带有强制性，会使人产生抵触情绪。

② 手指的手势语。用手指或铅笔敲打桌面，或在纸上乱涂乱画，表示对对方的话题不感兴趣、不赞同或不耐烦；两手手指并拢放置于胸脯前上方呈尖塔状，表明充满信心；手与手重叠放在胸腹部的位置，是谦虚、矜持或略带不安的反应；挠头，说明犹豫不决，感到为难；搓手，表示对结束交谈的急切期待心理；食指伸出，其余手指紧握，呈指点状，表示教训、镇压，带有很大威胁性；手指向掌心弯曲成拳头，表示想向对方挑战或自我紧张的情绪，以拳击掌是向对方发起攻击的信号。

③ 手臂的手势语。彼此站立交谈时，若对方手臂交叉放在胸前，表示戒备、敌意和无兴趣；倒背双手，同时身体重心在分开的两腿中间，意味着对方充满自信和愿意合作；若背手时身体作稍息状，则意味着戒备、敌意、不愿合作、傲慢甚至蔑视。

④ 握手的手势语。握手时对方掌心出汗，表示对方处于兴奋、紧张或情绪不稳定的状态；若对方用力握手，表明此人好动、热情、凡事比较主动；手掌向下握手，表示想取得主动、优势或支配地位；手掌向上握手的人性格软弱，处于被动、劣势或受人支配的状态；用两只手握住对方一只手并上下摆动，往往表示热烈欢迎、真诚感谢或有求于人。

2. 手势的运用

手势活动的范围，有上、中、下三个区域，此外，还有内区和外区之分。肩部以上称为上区，多用来表示愉悦、激昂等情感，表达积极肯定的意思；肩部至腰部称为中区，多表示比较平静的情绪，一般不带有浓厚的感情色彩；腰部以下称为下区，多表示不屑、厌烦、反对、失望等，表达消极否定的意思。

根据手势运用的目的和情境，人的手势可以分为以下 4 种。

① 情意性手势。情意性手势主要用于表达带有强烈感情色彩的内容，其表现方式极为丰富，感染力极强。比如说"我非常爱她"时，用双手捧胸，以表示真诚之情。

② 象征性手势。象征性手势主要用来表示一些比较复杂的感情和抽象的概念，从而引起对方的思考和联想。例如，把大军乘胜追击的场面，用右手五指并齐然后手臂前伸这个手势来形容，象征着奋勇进发的大军，从而引起听众的联想。

③ 指示性手势。指示性手势主要用于指示具体事物或数量，其特点是动作简单、表达单一，一般不带感情色彩。例如，当讲到自己时，用手指向自己；当谈到对方时，用手指向对方。

商务礼仪：理论、案例与实训（附视频指导）

④ 形象性手势。形象性手势的主要作用是模拟事物的形状，以引起对方的联想，给人一种具体明确的印象。例如，说到高山，手向上伸；讲到大海，手平伸外展。

3. 改善手势的技巧

沟通时运用手势是为使话语和说话的人显得更加生动活泼，提升话语表达的效果、更加明确地表达意图。一般来说，手势运用需要注意以下几点。

（1）手势动作要自然得体

手势动作应做到上不超肩10厘米、下不过腰10厘米，上臂不贴紧身体抱于胸前或小腹前，同时避免双臂或双脚的交叉动作，避免夸张、矫揉造作、单调和呆板的手势。

（2）手势的使用目的要明确

手势要与身体姿势、眼神、表情及口头语言协调一致。在发表演讲时，配合具有鼓动性的手势，可以激发对方的情绪；在侃侃而谈时，加上富有感染力和说服力的手势，也可以起到渲染气氛、把对方代入角色的作用，使其有身临其境的感觉。

（3）手势不要过多

手势过多给人轻浮的感觉，而且容易分散对方的注意力。

（4）避免消极的手势

消极的手势主要是指抠鼻子、揉眼睛、挠痒痒、捋胡须、理头发、手插裤兜、玩弄衣扣等。另外，在与人交谈时，用手指对对方指指点点也是极不礼貌的。

（5）注意不同文化背景下手势含义的差异

受地域、文化、种族的影响，不同文化背景下的手势语也存在许多差异，它们具有独特的文化内涵。因此，在国际交流和跨文化沟通中，要理解不同文化背景下手势语的意义，避免手势语的误用，减少文化矛盾和冲突，确保沟通和交际活动的顺利进行。

拓展阅读

身体语言传递的信息更真实

研究表明，手势、表情、体姿等身体语言，作为非语言沟通的主要形式，在人际沟通中具有重要作用，主要体现在以下两个方面。

① 身体语言能够提供比口头语言和书面语言更丰富的信息。这是因为人类语言所传达的意思大多数属于理性的层面，经过理性加工所表达出来的语言会把所要表达的大部分，甚至绝大部分信息隐藏起来。而非语言的身体动作常常比语言更能表现出人的态度与情感。身体语言想要掩饰态度和情感要困难得多。在表达情感、显示态度和表现气质等方面，非语言的行为所传达的信息往往更准确、内容更丰富、效果也更理想。

② 非语言沟通能更真实地提供人们情感和态度的信息。语言是经过思考和选择，有意识地表达出来的。因此，有些人经常出现口是心非的情形。非语言沟通在很大程度上是无意识的，因而也能更真实地反映人们的情感和态度。人们的非语言行为是一种自然而然的感情流露，通常很难做刻意的选择。人们的姿态动作、面部表情、目光都传达了他们的情感和情绪。从这些非语言行为中得到的关于对方是否愉快、悲哀、恐惧、愤怒和感兴趣的信息，甚至比语言沟通所得到的信息更真实、更可靠。

也就是说，不仅人的动作、姿势、表情等传递着丰富的信息，而且，通过这些信号所传递的信息往往比语言信号所传递的信息更为真实。也正因为如此，在信息传递的过程中，通过不同信号所释放出来的信息就可能存在某些矛盾，从而对沟通者产生不利影响。有鉴于此，沟通者就不仅要善于观察理解不同的非语言信号所传递的信息的含义，结合听和读所获得的信息来做出判断，而且要努力保持自身通过不同信号（说、写和做）所传递的信息的一致性。

2.3.4 风度的培养

风度是社交活动中给人深刻印象的内在潜质的综合反映，风度不但是人的一种性格特征的表现，还是人的一种内在涵养的表现。风度是一个人的姿态、举止、言谈、作风等表现出来的美。这种美既是一种外在美，又是一个人内心美的自然流露，也就是内在美和外在美的和谐统一。因此我们既要重视妆容、服饰与姿态的美，更要看重内在的修养，何况外在仪表本身就折射出个人内在的气质。

1. 风度的培养重在内在气质的优化

气质不佳者，难有好的风度。内在气质的优化靠平时修养、陶冶而成，因而有气质的人在日常生活中会不经意地显露出风度。可以说，人的气质和风度就体现在其言谈得体、举止端庄、行为文明等基本素养上，而这些素养渗透到人们生活、工作的方方面面。

📖 拓展阅读

曹操的气质风度

据《世说新语》记载，曹操个子较矮，一次匈奴来使，应由曹操接见。可是，曹操怕使者见自己矮而看不起自己，于是请大臣崔琰冒充自己，曹操则持刀扮成卫士站在崔琰的旁边观察使者。崔琰"眉目疏朗，须长四尺，甚有威重"。接见后，曹操派人去探听使者的反应，使者说："魏王雅望非常，然床头捉刀人，此乃英雄也。"曹操具有高度的政治、军事、文化素养，养成了封建时代的政治家特有的气质。因此，他的风度并不因他身材矮小而受到影响，也不因他扮成地位低下的卫士而被掩盖。

2. 风度的培养离不开良好的德、才、学识

良好的文化素养、脱俗的思想境界、渊博的学识、精深独到的思辨能力，是构成风度美的重要内在因素。拥有宽宏的气度与气量是自古以来君子的特点；知识丰富且善于辞令，时而妙语连珠，时而幽默风趣，也是君子的风范。这些可通过言谈举止和服饰等转换为外在的形式。如鲁迅有"横眉冷对"的铮铮铁骨，宋庆龄则留下端庄自然的慈母风度，高尚的道德修养与高超的学识造就了卓然的风度。

3. 风度的培养应注意经常训练

培养风度首先要对自己的气质、性格、经历、知识和文化程度，乃至身材、面容等条件有自知之明。我们既不能听之任之，对自己毫无要求，以"本色""自然"自夸；也不能乞求过高、操之过急，以致娇揉造作，生硬别扭，或东施效颦，欲美反丑。而审度自己，科学地进行自我设计，持久地实践、训练，自然能水到渠成。例如，根据自身特点坚持训练站姿、坐姿、走姿、言谈举止的技巧，在各种场合、环境下都能运用自如、从容自信，风度也随之而来。正如一位艺术家所言："只有你自己才能识别自己的长处和魅力。它也许是你的低回浅笑，也许是你的开怀畅谈，也许是你的亲切和蔼。它可能是你对生活乐趣的领悟，也可能是你的沉静安详。不管你那特有的吸引力是什么，它都会因为魅力的技术因素而得到加强。"

📖 拓展阅读

杜绝人际交往中的冒失行为和不良举止

行为冒失的人，往往目中无人，以自我为中心，不考虑自己的行为是否会对他人造成影响。行

为冒失的人的行为特征是手脚太"快"、动作太"硬"、幅度太"大"。有些人是手脚冒失，如在庄重肃穆的场合，冒失的人往往会窜来窜去；他会随便去摸展览会上的展品；进别人的房间时，往往忘了敲门；经常将物品损坏。有些人是语言冒失，他们常常不看对象、不分场合、不讲分寸，结果常常闹出笑话或得罪人。例如，初次相识，冒失的人便会向对方提出一些不恰当的问题或要求，连别人是否结了婚都没搞清楚，便贸然问人家的孩子是男孩还是女孩等。有人认为这是性格粗犷、豪爽仗义，其实不然，这些冒冒失失的行为正表现出其在礼仪方面修养很不到位。

日常生活和交往中的一些不良举止也是需要每个人关注和避免的，比如，公共场合大声说话，随便吐痰，乱扔垃圾，当众搔痒，当众嚼口香糖，当众挖鼻孔、掏耳朵，当众挠头皮，在公共场合抖腿，当众打哈欠等。这些举止不仅不符合社交礼仪，也是不文明的表现。

练习测试题

一、选择题（选择一项或多项正确答案）

1. TPO 原则是国际上通行的着装标准，即着装要考虑到（　　）。

A. 时间 　　　　B. 地点 　　　　C. 颜色 　　　　D. 场合

2. 男士在正式的交际场合穿西装时应该打领带，在领带颜色的选择上，单色西装则应配（　　）。

A. 同一颜色的单色领带　　B. 花纹领带　　C. 颜色鲜艳的领带　　D. 任何颜色的领带

3. 关于女士在正式场合穿着的西装套裙，以下表述正确的有（　　）。

A. 面料应是天然材料，质地上乘，而且上衣、裙子、背心等应选用同一种面料

B. 以暖色调为主，以体现着装者的热情、端庄气质

C. 正式场合所穿的西装套裙可以不带图案，朴素简洁

D. 西装套裙上不宜有花卉、宠物、人物、文字等图案

4. 关于女士饰品的佩戴，以下表述正确的有（　　）。

A. 一只手一般只戴一枚戒指，戴两枚或两枚戒指以上都是不适宜的

B. 一只手可以戴两只或两只以上的手镯、手链

C. 戒指通常要戴于左手，戴无名指表示已经结婚或订婚

D. 一般领口较低的服饰必须配项链，而竖领上装可以不戴项链

5. 关于女士化妆，下列属于禁忌的行为有（　　）。

A. 在办公室当众化妆　　　　　　　　B. 在异性面前化妆

C. 借用他人的口红　　　　　　　　　D. 出现残缺妆容

6. 沟通时运用手势可以提升话语表达的效果、更加明确地表达意图。下列手势中属于消极的手势有（　　）。

A. 揉眼睛　　　　　　　　　　　　　B. 理头发

C. 手插裤兜　　　　　　　　　　　　D. 用手指对对方指指点点

二、判断题

1. 出席正式宴会时，男士和女士应穿西服套装，以显庄重。（　　）

2. 身材瘦长、颈细长、长脸型者，宜穿浅色、高领或圆形领服装。（　　）

3. 三色原则就是男士身上着装的色系不应超过 3 种，很接近的色彩视为同一种色系。（　　）

4. 男士正装必须是有领的，无领的服装，比如 T 恤、运动衫一类不能称为正装。（　　）

5. 领带系好后，垂下的长度应触及腰带，超过腰带或不及腰带都不符合要求。（　　）

6. 在扣西装扣子时，如果穿的是两粒扣子的西装，一般只扣下面一粒；如果是三粒扣子，只扣

中间一粒。（　　）

7. 佩戴的饰品不超过 3 个品种，可以取得画龙点睛的效果。（　　）

8. 男士在修饰头发时要做到前发不覆额，侧发不掩耳。（　　）

9. 女性在正式场合中应该要化妆，且只能化淡妆。（　　）

10. 通过身体语言信号所传递的信息往往比语言信号所传递的信息更为真实。（　　）

三、简答题

1. 仪表、仪容、仪态各自的含义是什么，有何联系和区别？

2. 着装应遵循哪些原则？

3. 男士西装的穿着和搭配要注意哪些问题？列举你认为最重要的 5 条。

4. 女士西装套裙的穿着和搭配要注意哪些问题？列举你认为最重要的 5 条。

5. 在商务场合，饰品佩戴应遵循哪些原则？

6. 请根据周围同学的脸型、体形和个性特点，给他们在服饰运用上提些合理的建议。

7. 请根据章节中的视频资料，简述领带的不同打法。

8. 仪容礼仪的基本要求有哪些？

9. 如何根据脸型来选择发型？你觉得你的脸型适合哪种发型？

10. 化妆时需要遵循哪些原则，有哪些禁忌？

11. 有人说化妆的最高境界是"妆成有却无"，你如何理解？

12. 根据你的观察，列出职场员工在仪容和服饰礼仪方面容易出现的 5 个问题。

13. 假如你是一名即将毕业的大学生，准备去参加招聘面试，为了更好地展示自己良好的形象，能在众多的应聘者中脱颖而出，在服装搭配和仪容修饰方面，你该如何准备？

14. 正确的站、走、坐、蹲姿势有哪些明确要求？

15. 为什么说身体语言信号所传递的信息往往比语言信号所传递的信息更为真实？

16. 结合自己的实际，你认为如何改善自己的微笑和手势？

17. 结合自己的实际，你认为如何培养自己的风度？

四、连线题

把左列的身体语言和右列的意义表达用线条进行连接。

说话时捂上嘴	优越感
小腿抖动	疑惑
考试时不自觉地把铅笔放到嘴里咬	紧张，或有所期待
双手叉腰	紧张不安
揉眼睛或捏耳朵	挑战或不服气
握紧拳头	意志坚决，或愤怒
背着双手	说话没把握或撒谎
搓手	需要更多的信息，焦虑

五、自我测试题

1. 男士仪容仪表自我检测

作为男性职业人员，请每天出门前对照下面的"男士仪容仪表自我检测表"仔细审视自己，看看自己哪些方面需要改进。在校大学生也可以参照表格进行自我检测，以养成良好的习惯。

检测项目符合要求的，在"符合要求"一列打"√"；不符合要求的，在"符合要求"一列打"×"，并在最右边的一列中填写实际的整改状况。

商务礼仪：理论、案例与实训（附视频指导）

男士仪容仪表自我检测表

	检测项目	符合要求	整改状况
头发	发型款式大方，不怪异。头发干净整洁，长短适宜。无浓重气味，无头屑，无过多的发胶、发乳		
面部	鬓角及胡须已剃净，鼻毛不外露		
	脸部清洁滋润		
	耳部清洁干净，耳毛不外露		
手部	手部清洁，指甲干净整洁		
服装	衬衣领口整洁，纽扣已扣好		
	领带平整、端正		
	衣、裤袋口平整伏贴。衬衣袖口清洁，长短适宜		
	衣服上没有脱落的头发和头皮屑		
	裤子熨烫平整，裤缝折痕清晰。裤腿长及鞋面。拉链已拉好		
鞋袜	鞋底与鞋面都很干净，鞋跟无破损，鞋面已擦亮		
	袜子与鞋同为深色，袜底无破洞		

2. 女士仪容仪表自我检测

作为女性职业人员，请每天出门前对照下面的"女士仪容仪表自我检测表"仔细审视自己，看看自己哪些方面需要改进。在校大学生也可以参照表格进行自我检测，以养成良好的习惯。

检测项目符合要求的，在符合要求一列打"√"；不符合要求的，在符合要求一列打"×"，并在最右边的一列中填写实际的整改状况。

女士仪容仪表自我检测表

	检测项目	符合要求	整改状况
头发	头发保持干净整洁，自然有光泽，不要过多使用发胶；发型大方、高雅、得体、干练，前发以不要遮眼、遮脸为好		
面部	化淡妆：眼亮、粉薄、眉轻、唇浅红		
手部	指甲精心修理过，不太长，不太怪，不太艳		
服装	服饰端庄：不太薄、不太透、不太露		
	领口干净，脖子修长，衬衣领口不过于复杂和花哨		
	衣袋中只放小而薄的物品，衣装轮廓不走样		
	衣裤或裙子的表面无明显的内衣轮廓痕迹		
	裙子长短、松紧适宜。拉链拉好，裙缝位正		
	衣服上没有脱落的头发和头皮屑		
饰品	饰品不过于夸张和突出，款式精致、材质优良，耳环小巧、项链精细，走动时安静无声		
	公司标志佩戴在要求的位置，私人饰品不与之争夺别人的注意力		
鞋袜	鞋洁净，款式大方简洁，没有过多装饰与色彩，鞋跟不太高、不太尖		
	丝袜无破洞、无修补痕迹		

案例分析题

【案例2-1】 　　　　　　　　　酒店里的遭遇

黄先生与两位好友来到某知名酒店小聚，接待他们的是一位五官清秀的服务员。她的接待服务工作做得很好，可是人却面无血色，显得无精打采。黄先生看到她就觉得心情欠佳，仔细察看后才发现，这位服务员没有化工作淡妆，因此在酒店昏黄的灯光下显得病态十足。上菜时，黄先生又突然看到传菜员涂的指甲油缺了一块，他的第一反应就是"不知是不是掉到我的菜里了"。

但为了不惊扰其他客人用餐，黄先生没有将他的怀疑说出来。用餐结束后，黄先生叫柜台内的服务员结账，而服务员却一直对着反光玻璃墙修饰自己的妆容，丝毫没注意到客人的需要。自此以后，黄先生再也没有去过这家酒店。

问题：酒店服务人员在礼仪方面存在哪些问题？

【案例 2-2】　　　　　　　　　自尊心严重受挫的记者

说起穿衣礼仪，有一段至今让我无法忘记的尴尬经历，从某种程度上来讲甚至是屈辱的。

记得我刚进杂志社不久，领导安排我去采访一位某民营企业的女总裁。听说这是一位既能干又极有魅力的女性，对工作一丝不苟，极其享受生活，最关键的是，即使再忙，她也不会忽视身边美好的东西。她对时尚非常敏感，对自己的衣着及其礼仪要求极高。这样的女性会让很多人产生兴趣，还未见到她，仅仅是听人介绍，我已经开始崇拜她了，所以我非常高兴能由我来做这个专访，事先我做了大量的准备工作，采访提纲修改了多次，内心被莫名的激动驱使着。那几天，我始终处于兴奋状态，到了采访当天，穿什么衣服却让我犯了愁。要面对这样一位重量级人物，尤其还是位时尚女性，我当然不能太落伍了。

说实在的，我从来就不是个会打扮的女孩，因为工作和性格的关系，平时穿衣都是怎么舒服、方便就怎么穿。时尚杂志倒也看，但也只是凑热闹而已，现在，还真不知道应该穿什么衣服才能让我在这样一位女性面前显得更时尚些。终于我在杂志上看到一张女孩穿吊带装的图片，那清纯可人的形象打动了我，于是我迫不及待地开始模仿起来。那天采访，我穿了一件紧身小吊带、一条热裤（虽然我的腿看起来有点粗壮），梳了个在家乡极其流行的发髻，兴冲冲地直奔采访目的地。

当我站在该公司前台说明自己的身份和来意时，我明显看到了前台小姐那不屑的眼神，我再三说明身份，并拿出工作证来，她才勉强带我进了总裁的办公室。眼前的这位女性，高挑的身材、优雅的举止、得体的穿着，让我怎么看怎么舒服。虽然我不是很精通衣着，但在这样的场合，面对这样的采访对象，我突然感觉自己穿就像个小丑，来时的兴奋和自信全没了。还好，因为采访提纲准备得还算充分，整个采访过程还比较顺利。

采访结束前我问她，日常生活中，她是如何理解和诠释时尚、品位和魅力的。她告诉我："女人的品位和魅力来自内心，没有内涵的女人，是散发不出个人魅力的，也无法凸显品位。而时尚不等同于名牌、昂贵和时髦，它是一种适合与得体。"说完这话，她微笑地看着我。此时，我的眼睛看到的只有自己那两条粗壮的腿，我心里纳闷：这腿为什么会长得如此结实，做热裤的老板一定很赚钱，因为太省布料……我感觉自己无法正视她，采访结束，我逃离了她的办公室。

问题：

1. 为何案例中的记者自尊心严重受挫？
2. 本案例对你有哪些启示？

【案例 2-3】　　　　　　　一场木炭交易谈判中的礼仪与服饰

某年夏天，S 市木炭公司（以下简称"S 厂"）经理尹女士到 F 市金属硅厂（以下简称"F 厂"）谈判其木炭的供货合同。S 厂是生产木炭的专业厂商，一直想扩大市场，因此对这次谈判很重视。会面那天，尹经理脸上粉底打得较厚，使涂着腮红的脸尤显白嫩，戴着垂吊式的耳环、金项链，右手戴着两个指环、一个钻戒，穿着大黄衬衫。F 厂销售科的王经理和业务员小李接待了尹经理。王经理穿着布质夹克衫、劳动布的裤子，皮鞋不仅显旧，还蒙着车间的硅灰。尹经理与王经理在会议室见面时，互相握手致意，王经理伸出大手握着尹经理白净的小手，但马上就收回了，并抬手检查手上情况。原来尹经理右手上戴的钻戒、指环扎到了王经理的手。看着王经理收回的手，尹经理眼中掠过一丝冷淡。

双方就供货及价格进行了谈判，F厂想独占S厂的木炭供应，以加强与别的金属硅厂的竞争力，而S厂提出了最低订货量及预付款的条件作为滚动资金的要求。王经理对最低订货量及预付款条件表示同意，但在"量"上与尹经理分歧很大。尹经理为了不空手而回，提出暂不讨论独家供应问题，预付款也可放一放，等于双方各退一步，先谈眼下的供货合同问题。王经理询问业务员小李的意见，小李没应声。原来他在观察研究尹经理的服饰和妆容，尹经理也在等小李的回话，却发现小李在观察自己，不禁一阵脸红。但小李随后没提具体合同条件，只是将F厂的"一揽子交易条件"介绍了一遍。尹经理对此未做出积极响应。于是小李提出，若要依单订货，他们可能要货比三家，愿先听S厂的报价，依价下单。尹经理一看事情复杂化了，心里直着急，加上天热，额头汗珠汇集成流，顺着脸颊淌下来，汗水将粉底冲出了一条小沟，使原来白嫩的脸变得花了。

见状，王经理说道："尹经理别着急。若贵方价格能灵活些，我方可以先试订一批货，也让你回去有个交代。"尹经理说："为了长远合作，我们可以在这笔交易上让步，但还请贵方多考虑我厂的要求。"双方就第一笔订单达成了交易，并同意就"一揽子交易条件"存在的分歧继续研究，择期再谈。

问题：

结合案例，分析谈判双方在商务礼仪和服饰上有什么不妥之处。

📖 **实训**

1. 体姿与面部表情训练

（1）站姿训练

站姿训练可采用以下方法。

① 对镜练习。在他人的帮助下，或自己对着镜子进行训练，便于纠正不良姿势；在找准标准站姿的感觉后，再坚持每次20分钟左右的训练。

② 靠墙站立练习。脚后跟、小腿、臀部、双肩、后脑勺都要紧贴墙壁。每次训练控制在20～30分钟。

③ 头顶书练习。把书放在头顶中心，为使书不掉下来，头、躯干挺直，自然保持平衡。这种训练方法可以纠正低头、仰脸、晃头及左顾右盼等不良习惯。每次训练控制在20～30分钟。

④ 背靠背练习。两人一组，背靠背站立，将两人的后脑勺、双肩、臀部、小腿肚、脚后跟紧靠在一起。可以在两人的双肩、小腿肚相靠的地方，各夹放一张卡片，训练中不能让其滑落或掉下。

（2）走姿、坐姿和蹲姿的训练

为保持走姿的平稳性，可使用书本作为工具辅助练习。在行进中将一本厚度适中的书放在头顶中心，头、躯干挺直，自然保持平衡。这种训练方法可以纠正身体出现的不良姿势，如身体左右摇摆、头部晃动等。走路时要摆动髋关节，而不是膝关节，步伐才能轻盈。每次训练控制在20分钟左右，可以配合音乐进行练习，音乐可采用慢速和中速节奏。这种训练方法不仅可以起到调节学习情绪的作用，同时可培养动作的韵律感和表现力、陶冶学习者的艺术素养。

当行走姿态基本正确后，按照前面章节所述的坐姿、蹲姿标准进行坐姿、蹲姿训练。

（3）微笑训练

日本微笑训练法被日本媒体称之为"微笑瑜伽"，其不用借助任何工具，随时随地都可以做。训练步骤：①面对镜子，将上排牙齿咬住下唇；②将上唇用力往上拉起，直到露出牙龈为止；③再将嘴角用力提起，直到脸颊两边肌肉颤抖；④接着用力睁大双眼，保持 2 分钟。

以上的步骤重复做 8 次，总共耗时十几分钟。这样做的主要目的就是放松、舒缓脸部肌肉。当要牵动嘴角进行微笑的时候，肌肉不会因过于紧绷而呈现出不自然、尴尬的表情。跟着上述步骤练习，比较前后的笑容差别。

同时，还要结合前面章节所述的微笑技巧进行反复训练。

2．体态与面部表情展示

请数位同学依次走上台，教师和其他同学对其站、走、坐、蹲等体姿和微笑表情进行总结评价，指出不足之处。

3．手势语和表情语练习

① 请大家安静，安静！

② 什么是爱？爱，不是索取，而是奉献！

③ 他转身朝着黑板，拿起一支粉笔，使出全身的力量，写了几个大字："法兰西万岁！"然后他站在那儿，头靠着墙壁。话也不说，只向我们做了一个手势："放学了——你们先走吧！"

④ 在过去的一年中，在座各位将我们的销售额提高了 17.17%！这在公司的历史上还从来没有过，从来没有！由此我们的利润不只是提高了 5% 或 10%，而是 13%，整整 13%！

⑤ 大家不要慌，请大家跟我来！

⑥ 我现在要明确地告诉对方辩友，你们犯了一个严重的逻辑错误！

⑦ 现在，请让我们大家在此，心平气和地交换一下对这个问题的看法。

⑧ 现在，摆在我们面前的有两条道路：一是勇往直前奋战下去，有成功的可能，但也有失败的风险；二是原地踏步，坐以待毙。

⑨ 这几天，大家晓得，在昆明出现了历史上最卑劣最无耻的事情！李先生究竟犯了什么罪，竟遭此毒手？他只不过用笔写写文章，用嘴说说话，而他所写的、所说的，都无非是一个没有失掉良心的中国人的话！大家都有一支笔、有一张嘴，有什么理由拿出来讲啊！有事实拿出来说啊！

4．个人礼仪的观察和分析

观察你周围的人，分析他们哪些服饰、妆容和言谈举止符合礼仪要求，哪些不符合礼仪要求。列出其表现，并分析形成的原因。

5．提交个人形象整体设计方案书

如果你所在的学院将举行首届校园形象礼仪大赛，你准备参加大赛活动。请为自己撰写一份个人形象整体设计方案书。

6．化妆实践

作为女士，你能用 5 分钟时间给自己化一个漂亮的工作妆吗？学习化妆方法和技巧，并实际操作，如果结果不令你满意，要继续实践，反复练习，直到取得满意效果为止。

第3章
Chapter 3 | 商务交往礼仪

本章内容

◎ 商务会面的称谓、介绍、握手、名片礼仪
◎ 商务拜访的准备和礼仪
◎ 商务接待的原则、准备和程序
◎ 商务接待的方位礼仪
◎ 会客、会谈的座次礼仪
◎ 乘车礼仪
◎ 馈赠的原则和礼仪
◎ 受礼和拒礼的礼仪

引例

王秘书的失礼

正大公司的王秘书在一次隆重的公司庆典活动上，担任介绍领导的工作。

王秘书用右手的食指指着正大公司的总经理说："这位是我们公司的总经理。"接着，他又用手指指着其他几位嘉宾说："那位是天达公司的总裁，坐在他旁边的是天达公司的副总裁。还有这位，这位是市工商行政管理局局长。"说完这些，王秘书接着说道："下面，让我们以热烈的掌声欢迎各位领导的光临！"

会议结束后，公司领导通知王秘书，让他回去好好学习介绍礼仪。

显然，王秘书在介绍来宾时违反了商务交往的基本礼仪。那么，在商务会面、拜访、接待等活动中，我们应该掌握哪些礼仪原则和技巧呢？本章将予以阐述。

3.1 会面礼仪

会面礼仪有一整套的规范。掌握了会面礼仪，将有助于你打开社交之门。毕竟会面是正式交往的开始，开好这个头至关重要。

会面是人与人交往的开始，初次见面时恰当的礼节是商务人员给交往对象留下良好的第一印象的重要因素，是商务活动取得成功的重要保证。在正式的商务交往中，会面礼仪主要包括称谓、介绍、握手、名片的使用。

3.1.1 称谓礼仪

称谓，就是对他人的称呼，是人们交谈中所使用的、用以表示彼此身份与关系的名称。商务交

往中，选择正确、恰当的称呼既可以反映出对方身份、性别、社会地位、双方之间的亲疏关系等，又体现了自身的良好教养和对他人的尊敬。因此，称呼绝不能疏忽大意，不可随便乱用称呼，更不能与人交往却不用称呼，这些做法都是极其无礼的，也是一个人缺乏教养的表现。

📚 **拓展阅读**

该怎么称呼

刚大学毕业的李梅进入一家公司，主管带她熟悉工作环境，并将她介绍给部门的同事。她非常恭敬地称对方为老师，大多同事都欣然接受了。主管带她到一位同事面前，并告诉她，以后由这位同事带她熟悉业务，李梅恭敬地称对方为老师时，这位同事却对她说："以后大家都是同事，别那么客气，直接叫我的名字就行了。"李梅一时很尴尬，因为她觉得直接叫名字不尊敬，不知道该怎么称呼对方才比较合适。

职场上，过分亲昵和过分生疏的称呼都不妥。新员工初来乍到，不能想当然地称呼对方，若难以把握如何称呼，可以先询问对方该怎么称呼。通常情况下，对方都会告知新同事如何称呼自己。案例中，对方要求李梅直呼姓名，显然是客气话，作为新员工，还是不要对老员工直呼其名。

思考：礼仪细节常常决定了留给他人的第一印象。如果你是李梅，遇到案例中的尴尬情况时会怎样去做？

1. 得体称谓的基本要求

恰当得体的称呼，不仅会使对方如沐春风，而且容易拉近谈话双方之间的距离，成为进一步交往的奠基石。那么，怎样称呼他人才是得体、恰当的呢？

（1）合乎顺序

从礼仪的角度来讲，礼仪是讲究次序的。见面打招呼时的标准化做法是，地位低的人首先跟地位高的人打招呼。比如，社交场合，晚辈跟长辈打招呼。

如果与多人见面打招呼，称呼对方应遵循先上级后下级、先长辈后晚辈、先女士后男士、先疏后亲的礼遇顺序。例如，秘书人员见到对方公司的经理和秘书同时来到本公司，应当先招呼对方公司的经理，再招呼对方公司的秘书，而不要本末倒置。

（2）合乎场合

称呼要适应场合和环境的需要。在公务场合的称呼要庄重、正式、规范，即使是关系再亲密的人，到了正式场合也应按正规的称呼行事。比如一对夫妻，在公司妻子是下级、丈夫是上级，那么在工作场合就不能叫"老公""老婆"，这样不但有损领导的威信，也让他人感觉其工作态度不够端正。再比如一对关系非常好的朋友，一个是上级、一个是下级，在正式场合，就不能像私底下那样称兄道弟，互叫小名。在生活中，正式场合与非正式场合的称呼是有区别的。

（3）合乎身份

称呼不仅要合乎自己的身份，还要合乎对方的身份。要考虑对方的年龄、性别、职位、职务，还要考虑自己与对方的关系。年长者对年幼者的称呼要体现出关爱，而年幼者对年长者的称呼要体现出尊敬。因此，一般年纪较大、职务较高、辈分较大的人常对年纪较轻、职务较低、辈分较小的人称呼姓名。相反，年纪较小、职务较低、辈分较小的人对年纪较大、职务较高、辈分较大的人直呼姓名是没有礼貌的。

2. 工作中的称谓

（1）职务称谓

职务称谓，即用对方的行政职务来称呼对方。这种称呼给对方以受尊重、受重视的感觉，同时还能起到提醒对方所承担责任的作用。职务称谓有几种情况：一是仅称职务，如"经理""部长""校长"等；二是在职务的前面加上姓氏，如"张经理""李部长""杨校长"等；三是在职务的前面加上其姓名，如"张山经理""李梅部长""杨雷校长"等。另外，现在流行的"老板"一词，已由过去对私营企业所有者的称呼发展到今天的各行各业。

（2）职称称谓

职称称谓，即用对方的技术职称来称呼对方。不过，多适用于高级职称者，较少适用于中级、初级职称者。如以教授称呼对方比较常见，但以助教称呼对方就很少见了。职称称谓也有几种情况：一是仅称职称，如"教授""编审""工程师"；二是在职称前面加上姓氏，如"张教授""李编审""杨工"；三是在职称的前面加上姓名，如"张山教授""李梅编审""杨雷工程师"。

（3）职业称谓

职业称谓，即以对方从事的职业来称呼对方，带有尊重对方职业和劳动之意。职业称谓也可以分为三种情况：仅称职业、在职业前面带上姓、在职业前面加上姓名，如"医生""杨医生""杨雷医生"等。对文艺界、教育界人士称"老师"，其前可带姓氏。有时实在不知应如何称呼对方时，可用"老师"的称呼，尤其在文艺界更是显得尊敬有礼。

切忌用鄙称去称谓对方的职业，如"开车的""当兵的""唱戏的"等，如此称呼他人是极其不礼貌的。

如果不知道对方从事的职业，可以用"先生""小姐""女士"一类可广泛使用的尊称称呼他人，尤其是在公司、外企、宾馆、商店等场所。"师傅"一词大多用来指工、商、戏剧行业传授技艺的人，现在多用在非知识界。不过在我国北方地区，不认识的人都可以称"师傅"。

（4）学衔称谓

学衔称谓多用来称博士，称硕士和学士的不多。学衔称谓可以增强对方的权威性。学衔称谓可以仅称学衔，如"博士"；也可以在学衔前面加姓氏，如"李博士"；还可以在学衔前面加姓名，如"李梅博士"，甚至还可以将学衔具体标明，如"经济学博士李梅"。

以上介绍了在工作场合常用的称谓方式。其实不同性质的单位，在称谓问题上也是有差异的。在有西方文化背景的企业，领导与员工之间的称呼相对灵活一些，员工可以直呼领导的英文名，这并不是什么失礼的行为，因为他们觉得这样的称呼可以起到缓解办公室紧张气氛、建立良好人际关系的作用。在国有企业、日资企业、韩资企业，称呼上大多比较循规蹈矩，亲昵的或不正式的称呼尽量不要出现。政府机关和一些行政色彩较浓厚的事业单位，就更要严格按照对方的身份来称呼，不可忘记对方的职务。当然，现在各企业的人事情况越来越复杂，管理人员之间的流动也越来越频繁，所以在称呼对方之前，应先观察一下对方的喜好和性格，新员工可多向老员工请教，这样才不至于因称呼不当引起他人的反感。

3.1.2　介绍礼仪

商务交往中初次见面，你不认识我，我也不认识你，你不了解我，我也不了解你，人们往往首先需要向交往对象说明自己的具体情况，即介绍。介绍是会面礼仪中的重要环节，是人与人相识的基本方式。介绍可分为自我介绍和他人介绍。

1.　自我介绍的礼仪

面对听众进行自我介绍，应既简明扼要，又有特色，利用首因效应，给对方留下一个良好的第一印象。自我介绍时的礼仪应注意以下几点。

（1）态度自然大方、充满信心

一般人对有自信心的人，容易产生好感。相反，如果你在自我介绍时胆怯、紧张、头不敢抬、目光斜视等，可能会使对方对你有所保留，使彼此之间的沟通产生阻碍。不过，也不要走向另一个极端，在自我介绍时，自吹自擂、夸大其词，这也容易引起他人的反感。因此，在进行自我介绍时，用语一般要留有余地，"很、极、非常、特别、第一"等词要慎用，"工作能力特别强""非常优秀"等说法，自己还是不说为妙，留待别人评价，效果往往会更好。

（2）根据时机与场合，把握介绍的深度

若只是简单的应酬，介绍姓名和工作单位就可以；若是向他人推荐自己，可以在报出自己的姓名及工作单位后，简要介绍一下自己的专业、个人特点或爱好等。在工作场合中的介绍，则重点介绍自己供职的单位、部门、担任的职务或从事的具体工作。例如，"您好，很高兴认识您！我叫杨雷，是华美广告公司营销部的经理"。

（3）巧用名字介绍技巧，加深对方对自己名字的印象

自我介绍时，精彩的名字介绍能让别人记忆深刻。因此，在介绍自己名字时可以适当使用技巧或方法，如采用适当的自嘲或幽默介绍法，常常会收到意想不到的效果。比如，"我叫鲁星，'山东的明星'""我叫苏丹晓，不是苏丹红，前两个字都一样，只是最后一个字是'拂晓'的'晓'"。总之，名字有多种介绍的技巧，如何诠释得好，需要多多琢磨。每个人都可以不断挖掘让他人记住自己名字的最佳方式。

商务人员应当预先设计在不同场合自我介绍的内容，做到表达简练、清晰、真实、流畅，并对着镜子反复进行练习，直到自己认为满意为止。

实例

自嘲式的自我介绍

相声大师马三立有一段有名的自我介绍："我叫马三立。就是马啊，剩三条腿还立着呢——马三立！三立，立起来，被人打倒；立起来，又被人打倒；最后，又立起来了。"

主持人凌峰在一次晚会上这样介绍自己："在下凌峰。我是以长得难看出名的。两年多来，我在大江南北走了一趟，拍摄《八千里路云和月》，所到之处，观众给予了我们很多支持，尤其男观众对我印象特别好。因为他们认为本人长相很中国——中国五千年的苦难和沧桑都写在我的脸上。一般来说，女观众对我的长相感觉就不太良好，有的女观众对我的长相已经达到忍无可忍的地步！她们认为，我是人比黄花瘦、脸比煤球黑……"

从自己的名字或者长相中寻找特点、亮点，与众不同、标新立异地予以介绍，常会收到意料之外的效果。

2. 他人介绍的礼仪

他人介绍又称第三人介绍。从礼仪上讲，介绍他人时重要的是被介绍者的先后顺序。也就是说，在介绍他人时，介绍者应当先介绍谁、后介绍谁是需要特别注意的。

根据礼仪规范，在介绍他人时，应遵循"尊者优先了解情况"的原则。具体来说，就是做到：介绍不同地位的人时，应先把地位低的人介绍给地位高的人；介绍不同辈分的人时，应先把晚辈介绍给长辈；介绍不同性别的人时，一般应先把男士介绍给女士；介绍亲疏不同的人时，应先把与自己关系亲密的家人（即使是地位显赫者）、要好的朋友等，介绍给客人或关系一般的人；介绍先到者与后来者认识时，先介绍后来者，后介绍先到者。

在具体交往中，我们应根据具体情况灵活运用这些原则。例如，当男士位高权重而女士为年轻晚辈时，则应先把女士介绍给男士，即"性别顺序"要让位于"地位顺序"。又如进行集体介绍时，可按座次顺序，也可从贵宾开始介绍。

在介绍时，被介绍者如果与对方是平级或地位较低者，一般应起立、微笑、握手致意，并说"您好""幸会""久仰"之类的客套话。如果在谈判桌或宴会桌上进行介绍，则被介绍的双方不必起立，只需微笑点头即可，介绍后可说些客套话。

3.1.3 握手礼仪

握手在许多国家已经成为一种常见的见面问候礼节。握手是一种无声的动作语言，得体的握手能够传递热情、欢迎、鼓励、友谊等多种信息；不得体的握手则会传递厌烦、轻视等信息，甚至可能会引发双方的矛盾。商务场合握手礼仪的使用十分强调其规范性，如图 3-1 所示。

图 3-1　握手礼仪

📚 **拓展阅读**

握手的起源

握手源于西方人类半野蛮半文明时期，在战争或狩猎时，人们手上经常拿着石块或棍棒等作为防御武器。他们遇见陌生人时，如果大家都无恶意，就要放下手中的东西，并伸开手掌让对方摸摸手心，表示自己手中没有藏匿武器，以证实自己的友善。这种习惯逐渐演变成今天作为见面和告辞的握手礼节。现如今，握手已成为社交中十分普遍的一种礼节。

① 顺序。握手的顺序与介绍他人的顺序一样，应遵循"尊者优先"的原则，也就是尊者先伸手。男女之间，男方要等女方伸手后才能握手；宾主之间，主人应向客人先伸手；长幼之间，年幼的要等年长的先伸手；上下级之间，下级要等上级先伸手。

② 时间。握手的时间以两三秒为佳。握手时间太短会让人觉得没有诚意，而握手时间过长则会引起别人的反感。当然，如果为了合影留念，可以较长时间握手。

③ 力度。握手时的力度要恰到好处，针对不同场合中的握手，力度应有所区别。久未谋面的老朋友之间握手，可以紧紧相握，以示亲切喜悦之情；商务谈判时握手，应强有力，以示合作的诚意，若力度不够，则会给人底气不足之感；同女士和长者握手时，不宜太过用力，若给对方造成疼痛感，则会显得非常失礼。

④ 态度。在握手过程中应伴随着微笑和寒暄，同时双眼注视对方，不要面无表情、沉默不语。比如，对远道而来的客人，可以说"旅途辛苦""欢迎光临"之类的话；对第一次认识的朋友可以说"幸会""很高兴认识你"等话语；在送别对方的时候应祝福其"一路顺风"。

⑤ 姿势。握手的标准方式是行至距握手对象 1 米处，双腿伸直，上身略向前倾，伸出右手，四指并拢，拇指张开与对方相握，握手时上下稍晃动三四次，随即松开手，恢复原状。

⑥ 禁忌。4 种不当的握手方式如图 3-2 所示。握手时不要戴着手套或墨镜，在社交场合女士的晚礼服手套除外；不要将另外一只手插在衣兜里，会显得不够尊重；不要将对方的手拉过来推过去，或者上下左右不停晃动；多人握手时，不宜交叉握手；握手时不宜发表长篇大论，或点头哈腰，过分客套，以免让对方感到不自在、不舒服；不要在与人握手之后，立刻擦拭自己的手掌，

否则会让人有被嫌弃之感。

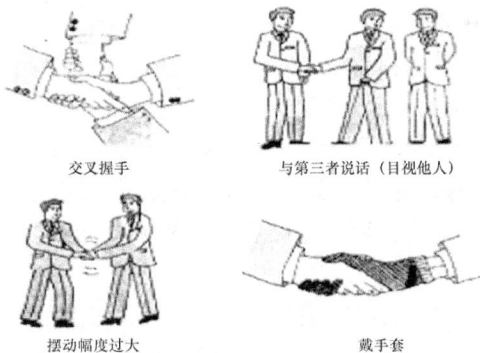

交叉握手　　　　　　　与第三者说话（目视他人）

摆动幅度过大　　　　　　　戴手套

图 3-2　4 种不当的握手方式

会面礼仪除了常见的握手礼仪外，还有鞠躬礼仪、拥抱礼仪、合十礼仪等。在一些特殊情境下，人们也会改变传统的礼节，采取一些特别的问候方式，比如在疫情严重时，人们在国际会议中采用相互碰肘来打招呼。

3.1.4　名片礼仪

商务人员每天都要同各式各样的人打交道，向他人递送名片和接收他人名片的机会也非常多。名片交换应重视其礼仪，恰到好处地使用名片，会给人一种文明、现代、彬彬有礼的感觉。名片交换有礼要做到送之有礼、授之有礼。

1. 递送名片

当我们经自我介绍或经他人介绍与人初识之后，如果身上带有名片，应立即取出，恭敬地用双手捧交给对方，切不可随意放在桌上，让对方自取或采取别的方式发名片。收到名片的一方若有名片，要迅速递上自己的名片，若没有名片，则应说明情况并道歉。如果双方早已熟悉或是经常见面，就不必交换名片。

名片是商务人员的第二张脸，应当保持名片干净整洁，不可将折叠或破损的名片送给别人。因此，选择精致的名片夹或名片盒不失为一个明智的选择。自己的名片应当放在伸手可及、容易拿出的地方，比如西服的内袋或公文包的最外侧夹层里，以便随时取出。应将自己的名片与他人的名片分开放置，否则，忙乱中误将别人的名片递出，是很失礼的行为。

递送名片时通常是地位或职务低者先递出名片。同时向多人递送名片时，可按照"由尊到卑"的顺序依次递送，即先将名片递给职务较高或年龄较大的人。如果这些人职位高低和年龄大小都差不多，可按照由近及远依次递送，或是沿圆桌顺时针递送。

递送名片时，应面带微笑，正视对方，用双手的拇指和食指分别捏住名片上端的两角，将名片送给对方，以示对对方的尊重；递出名片者应使文字正面方向与对方视线方向一致，这样对方接收名片后可以直接阅读。递送名片的姿势如图 3-3 所示。递送者如果坐着，应起身或欠身递送，同时可以说"我叫××，这是我的名片，请笑纳！"或"请多关照！"

图 3-3　递送名片的姿势

商务礼仪：理论、案例与实训（附视频指导）

之类的客气话。因为欧美人、阿拉伯人和印度人习惯用一只手与人交换名片，日本人则喜欢用右手递送自己的名片、用左手接收对方的名片，所以，同外宾交换名片时，你可先留意对方是用单手还是双手递接名片，随后再跟着模仿。

2. 接收名片

接收名片的步骤可以总结为：一接、二读、三放。这是个完整的过程，有很多人只关注第一个步骤，其实只有完成了后两个步骤才能称得上符合接收名片的礼仪。

① 接名片。接收他人名片时，应起身或欠身，面带微笑，恭敬地用双手的拇指和食指接住名片的下方两角，并轻声说"能得到您的名片十分荣幸！""谢谢！"等。如果对方是地位较高或有一定知名度的人，则可说"久仰大名"之类的赞美之辞。

② 读名片。接过名片后，应十分珍惜，并当着对方的面，仔细把对方的名片读一遍。读名片时可以适当地强调对方名片上比较重要的信息，如职务、学衔、职称等信息，可重复并简单评价表示敬意和重视。读名片的时候，遇到多音字、不会读的字，或是有不懂之处应当立即请教："尊号怎么念？"接过他人名片之后，一眼不看或漫不经心地随手往衣袋或手袋里一塞，之后又询问人家姓甚名谁，这是糟糕、拙劣、不礼貌的做法，而放进口袋之后又拿出来观看，也会令对方不快，这些都是应当避免的。

③ 放名片。读完对方的名片之后，应当对方的面郑重其事地将其名片放在适当的地方，比如上衣口袋、西装内袋、公文包里或是名片夹里，不可随意乱放，也不宜当着对方的面放入自己的裤子口袋或钱包里。

此外，名片不是一张简单的纸，它代表的就是对方本人，因此不要在他人的名片上乱写乱涂。接收他人的名片之后，不要边谈话边玩弄名片，或将名片卷成烟卷状、折成纸飞机等。切记：随意乱塞、乱放、乱扔、乱画名片是对他人的不尊重。

拓展阅读

名片的制作

商务名片的制作要求和设计与社交名片及单位名片是不一样的。商务名片的规格一般是 9 厘米×5.5 厘米，纸质以耐磨、耐折的纸张为首选材料，颜色不要过于花哨，色彩淡雅，以单色和浅色为佳，一般使用白板纸、布纹纸等。商务名片的图案应包含单位的徽标。

常见的名片设计有横、竖两种版式。名片包含的信息主要有姓名、职务或职称、单位名称及图标、通信地址、邮政编码、电话、电子邮箱等。

3.2 拜访礼仪

拜访又称拜会，一般是指前往他人的工作地点或私人居所探望对方，或是与之进行其他方面的接触。不论是在公务交往还是在私人交往中，拜访都是人们习以为常的一种社交方式。拜访有事务性拜访、礼节性拜访、私人拜访三种，而事务性拜访又有商务洽谈性拜访和专题交涉性拜访之分。

在商务活动中，商务人员经常需要对客户、合作厂商、友好单位等进行商务拜访。这些拜访，有些是礼节性的，而大多则是既有礼节性又兼顾业务性。因此，不论是主动访问还是礼节性回访，礼节、礼仪都是其中非常重要的一个方面。所以，商务人员要懂得有关商务拜访的礼仪规范。唯有如此，商务人员才能在拜访过程中圆满完成任务。

3.2.1　拜访前的准备

1. 预先约定

预先约定是拜访礼仪之中十分重要的一条，因为只有预先约定，才能让对方有所准备，从而顺利进行拜访。一般不提倡随意进行拜访，尤其是对待一般关系的交往对象。从某种意义上讲，拜访要有约在先，这既体现了个人教养，更是对主人的尊重。

2. 确定时间和地点

约定时间和地点尤为重要，一个好的环境会让谈话双方感觉很舒服，从而促进拜访的顺利进行。不论因公还是因私拜访，都要事前与被拜访者进行电话联系，说明拜访的目的、提出访问的内容，询问是否有时间或何时有时间，使对方有所准备。在对方同意的情况下确定具体的时间、地点。不要在客户刚上班、快下班、异常繁忙、正在开重要会议时去拜访，不要在客户休息和用餐时间去拜访。

3. 拟定拜访计划

在与被拜访者确定了时间、地点后，拜访者可以拟定一份拜访计划，明确拜访目的、谈话主题、思路以及到达的路线和时间等。

拟定拜访计划，需要认真做调查分析工作。以推销拜访为例，销售人员约见重要顾客前，只要时间和条件允许，应尽可能多地收集该顾客的有关信息，以便设计出切实可行的推销拜访计划，保证拜访活动的效率。表 3-1 所示为推销拜访的前期准备表。

表 3-1　推销拜访的前期准备表

（1）顾客是谁
顾客的姓名、职务
顾客的特点、习惯、爱好
顾客的问题、愿望、要求（包括顾客本人及其所在的部门和公司）
其他重要问题（如谁有决策权等）
（2）顾客需要些什么
顾客的态度
顾客的反对意见
顾客主要的购买动机
顾客的购买方针、策略
（3）我能提供什么
产品的特色与优势
产品与顾客需要的结合点
其他服务项目
（4）我应怎样进行推销拜访
洽谈要点（怎样洽谈）
顾客的注意力、兴趣、欲望、购买行为
（5）我要达到什么目的
拜访的目的（推销、促成顾客购买、介绍情况）
前后两次业务洽谈的联系（如有）

4. 注意形象

一个人的形象在拜访中显得尤为重要，因为那是身份与性格的象征。肮脏、不修边幅、不得体的仪容仪表，是对被拜访者的不尊重。被拜访者会认为你不把他放在眼里，对拜访效果有直接影响。一般情况下，登门拜访时女士应着深色套裙、中跟浅口深色皮鞋配肉色丝袜；男士应选择深色西装配素雅的领带，外加黑色皮鞋、深色袜子。无论是初次拜访还是再次拜访，礼物都不能少。礼物可以起到联络双方感情、缓和紧张气氛的作用，所以在礼物的选择上要认真对待。既然要送礼，就要了解对方的兴趣、爱好及品位，有针对性地选择礼物，尽量让对方感到满意。

5. 检查携带物品

拜访者在出发前要检查所带的东西是否齐备，包括名片、笔、记录本、笔记本电脑、公司和产品介绍手册、合同书、礼品等。

3.2.2 拜访过程中的礼仪

1. 守时践约

守时践约不仅是讲究个人信用的体现，有助于提高办事效率，而且也是对交往对象尊重、友好的表现。拜访者在出发前应与客户通电话确认一下，以防临时发生变化；如果对方临时有事，切忌与对方争执，这样对双方都没有好处。如果拜访可以如约进行，拜访者就要在算好的时间出发，按照提前规划的时间到达。如因故不能赴约，拜访者就要及时通知对方，以便对方及时调整工作安排，同时向对方说明原因并道歉，请求谅解，必要的话还可以将拜访另行改期。

2. 入门有礼

抵达约定地点后，未与被拜访者直接见面，或是对方没有派人员在此迎候，则在进入对方的办公室或私人居所的正门之前，向对方通报一下，得到主人允许后再推门进入。若企业有接待处，拜访者要向接待员或秘书通报，告诉接待员你的名字和约见的时间，并递上名片由其安排见面，然后从容地等待接待员将自己引到会客室或被拜访者的办公室。如果是雨天，拜访者不要将雨具带入办公室。在会客室或办公室等候时，拜访者不要翻看对方的文件资料。接待员奉茶时，拜访者要表示谢意。等候超过一刻钟，拜访者可向接待员询问有关情况。如被拜访者实在脱不开身，拜访者则，留下自己的名片和相关资料，请接待员转交。

如果无人引见，进入办公室或寓所前，拜访者应轻轻叩门或按门铃，待有回音或有人开门相迎，方可进入。拜访者敲门时要用食指，力度适中，间隔有序，敲三下，等待回音。如无应声，拜访者可稍加力度，再敲三下。如有应声，拜访者再侧身立于右门框一侧，待门开时再向前迈半步，与主人相对。如果门口装有门铃，拜访者应当按门铃而不要敲门。拜访者开关门时注意不要用力过猛，以免引起他人不悦。

3. 举止有度

当被拜访者开门迎客时，拜访者应主动、热情地向对方问好，行见面礼。如果是初次见面，拜访者还应清楚、简洁地进行自我介绍。如恰巧有其他客人在场，拜访者还应在主人的介绍下，行点头礼或握手礼，并简单地和对方寒暄几句。就座时，拜访者要与主人同时入座。如果对方是年长者或上级，其不坐，自己不能先坐。主人递上烟茶，拜访者应双手接过并表示谢意。如果主人没有吸烟的习惯，自己也不要吸烟，以示对主人习惯的尊重。

在拜访的时候应尽量不要接听或拨打电话，将手机等通信工具设置成震动或静音，以免影响交谈的效果。如果拜访者确有要事需要使用通信工具，应先征求主人的同意后再接听；如果主人接听电话，应请示主人自己是否需要回避。

4. 言谈得体

与人交谈，要谦恭有礼。若讲话让一方听得很舒服，那么对方谈话的欲望就会比较高；如果一方言谈无礼或是说话空洞无味，对方就会产生厌烦心理，提早结束谈话。拜访时，双方会适当寒暄几句。通常由主人主动寒暄，花三五分钟时间就可以了，不可过长。交谈时拜访者要注意倾听对方讲话的内容，注意对方情绪和周围环境的变化，并及时回应。对方发表自己的观点时，拜访者应认真倾听，并适当插话或附和，不要用争辩和补充说明打断对方讲话；自己在讲话时，拜访者应注意留有对方插话或发表意见和建议的时间与机会。作为拜访者，过多闲谈是不礼貌的，相关的谈话内容说清楚就可以了，不要过多重复。

5. 适时告辞

在商务拜访过程中，时间为第一要素，拜访时间不宜拖得太长，否则会影响对方其他工作的安排。如果双方在拜访前已经设定了拜访时间，则应把握好已规定的时间。如果没有对时间提出具体要求，一般情况下如果是初次拜访，应控制在半小时之内。拜访不宜超过两个小时。有些重要的拜访，往往需要宾主双方提前议定拜访的日期和时间，绝不可单方面延长拜访时间。

结束谈话时要根据对方的反应和态度来确定告辞的时机。在交谈过程中，如果发现主人心不在焉，有厌倦情绪，经常看时间、蹙眉或感觉其有急事想办又不好意思说出，拜访者应该及时收住话题，适时起身告辞。一旦提出告辞，拜访者便要"言必信，行必果"，不要"走了"说几遍，却口动身不移。拜访者辞行时既要道别，又要感谢主人的热情款待。出门以后，拜访者应与主人握手作别，并请主人就此留步。如有意邀请主人回访，拜访者可在同主人握别时提出邀请。待主人留步后，拜访者走几步再回首并挥手致意。从对方的寓所或办公室出来后，拜访者切勿在回程的电梯及走廊中窃窃私语，以免被人误解。

3.3　接待礼仪

迎接，是给客人留下良好第一印象的重要工作，这将为日后的深入接触打下良好基础。我们在接待宾客的过程中，要遵循接待原则，做好接待前的准备，把握迎客、待客和送客的不同礼仪。

3.3.1　接待的原则

商务交往有其特殊性，商务接待和一般的待客之道不大一样，和一般企业的前台接待也有所区别。在商务接待工作中，应按照商务礼仪的惯例和规范，坚持身份对等和讲究礼宾秩序的原则。

1. 注意身份对等

身份对等，是指己方作为主人，在接待客户时，要根据对方的身份，同时兼顾对方来访的性质及双方之间的关系，安排接待的规格，以便使来宾得到与其身份相称的礼遇，从而促进双方关系的稳定、融洽发展。

身份对等，是商务礼仪的基本原则之一。这项原则要求在接待工作中，接待人员应把对方的身份置于首要位置，一切具体的接待事务均应依此来确定。

根据身份对等原则，己方出面迎送来宾的主要人员应与来宾的身份大体相当。若己方与来宾身份对等的人员身体不适、忙于他事难以脱身或不在本地，因而不能亲自出面迎送来宾时，应委派副手或与其身份相近的人员出面接待，并在适当的时候向来宾做出令人信服的说明和解释，以表示己方的诚意。

己方人员在与来宾进行礼节性会面或举行正式谈判时，己方到场的人数与来宾的人数应基本相等。另外，己方在为来宾安排宴请活动或为其准备食宿时，亦应尽量在档次、规格等方面与来宾的身份相称，并符合来宾的生活习惯，体现东道主对来宾的关心与照顾。在接待外商时，接待人员更应注意这一点。

在商务往来中贯彻身份对等的原则，是为了更好地确定宾主双方都能够接受、感到满意的接待标准，也是为了充分地表达东道主对来宾的尊重与敬意。在某些特殊的情况下，有的企业为强调自己对宾主双方特殊关系的重视和对来宾的敬重，特意打破常规，提高对来宾的接待规格，也是可行的，但不宜多用。

2. 讲究礼宾秩序

礼宾秩序所要解决的是多边商务活动中的位次和顺序的排列问题。在正式的商务活动中，礼宾秩序可参考下列方法。

（1）按身份与职务的高低顺序排列

如接待不同的代表团，确定礼宾秩序的主要依据是各代表团团长职务的等级。

（2）按姓氏笔画排列

在国内的商务活动中，如果双方或多方关系是对等的，可按参与者的姓名或所在单位名称的汉字笔画排列。具体做法是：按个人姓名或组织名称的第一个字的笔画，依次按由少到多的次序排列；当两者第一字笔画数相等时，则按第一笔的笔顺（点、横、竖、撇、捺、弯钩）的先后关系排列；当第一笔笔顺相同时，可依第二笔，依此类推；当两者的第一个字完全相同时，则用第二个字进行排列，依此类推。

（3）按国家或组织名称的英文字母顺序排列

在涉外活动中，一般应将参加者的国家或组织名称按英文或其他语言的字母顺序进行排列。具体方法是：按第一个字母进行排列；当第一个字母相同时，则依第二个字母的先后顺序排列；当第二个字母相同时，则依第三个字母的先后顺序排列，依此类推。但每次只能选一种语种的字母顺序排列。

（4）其他排列方式

除了上述方式外，接待人员也可以按照有关各方正式通知东道主自己决定参加此项活动的先后顺序，或正式抵达活动地点的时间先后顺序排列。

3.3.2　接待的准备

1．了解客人基本情况

对前来访问、洽谈业务、参加会议的外国或外地客人，接待人员应首先了解对方到达的车次、航班，了解客人特别是重要客人的个人简况，包括职务、性别、生活习惯、饮食禁忌等。在了解对方基本人数时，接待人员不仅要求准确无误，而且应着重了解对方由何人负责、有几对夫妇等。要了解客人来访的意图、要求，以及在仪式和日程安排上的计划，还要了解客人的来访路线、抵达和离开的具体时间等。

2．制订接待方案

了解客人基本情况后，应及时向主管领导汇报，以确定接待规格，并通知有关部门及相关人员。接待一般客人，接待人员可根据惯例直接接待。但接待重要客人和高级团体，接待人员就要事先制订接待方案。方案大致包括以下几点内容。

① 按照客人的基本情况，决定接待人员的分组，详细地列出陪同人员及迎送人员名单。

② 准备好交通工具。

③ 制定接待过程中的活动方式及日程安排。

3．布置接待环境

良好的接待环境能体现对客人的尊重与礼貌。在客人到来前，接待人员应按照客人的饮食习惯、兴趣爱好安排食宿。接待室应该明亮、安静、整洁，还应配置沙发、茶几、衣架、电话、计算机等，以备客人进行谈话和通信。同时，己方可以在接待室内适当点缀一些花卉、字画，还可以放置报刊和有关本单位或企业的宣传材料，供客人翻阅。

3.3.3　正式接待的程序

1．迎客

对如约而来的客人，接待人员要表示热情、友好。对贵客或远道而来的客人，接待人员要指派专人出面，提前到达机场、码头、车站或其他约定地点迎候客人，以示对客人的尊重。客人抵达后，若宾主双方早就认识，双方直接行见面礼。若是初次见面，一般由礼宾人员或已方迎接人员中身份最高者先将已方迎接人员一一介绍给客人，再由客人中身份最高者将客人按照一定顺序介绍给主人。对来自本地的客人，一般应提前在单位大门口或办公楼下迎候客人。

2. 待客

（1）安顿客人

客人抵达后，不宜立即谈公事，应先安排客人休息。若是远道而来的客人，接待人员应把客人送到事先安排好的酒店休息。若是本地的客人，接待人员可以先将其安顿在待客厅或会议室休息，并端茶水或饮料等。接待人员向客人告别前，应告知其就餐地点、时间，并将自己的联系方式留下，以便及时联络。

（2）协商日程

进一步了解客人的意图和要求，接待人员应与客人共同商议活动的内容和具体日程，如有变化，及时通知有关部门以便进行准备工作。

（3）组织活动

客人食宿问题解决后，接待人员应该按照接待方案和协商日程组织客人参与一系列活动，如商务洽谈、参观游览等。客人在商务洽谈、游览活动中所提出的意见应及时向有关领导反馈，尽可能满足客人的需求。活动结束后，接待人员安排时间让有关领导和客人见面，以示对客人的尊敬。倘若整个活动中客人都没有见过企业领导，易对企业产生不好的看法，影响企业的形象。

3. 送客

了解客人返程时间后，接待人员可以根据其需要，帮助预订机票、车船票。

根据客人的身份地位和迎接的规格确定送别的规格。一般来说，主要接待人员都应参加送别活动。在客人登上交通工具之前，送行人员应按照身份和职位的高低一一与客人握手告别。送客的基本原则是，送到客人乘坐的交通工具离开视线为止。

客人向主人告别时，常伴以"请回""请留步"等语言，主人则以"慢走""恕不相送"等语回应。如果客人是远行，主人可说"祝你一路顺风""一路平安""代问××好"等告别语。

3.3.4　商务接待的方位礼仪

在商务接待活动中，位置的排序在一定程度上反映了对参与商务活动的各方人员及其所代表的组织利益的认可度，以及各方利益的关联度。在会谈、会议、乘车以及宴会等各种场合，恰当地安排各参与者的空间位置以及遵循约定俗成的方位礼仪显得非常重要。

拓展阅读

中国传统方位礼仪

中国传统礼仪非常讲究方位，注意方位之礼。方位是各方向的位置，基本方位是东、西、南、北，相对方位是前、后、左、右、上、下。方位礼仪除了指基本方位和相对方位，还包括远近、高低等。

1. 南、北

中国古代以坐北朝南为尊位，故天子、诸侯见群臣或卿大夫皆面南而坐。在生活上，如古代的四合院，以北房为上，西房次之，东房又次之，南房最下，一般住仆人。

2. 东、西

中国古代宾主相见，以西为尊，主东而宾西，因此，设宴请客称作东道主。东风与西风，除了自然风向之意，还含有一定的政治含义，即东风指进步势力，西风指没落势力。

3．左、右

中国历史上，左、右的尊卑各代都有所不同。夏商周时，朝官尊左，凶事、兵事尊右；战国时，朝官尊左，军中尊右；秦尊左；汉代尊右；唐宋明清尊左；元代尊右；现代与国际惯例相同，以右为尊。

4．先、后

中国传统礼仪中"先"为尊，"后"为卑；先生是长者，后生是晚辈；先进则光荣，后进则耻辱。

5．上、下

中国传统礼仪以"上"为尊，以"下"为卑；上流光荣，下流耻辱；上策高明，下策笨拙；上级领导下级，下级服从上级；上等好，下等坏；上上大吉，下下不利。

6．中、外

中国传统方位礼仪以"中"为尊，中有正、不偏不倚之意，物之中央，引申为掌握国家最高权力的机构；"外"为下，外是非正式关系，有疏远之意，如外人、外国、外族等。

通常，尊者指长者、女士、客人、上级等。在商务场合，上下级之间，原则上没有年龄性别之分，上级为尊；同级间则遵循通常的长者、女士、客人为尊的原则。

1．行走方位礼仪

陪客走路要遵循方位礼仪，两人同行时，右为尊。因此，主人陪同客人行走时，应让客人走在自己的右侧。同理，上级与下级同行时，长者与年轻人行走时，女士与男士行走时，上级、长者、女士为尊，走在下级、年轻人、男士的右侧。

三人同行时，中为尊；同级间，两男一女同行，女士在中间；两女一男同行，男士走在最左侧。

四人或四人以上同行时，不能并行，应分为两排或多排，前排为尊。

另外，还要注意，若自己是主陪，应并排走在客人左侧，不能落后；如果自己是陪访随同人员，应走在客人和主陪人员后面。

2．陪同客人的引导方法

（1）在走廊的引导方法

接待人员在客人两三步之前，配合步调，让客人走在内侧。当然如果接待人员是主陪，可以与客人并排行走。

（2）在楼梯的引导方法

引导客人上楼时，应该让客人走在前面，接待人员走在后面；若是下楼，接待人员应该走在前面，客人走在后面。上下楼梯时，接待人员应该注意客人的安全。

（3）在电梯的引导方法

接待人员先进入电梯，等客人进入后关闭电梯门。到达时，接待人员按"开"的按钮，让客人先走出电梯。

（4）在客厅的引导方法

当客人走入客厅，接待人员用手指示，请客人坐下。看到客人坐下后，才能行点头礼后离开。如客人误坐下座，应请客人改坐上座（一般靠近门的一方为下座）。

3.3.5　会客、会谈的座次礼仪

会客、会谈的座次礼仪通常遵循"面门为上，以右为上，离远为上"的原则，具体要求如下。

1．会客座次礼仪

会客座次分为相对式位次和并列式位次。

（1）相对式位次

双方就座时分为左右两侧，面对面。通常以右为上，即进门后，右侧一方为上座，应留给客人，左侧一方为下，留给主人。双方陪同人员分别在主人或客人一侧就座，如图 3-4 所示。

（2）并列式位次

并列式位次多运用于礼节性会客。宾主双方并排就座，暗示双方平起平坐。宾主双方一同面门而坐，主人应请客人坐在自己的右侧，双方随从人员同样分别在主人或客人一侧就座，如图 3-5 所示。

宾主双方一起并排坐在室内的右侧或左侧，这时讲究"以远为上"。即距门远处为上座，让给客人；距门近处为下坐，留给主人。

如果宾主双方就座沙发交谈，长沙发座位为上，给客人，单人沙发为下，留给主人。

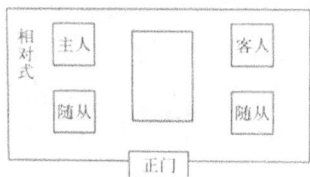

图 3-4　相对式位次　　　　　　　　　　图 3-5　并列式位次

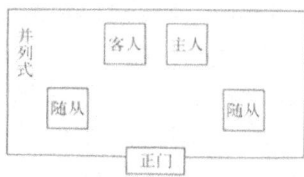

2. 会谈的座次礼仪

商务会谈或者谈判时，使用长条桌或者椭圆桌，各方主谈人员应在自己一方居中而坐。若是有翻译人员，则坐在主谈人员右侧，其他人员应遵从右高左低的原则，依照职位高低自近而远分别在主谈人员两侧就座。各方座次的安排有两种情况。会谈桌横放在厅内，正对门一侧为上座，留给客方；会谈桌竖放在厅内，以进门时右侧为上座，留给客方，如图 3-6、图 3-7 所示。

图 3-6　横式谈判桌位次　　　　　　　　图 3-7　竖式谈判桌位次

需要说明的是，在会谈座次的排列上，一般来说，"居中为上""前排为上""以远为上""面门为上"这些规则是统一的，没有争议，只有以右为上这个规则有时要做一些变通。按照国际惯例，以右为上是普遍适用的次序原则。但在我国，从古至今，"尊左"还是"尊右"不是一成不变的，有年代和地域的区别，至今仍存在争议。因此，不能简单地认为我国是"以右为尊"。在座次安排上，首先要看会议的性质。政务会议、国企内部的大型会议，一般仍然遵守"左为上"的原则；但目前国际流行右高左低，因此会议主办方安排商务会议、涉外会议时，应按国际惯例安排。正式会议每个座位的桌前要安放好姓名牌，既方便入座，也便于台下与会者和新闻采访人员辨认有关人士。

3.3.6　乘车礼仪

1. 上、下车的礼仪

乘坐轿车时，应请位尊者最先上车、最后下车。但为了上车的方便，后排中座的人应比后排左座的人先上车。

上车时，接待人员应先打开车门，用手遮挡车门的上边框，防止客人出现碰撞的情况。等客人上车坐稳后，再轻轻关上车门，切忌过于用力。下车时，接待人员应首先下车，打开车门，请客人下车。

上车时一般采用"背入式"，背对车门，臀部先坐下，上身和头部再进入车内，最后再将双腿并拢收车内。下车时采用"正出式"，即转向正面朝向车门，双腿先伸出车外，踩稳后弯腰将上身探出车外，再站起。

2. 乘车座次礼仪

专职司机驾车时，后排右座是上座，这便于乘车人上下车方便；左座次之，中间座位再次之，副驾驶座位为末席。

主人亲自驾车时，副驾驶座位是上座，这表示对主人的亲切与尊重；后排右侧次之，左侧再次之，而后排中间座位为末席，如图 3-8 所示。

乘坐四排座或以上的中型或大型轿车时，应遵照"以右为尊"的原则，驾驶员身后的第一排为尊位，其他各排座从前往后依次递减。各排座的座次安排，讲究"右高左低"，从右到左依次递减。多排大中型车的座次讲究由前向后、自右向左，如图 3-9 所示。

乘坐公共汽车、火车或地铁时，基本规矩是：临窗的座位为上座，临近通道的座位为下座；与车辆行驶方向相同的座位为上座，与车辆行驶方向相反的座位为下座。

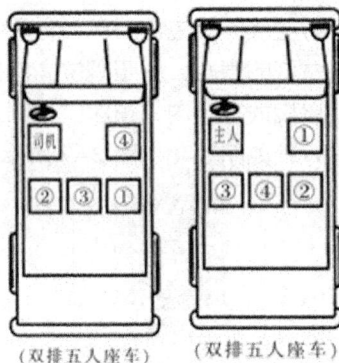

图 3-8　双排五人座车的座次　　　　图 3-9　多排大中型车的座次

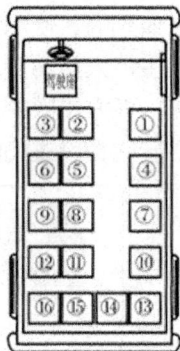

3.4　馈赠礼仪

馈赠是人们在交往过程中通过赠送交往对象礼物来表达对对方的尊重、友谊、纪念、祝贺、感谢、慰藉、哀悼等情感与意愿的一种交际行为。馈赠也是商务活动中不可缺少的交往内容。得体的馈赠，恰似无声的使者，以物表情，礼载于物，起到寄情言意的无声胜有声的作用。我们只有在遵循馈赠基本原则的前提下，注重馈赠活动对礼仪的要求，才能真正发挥馈赠在商务交往中的重要作用。

3.4.1　馈赠的原则和礼仪

1. 礼轻情重

馈赠礼品要突出纪念意义，不需要过分强调价值、价格，礼品是用于表情达意的。在商务交往中提倡"礼轻情意重"，过分贵重的礼品会让受礼者产生"重礼之下，必有所求"的猜测。选择礼品，应根据双方关系、身份、送礼的目的和场合而定。一般来说，礼品应小、巧、少、轻。小指小巧玲珑，易送易存；巧是指立意新颖；少，指少而精；轻，则指价格适中。

拓展阅读

千里送鹅毛

南宋罗泌撰的《路史》载，唐朝贞观年间，云南土司缅氏为了表示对唐王朝的拥戴，派特使缅伯高带了一批礼物和一只长得十分可爱的白天鹅去京城朝见唐太宗。一路上缅伯高对白天鹅精心照料。谁知到了沔阳湖（今称排湖）边时，缅伯高看到白天鹅口渴，便慈心大发，放白天鹅到湖边饮水。白天鹅拍着翅膀"扑腾扑腾"地到湖边饮水，饮足后却展翅高飞而去。缅伯高赶紧扑上去，只抓住了一根鹅毛，急得顿足捶胸、号啕大哭。后来，他只好硬着头皮把这根鹅毛用锦缎包好，并写了一首诗去见唐太宗。诗云："天鹅贡唐朝，山高路远遥。沔阳湖失宝，倒地哭号啕。上复唐天子，请饶缅伯高。礼轻情意重，千里送鹅毛。"

唐太宗看了这首诗后，不但没有责怪缅伯高，反而高兴地收下礼物，并回赠丝绸、茶叶、玉器等中原特产。缅伯高深为感动，久跪谢恩。后来，人们就用"千里送鹅毛"来形容"礼轻情意重"了。

2. 投其所好，因人赠礼

礼品要有特点，送礼前应先了解受礼人的身份、爱好、民族习惯等，应该根据对方兴趣爱好去选择一些富有意义、品质不凡的礼品。这样的礼品才能投其所好，对方才会喜欢。因此，选择礼品时要因人而异，考虑它的思想性、艺术性、趣味性、纪念性等多方面因素，力求别出心裁、不落俗套。一般来说，要考虑以下几点。

① 赠礼要针对不同个人的需要。对家贫者，以实惠为佳；对富裕者，以精巧为佳；对恋人、爱人，以纪念性为佳；对朋友，以趣味性为佳；对老人，以实用为佳；对孩子，以启智、新颖为佳；对外宾，以特色为佳。

② 赠礼要考虑是赠送给单位还是个人。一般来说，赠送给单位的礼品要考虑单位的性质、经营规模、经营项目；赠送给个人的礼品则要考虑其性格、品位、爱好等。

③ 赠礼要根据馈赠目的选择礼品。礼品是感情的载体，表示送礼人的心意，起到酬谢、求人或联络感情等作用。喜礼，如朋友结婚，可送鲜花、书画、工艺品、衣物等；贺礼，如企业开张、大厦落成、厂庆等可送花篮、工艺品等。

3. 避开礼品的禁忌

得体的礼品馈赠，能给交际活动锦上添花。若是把一些不宜作为礼品的物品赠送出去，则会影响关系，甚至产生负面影响。

① 我国普遍有"好事成双"的说法，因而凡是喜庆之事，所送之礼，均好双忌单。但广东人则忌讳"4"这个偶数，因为在广东话中，"4"听起来就像是"死"，是不吉利的；在一些西方国家，奇数是吉利的象征，但"13"是不吉利的。

② 切莫送一些会刺激别人或触碰禁忌的东西。例如，不要送香港商人茉莉花和梅花，因为"茉莉"与"没利"谐音，"梅花"的"梅"与倒霉的"霉"同音；在我国还讲究给老人不能送钟表、给夫妻或情人不能送梨、看望病人不能送剑兰、朋友间不要送伞，因为"送钟"与"送终"、"梨"与"离"、"剑兰"与"见难"、"伞"与"散"都是谐音，是不吉利的礼物。

③ 白色虽有纯洁无瑕之意，但中国人比较忌讳，因为在中国，白色常是大悲之色和贫穷之色。

同样，黑色也被视为不吉利的凶灾之色、哀丧之色。

④ 不能给健康人送药品，不能为异性朋友送贴身的用品，不要送带有价格标签的礼物。

此外，一般因公赠礼时，不允许选择以下几类物品作为正式赠予交往对象的礼品：一是现金、信用卡、有价证券；二是价格过于昂贵的奢侈品；三是烟、酒等不合时尚、不利于健康的物品；四是易使人产生误解的物品；五是触犯受赠对象禁忌的物品。

拓展阅读

不同国家的馈赠风俗

类别	风俗
英国人	一般送价钱不贵但有纪念意义的礼品。切记不要送百合花，因为百合花意味着死亡。收到礼品的人要当众打开礼品
美国人	送礼品要送单数，且讲究包装。美国人认为蜗牛和马蹄铁是吉祥物
法国人	送花不要送菊花、杜鹃花和其他黄色的花，因为在法国，菊花、杜鹃花代表哀伤，其他黄色的花象征夫妻间的不忠贞。不要送带有仙鹤图案的礼品，不要送核桃，因为法国人认为仙鹤是愚蠢的标志，而核桃是不吉利的
俄罗斯人	送鲜花要送单数；用面包与盐招待贵客，表示友好和尊敬。忌讳送钱给别人，这意味着施舍与侮辱
日本人	盛行送礼，探亲访友、参加宴请都会带礼品。接送礼品要用双手，不当面打开礼品。当接受礼品后，再一次见到送礼的人一定要提及礼品的事，并表示感谢。送礼品忌送梳子，切记不要送有狐狸、獾的图案的礼品，因为梳子的发音与"死"相近，而狐狸、獾在日本是贪婪的象征。一般人不要送菊花，因为菊花是日本皇室专用花卉

4. 适度包装

精美的包装可使礼品的外观更具艺术性和高雅的情调，显示出送礼人的文化艺术品位。因此，送给他人的礼品，尤其是在正式场合送人的礼品，一般应认真地进行包装，应用专门的纸张包裹礼品，或是把礼品装入特制的盒子、瓶子内。

包装礼品，要量力而行，要反对华而不实。进行包装时，要讲究材料、图案，以及捆扎、包裹的具体方式。

5. 把握赠礼的时机和场合

馈赠要注意时间，把握好机会。

① 节假良辰。遇到我国传统的节日，如春节、端午节、中秋节等，还有法定节日，如元旦节、五一国际劳动节、六一儿童节、教师节、国庆节等都可以送些适当的礼物表示祝贺。

② 喜庆日子。晋升、获奖、厂庆等日子，可考虑送礼品以示庆贺。

③ 企业开业庆典。在参加某一企业开业庆典活动时，要赠送花篮、牌匾或室内装饰品以示祝贺。

④ 拜访、做客。这种时候可以备些礼物送给主人，特别是女主人或小孩。

⑤ 当你的生活或工作遇到困难得到别人的帮助时，为了表示感激之情，可经常送些礼品酬谢。

馈赠的场合选择也很重要，尤其那些出于酬谢、应酬或有特殊目的的馈赠，更应注意赠礼场合的选择。通常情况下，当众只给一群人中的某一个人赠礼是不合适的，因为那可能会使受礼人有受贿和受愚弄之感，而且可能会使没有受礼的人有受冷落和受轻视之感。给关系密切的人送礼也不宜在公开场合进行。只有礼轻情重的或能表达特殊情感的特殊礼品，如锦旗、牌匾、花篮、纪念品等才可在众人面前赠送。

6. 注意赠礼时的表达方式

馈赠的效果不仅受馈赠礼物的影响，还受馈赠方式的影响。赠送礼品时，只有态度平和友善、落落大方并伴有礼节性的语言，才容易让受礼人接受礼品。比如向受礼人说明送礼原因时，可说一些"祝贵公司前程似锦""愿我们合作愉快"等客套话。千万不要说"没有准备，临时才买来的""没有什么好东西，凑合着用吧"，因为你的本意可能是劝对方不要拒绝，但这些话容易被对方当真。你应该说"这是我为你精心挑选的""相信你一定会喜欢"。

若同时向多人赠送礼品，应先长辈后晚辈、先女士后男士、先上级后下级，按照次序，有条不紊地进行。

3.4.2　受礼礼仪

作为商务活动的重要内容之一，馈赠活动越来越受重视。大多数人都收到过礼品，却并不是每个人都能礼貌、得体地接受别人的礼品。

1. 双手捧接

当他人口头宣布有礼相赠时，不管自己在做什么事，都应立即中止，起身站立，面向对方，以便有所准备。在对方取出礼品、预备赠送时，不应伸手去抢、开口询问或者双眼盯住礼品，但求先睹为快，也不宜反复推让礼品。此时此刻，需要保持风度。

在送礼人递上礼品时，要尽可能地用双手前去捧接。不要一只手去接礼品，特别是不要单用左手去接礼品。在接受礼品时，勿忘面含微笑、注视对方的两眼。接过来的若是对方所提供的礼品单，则应立即从头至尾细读一遍。

2. 表示感谢

你可能对礼品赞不绝口，但这是不够的。在双手接过他人礼品的同时，你应立即向对方道谢。"谢谢你"三个字表明你谢的不是礼品本身，而是谢对方的美意。

你可以感谢送礼人所花费的心血："你能想到我太好了。"你可以感谢对方为买到合适的礼品所付出的努力，如"你竟然还记得我收集茶具"等。

接受了他人的馈赠，如有可能应予以回礼。有礼节的馈赠活动，有利于拉近双方的距离、增加合作的机会。

3. 当面拆封

如果现场条件许可，如时间充裕、人数不多、礼品包装考究，那么，在接过他人相赠的礼品之后可以当着对方的面将礼品拆封。这表示自己看重对方，同时也很看重获赠的礼品。在拆封时，动作要文明，不要乱扯、乱撕、乱丢包装用品。

需要强调的是，能否当面拆封，还要根据文化习俗而定。一般来说，欧美客人赠送的礼品，可以当面打开并加以赞扬。如果是受中国传统文化影响较深的人士（包括东亚、东南亚一些国家的人士）所送的礼品，接受其礼品之后不宜当面打开，但应当面表示感谢。

4. 表示欣赏

当面拆开包装之后，要以适当的动作和语言，表示你对礼品的欣赏。比如，可将他人所送的鲜花捧在身前闻闻花香，随后再将其装入花瓶，置于醒目之处，并向送礼人说："我很喜欢它的颜色。"要是别人送了一条围巾给自己，则可以马上把它围上，照一照镜子，并告诉送礼人及其他在场者："这条围巾真漂亮。"千万不要拿礼品开玩笑，除非那是一件恶作剧的礼品。

拓展阅读

中西方礼品馈赠的差异

在中国，人际交往特别讲究礼数，重视礼尚往来，往往将礼作为人际交往的媒介和桥梁。东方人馈赠礼品的名目繁多，除了重要节日互相拜访需要馈赠礼品，平时的婚、丧、生日、提职、加薪都可以作为馈赠礼品的理由。

西方礼仪强调务实，在讲究礼貌的基础上力求简洁便利，反感繁文缛节、客套造作。西方人一般不轻易送礼给别人，除非相互之间建立了较为稳固的人际关系，在送礼形式上较为简单。一般情况下，他们既不送过于贵重的礼品，也不送廉价的礼品，但非常重视礼品的包装，特别讲究礼品的文化格调与艺术品位。

在送礼和接受礼品时，东西方也存在很大差异。西方人送礼时，总是向受礼人直截了当地说明"这是我精心为你挑选的礼品，希望你喜欢"，或者说"这是最好的礼品"之类的话。西方人一般不推辞别人的礼品，接受礼品时先向送礼人表示感谢，接过礼品后当面拆开看，并对礼品赞扬一番。东方人则不同。中国人或者日本人在馈赠礼品时也费尽心思、精心挑选，但在受礼人面前却总是谦虚而恭敬地说"微薄之礼不成敬意，请笑纳"之类的话。东方人在受礼时，通常会客气地推辞一番；接过礼品后，一般不当面拆开看，避免对方因礼品过轻或不尽如人意而难堪，同时也不会显得自己重利轻义、有失礼貌。

3.4.3　拒礼礼仪

一般情况下，不应当拒绝受礼。如果觉得送礼人别有所图，应向他明示自己拒收的理由，态度可坚决但方式要委婉。符合社交礼仪的拒收礼品的方法因人因事而异，一般常见的有以下方式。

1. 婉言相告

采用委婉的、不失礼貌的语言，向赠送者暗示自己难以接受对方的礼品，并用亲切友好的态度耐心向对方解释拒收的原因，同时表示感激。比如，当对方向自己赠送手机时，可告之："谢谢，我已经有一台了。"

2. 直言缘由

直截了当地向送礼人说明自己难以接受礼品的原因。在公务交往中拒绝礼品时，此法尤其适用。例如，拒绝他人所赠的大额现金时，可以这样讲："我们单位有规定，接受现金要按受贿论处。"拒绝他人所赠的贵重礼品时，可以说："按照有关规定，你送我的这件东西，必须登记上缴。"

3. 事后退还

有时拒绝他人所送的礼品，若是在大庭广众下进行，往往会使送礼人尴尬异常。遇到这种情况，可采用事后退还法加以处理，即当时接受礼品，不拆启其包装，事后，尽快（通常情况下不超过24小时）把礼品退还给送礼人。

📖 **练习测试题**

一、不定项选择题

1. 关于商务社交场合的他人介绍顺序，（　　）是错的。
A. 介绍不同地位的人时，应先把地位低的人介绍给地位高的人
B. 介绍不同辈分的人时，应先把晚辈介绍给长辈
C. 介绍不同性别的人时，一般应先把男士介绍给女士
D. 介绍先到者与后来者认识时，先介绍先到者，后介绍后来者
2. 关于商务社交场合的握手顺序，（　　）是错的。
A. 宾主之间，主人应向客人先伸手
B. 上下级之间，上级要等下级先伸手
C. 男女之间，男方要等女方伸手后才能握手
D. 长幼之间，年幼的要等年长的先伸手

3. 关于方位礼仪规范的表述，（　　　）是错的。

A. 中国历史上的各朝代都以左为尊，到了现代则与国际惯例相同，以右为尊

B. 在商务场合，上下级之间，原则上没有年龄性别之分，以上级为尊

C. 同级之间通常遵循长者、女士、客人为尊的原则

D. 四人或四人以上同行时，不能并行，应分为两排或多排，前排为尊

4. 在商务场合，多人一同行走时要遵循方位礼仪，（　　　）是错的。

A. 两人同行时，右为尊

B. 三人同行时，中为尊

C. 同级间，两男一女同行，女士走在最右侧

D. 同级间，两女一男同行，男士走在最左侧

5. 小刘是总经理秘书，一次陪总经理去机场送一位客户。司机开的是一辆双排五人座轿车，小刘应该选择坐在（　　　）。

A. 副驾驶位　　　　　B. 后排左侧　　　　　C. 后排中间　　　　　D. 后排右侧

6. 因公赠礼时，可以选择（　　　）作为赠予交往对象的礼品。

A. 白酒　　　　　B. 工艺品　　　　　C. 卷烟　　　　　D. 奢侈品

二、判断题

1. 客户来访，应当先把客户介绍给自己公司的同事，然后再把同事介绍给客户。（　　　）

2. 当我们见到任何人时，都应当主动握手。（　　　）

3. 见到客户单位总经理时，要等对方给自己递出名片以后，自己再向对方递出名片。（　　　）

4. 接过对方递过来的名片以后，应当立即放到裤子口袋里。（　　　）

5. 引导客人上楼时，应该让客人走在前面，接待人员走在后面；若是下楼，接待人员应该走在前面，客人走在后面。（　　　）

6. 陪同客人在办公楼走廊行进时，主人应该走内侧，客人应该走外侧。（　　　）

7. 迎接客户走到电梯门口时，接待人员应先进入电梯，按住"开"按钮，请客户入内。（　　　）

8. 会客、会谈的座次礼仪都遵循"面门为上，以右为上，离远为上"的原则。（　　　）

9. 在接待室里等待要拜访的客户时，绝不翻动对方的东西。（　　　）

10. 客户来访进屋后，请客人坐下，把水壶水杯端过来，让客人自便。（　　　）

11. 送别客户时，要送到楼下，看到客户走远再回去。（　　　）

12. 在欧美国家，收到礼物后，应在客人走后打开，当面撕开精美包装是不礼貌的。（　　　）

三、简答题

1. 得体称谓的基本要求有哪些？

2. 在商务场合为他人进行介绍的礼仪顺序是什么？

3. 握手礼仪有哪些禁忌？

4. 递送名片有哪些注意事项？

5. 接收名片的步骤有哪些？

6. 商务拜访前需要准备什么？

7. 预约拜访时间要注意哪些问题？

8. 拜访过程中要注意哪些礼仪？

9. 为什么说商务接待工作中必须坚持身份对等的原则？

10. 如何根据来宾的需要有针对性地开展接待工作？

11. 陪同来宾走路要注意哪些方位礼仪？

12. 根据开车人的不同，在安排乘车座次时要注意哪些问题？

13. 在礼品馈赠方面应注意哪些原则和礼仪？

14. 接受对方礼品时应注意哪些礼仪？

15. 拒收对方礼品时有哪些方式？

案例分析题

【案例 3-1】 难以把握的称呼问题

某公司的老员工刘健已经 40 岁了，工龄 20 年。他的上司王锴经理年纪比他小，工龄也没他长。几年前他们还是一个办公室的同事时，王锴管刘健叫"刘师傅"，刘健则称他为"小王"。但没几年，王锴被提升到了现在的经理职位，两个人之间的称呼就有了麻烦。刘健觉得像其他人一样叫"王经理"，自己叫着别扭，别人听着也别扭。于是刘健把心一横，自己都这么多年工龄了，就仍然叫"小王"，王经理也哼哼哈哈地答应着。

问题：刘健的称呼方式有什么不妥之处？

【案例 3-2】 一次失败的拜访

某公司新建的办公大楼需要添置一系列办公用品，价值数百万元。公司李总已初步决定，向 A 公司购买这批办公用品。这天，A 公司的销售部负责人张经理打电话来，要上门拜访李总。李总打算对方来了就在采购合同上盖章，定下这笔生意。不料对方比预定的时间提前了两个小时到。原来对方听说这家公司的员工宿舍也要在近期落成，希望员工宿舍的家具也能在自己这里购买。为了谈这件事，张经理还带来一大堆资料，摆满了桌面。李总没料到对方会提前到访，刚好手边又有事，便请秘书让对方等一会儿。张经理等了不到半小时，就开始不耐烦了，一边收拾资料一边说："我还是改天再来拜访吧。"

这时，李总发现对方在收拾资料准备离开时，将自己刚才递上的名片掉在了地上，对方并未发觉，走时还无意间从名片上踩了过去。这个失误令李总改变了想法。A 公司不仅没有机会与对方商谈员工宿舍的家具购买，而且连几乎到手的数百万元办公用品的生意也告吹了。

问题：

1. A 公司的生意为何没有谈成？

2. 拜访他人应该注意哪些问题？

【案例 3-3】 金先生失礼

风景秀丽的某海滨城市的朝阳大街上耸立着一座高楼，楼顶上"远东贸易公司"六个大字格外醒目。某照明器材公司的业务员金先生按照原计划，带着公司新设计的照明器材样品，兴冲冲地登上六楼，脸上的汗珠都未擦一下，便直接走进了业务部张经理的办公室，正在处理业务的张经理被吓了一跳。

"对不起，这是我们公司新设计的产品，请您过目。"金先生说。

张经理停下手中的工作，接过产品，随口赞道："好漂亮啊！"他请金先生坐下，倒了一杯茶递给他，然后拿起产品仔细研究起来。

金先生看到张经理对新产品如此感兴趣，如释重负，便往沙发上一靠，跷起二郎腿，一边吸烟，一边悠闲地环视着张经理的办公室。当张经理问他电源开关为什么装在下方时，金先生习惯性地用手挠了挠头皮。好多年了，别人一问他问题，他就会不自觉地用手去挠头皮。尽管金先生解释详尽，张经理还是半信半疑。

谈到价格时，张经理强调："这个价格比我们的预算高很多，能否再降低一些？"金先生回答："我们经理说了，这是最低价格，一分也不能降了。"张经理沉默了半天。金先生却有点沉不住气，不由自主地拉松领带，盯着张经理。张经理皱了皱眉，问："这种新产品的先进体现在什么地方？"金先生又挠了挠头皮，反反复复地说："造型新、寿命长、节电。"

张经理托词暂时离开了办公室，只剩下金先生一个人。金先生等了一会儿，感到十分无聊，便非常随意地拿起办公桌上的电话，同一个朋友闲谈起来。这时，门被推开了，进来的却不是张经理，而是他的秘书。

问题：金先生失礼具体表现在哪些地方？

【案例 3-4】　　　　　　　　　　一次漏洞百出的接待

小张今年大学毕业，刚到一家外贸公司工作，经理就交给他一项任务，让他负责接待最近将到公司的一个法国谈判小组。经理说这笔交易很重要，让他好好接待。

小张一想这还不容易，大学时经常接待外地同学，难度不大。于是他粗略地想了一下接待顺序，就着手开始准备。小张提前打电话和法国公司核实了一下该谈判小组的人数、乘坐的航班以及到达的时间。然后，小张向单位要了一辆车，用打印机打了一张 A4 纸的接待牌，还特地买了一套新衣服，到花店订了一束花。小张暗自得意，一切都在有条不紊地进行。

到了接机那天，小张准时到达了机场，谁知等了半天都没等到人出来。他左右看了一下，有几位老外比他还倒霉，等人接比他等得还久。他想，该不会就是这几位吧？于是朝他们晃了晃手中的接待牌，对方没有反应。等到人群散去很久，小张仍然没有接到客人。于是，小张去咨询处问了一下，咨询处的工作人员说该国际航班提前了 15 分钟降落。小张怕弄错了，赶紧打电话回公司，公司回答说没有人来。小张只好接着等，直到周围只剩下那几位老外了，他才想到问一问也好。

谁知一询问，就是这几位。小张赶紧道歉，并献上一大束黄菊花，对方看看他，摆出一副很尴尬的样子，但还是接受了鲜花。接着，小张引导客人上车，客人便拿着大包小包上了车。

小张让司机把车直接开到公司指定的酒店，谁知因为处于旅游旺季，酒店早已客满，而小张没有预订，当然没有空的房间。小张只好把客人带到一个离公司较远的酒店，这家酒店条件要差一些，至此，客人已露出非常不快的神情。小张把他们送到房间，一心想将功补过的他决定和客人好好聊聊，这样可以让他们消消气，谁知在客人房间待了半个多小时，客人已经有点不耐烦了。小张一看，好像又吃力不讨好了，心想："以前同学来，我们都聊通宵呢！"于是小张告辞，并和他们约定晚上 7 点在宴会大厅等他们，公司经理准备宴请他们。

到了晚上 7 点，小张在大厅等客人，谁知客人又没等到。小张只好请服务员去通知客人，就这样，晚上 7 点半客人才陆续来齐。小张想："法国人怎么睚眦必报，非得让我等。"到了宴会地点，经理在宴会大厅门口迎接客人，小张一见，赶紧给双方做了介绍，双方寒暄后进入宴席。小张一看宴会桌，不免有些得意：幸亏我提前做了准备，给他们都安排好了座位，这样总万无一失了吧。谁知经理一看对方的主谈人正准备坐下，赶紧请对方到正对大门的座位，让小张坐到刚才那个背对大门的座位，并狠狠瞪了小张一眼。小张有点莫名其妙，心想：又错了吗？突然，有位客人问："我的座位在哪里？"原来小张忙中出错，把他的名字给漏了。客人都露出了一副很不高兴的样子。好在经理赶紧打圆场，神情愉快地和对方聊起一些趣事，对方这才不再板着面孔。一心想弥补的小张在席间决定陪客人吃好喝好，于是频繁敬酒，弄得对方有点尴尬，经理及时制止了小张。席间，小张还发现自己点的饭店的招牌菜辣炒泥鳅，对方几乎没动，小张拼命劝对方尝尝。经理面露愠色，告诉小张不要劝，小张不知自己又错在哪里。好在经理在席间和客人聊得很愉快，客人很快就忘记了这些小插曲。

等双方散席后，经理当即更换了负责接待的人员，并对小张说："你差点坏了我的大事，从明天起，请你另谋高就吧。"小张就这样被炒了鱿鱼，但他仍不明白自己究竟错在哪里。

问题：

本案例中小张究竟错在哪里？谈谈作为一名优秀的商务人员，应该注意哪些基本的礼仪。

实训

1. 自我介绍训练

在班级里，分别用一句话介绍你自己、用一分钟时间介绍你自己、用 5 分钟时间介绍你自己。

2. 拜访的情景训练

同学王佳要去拜访未曾谋面的导师，请你为他准备一份拜访的礼仪要求和注意事项表。

3. 馈赠礼物的方案设计

以 5 人为一组，设计在教师节以班级名义向任课教师赠送礼物的方案，方案包括赠送的礼物（低费用）及赠送时机和方式。最后以票数高的小组方案作为实施的方案。

4. 商务会面的角色扮演

作为上海 A 公司的业务主管，林森去上海虹桥机场接从北京前来洽谈设备采购事宜的 B 公司总经理陈先平（男，50 岁，高级工程师）、项目经理吴一凡（男，36 岁，哈佛大学博士后）和办公室主任张梅（女，30 岁）。在顺利接到北京来的客人后，林森首先向对方进行了自我介绍，B 公司的张梅也向林森介绍了一行人。之后，林森将一行人带到自己公司总经理安排的酒店。在酒店门口遇到了前来接待欢迎的公司总经理周一平（男，45 岁，高级工程师）、销售经理郑姣姣（女，36 岁，高级营销师）和职员张楚（男，24 岁）。林森当即向双方进行了介绍，双方相互交换名片，周一平向北京来的客人表示了欢迎。

角色扮演要点：①林森向对方进行自我介绍；②林森为谈判双方相互介绍；③周一平总经理向北京来的客人表示欢迎；④双方握手并交换名片。注意其中的个人礼仪、交往礼仪是否恰当。

数日后，北京来的客人离开上海，上海 A 公司总经理周一平、销售经理郑姣姣、业务主管林森及职员张楚一起分乘 3 辆车将客人送到机场，握手送别。

角色扮演要点：①安排乘车座位次序；②上下车礼仪；③客人向主人告别。注意乘车、握手告别礼仪。

5. 安排座位练习

某市第一中学即将迎来百年华诞，在庆典上，在主席台就座的有下列人员：该校校长、该校副校长、该校党委书记、该市教育局局长、该市分管教育工作的副市长、该校办公室主任（兼庆典主持人）、教师代表、学生代表。请为他们安排好座次，画出座次安排图。

6. 介绍来宾的礼仪

在本章的开篇引例中，王秘书在介绍来宾时有哪些不妥之处？

言谈礼仪 | 第4章 Chapter 4

本章内容

◎ 人际沟通的一般原则
◎ 有效的口头表达
◎ 倾听的效果和障碍
◎ 有效倾听的技巧
◎ 建设性反馈的特征
◎ 给予建设性反馈的技巧

引例

为什么他的建议石沉大海

张萌是经济管理类专业的一名大学毕业生。经过几年学习，他不但掌握了经济管理类专业知识，而且具备了一定的人际沟通技能，因此对自己的期望很高。

他选择了一家物流公司，该公司规模适中，发展速度很快，最重要的是该公司的人力资源管理工作还处于尝试阶段，他认为自己发展空间很大。当进入公司实习后，张萌发现公司中的关键职位都由领导的亲属担任，而他的上司就是领导的大儿子——王经理，这个人主要负责业务运营，没有管理概念更没有人力资源管理概念，在他眼里只有生意最重要，公司只要能赚钱，其他的一切都无所谓。

一个星期后，张萌走进了王经理办公室。张萌对王经理说，我来公司一个星期了，据对公司的了解，我认为公司主要的问题在于：职责界定不清；雇员的自主权力太小，致使员工觉得公司对他们缺乏信任；员工薪酬结构和水平的制定随意性较强，缺乏科学合理的基础。王经理说，张萌，你说的这些问题我们公司确实存在，但有个事实，那就是我们公司一直在盈利，这就说明我们公司目前实行的体制有它的合理性。

张萌和王经理的对话就这样结束了，张萌给王经理的建议也石沉大海。

张萌和王经理的沟通为什么失败了？在商务交往中如何提升言谈沟通的有效性？本章将从人际沟通的一般原则、口头表达技巧、倾听技巧、建设性反馈等方面予以阐述。

在商务、公务、社交等场合和日常生活中，沟通交流的礼仪和技巧都十分重要。人们主要运用语言符号系统，即利用口头语和书面语进行交流。口头语交流，即言语沟通，作为口头形式的语言活动，被视为人际沟通中最普遍、最常用、最主要的交际手段之一。言语沟通通常分为两种类型：第一种是正式言谈，即双方事先商定交谈的主题、目的，如会谈、谈判等；第二种是非正式言谈，即双方没有任何准备地、比较自由和随意地及随机地交谈。无论哪种言语沟通类型，为使言谈能有效达到沟通目的，人们都应遵守一定的沟通原则和要求。

4.1 人际沟通的一般原则

本节从有效沟通和礼仪修养的角度，提出了人际沟通应遵循的一般原则。只有遵循这些原则，人们想要传递的信息才能如预期那样及时、准确、完整地被沟通对象接收和理解，进而才能获得对方的理解，问题才能得到有效解决，良好人际关系才能顺利建立。

需要说明的是，下面这些沟通原则并不是完整的，本书第一章提出的商务礼仪的原则，比如尊重、诚信、平等、适度、宽容等原则，同样适用于人际沟通，此处不赘述。

1. 同理心原则

同理心又可称为换位思考、移情、共情，指的是从他人的角度来体验世界。同理心原则要求我们在人际交往过程中，能够体会他人的情绪和想法、理解他人的立场和感受、真诚地关心对方的需求，并站在他人的角度思考和处理问题。同理心就是设身处地为他人着想，即想人所想、理解至上的一种处理人际关系的思考方式，在沟通过程中，将心比心、设身处地为对方着想是达成理解与共识不可缺少的。这就要求我们要学会互相体谅、宽容、理解、信任，做到宽以待人、严于律己，做到己所不欲勿施于人、己所欲者亦施于人。

2. 主动原则

主动是指个体按照自己设置的目标行动，而不依赖外力推动的人格特质和行为品质。人的本质是主动而非被动的，个人行为更多取决于自身的抉择，而不是外在的环境。对于积极主动的人，他们会慎重思考，选定价值观并将其作为自己行为的内在动力，他们能够营造有利局面，使事情按照自己的意图发展；而消极被动的人则截然相反，他们感情用事，易受环境或条件作用用的驱使。在人际沟通中，无论面对的是家人还是朋友、是教师还是同学、是管理者还是被管理者，都可以采取积极主动的沟通态度，营造鼓励性的沟通氛围，不应被动消极地等待，而是通过主动交流、主动反馈、主动支持和主动跟进，争取第一时间获得理解，解决问题，达成目标。具体来看，一是应秉持主动与他人交流信息、思想、情感等的沟通理念，如在工作中，我们应主动向领导汇报工作的进度与所遇到的困难，提出所需的支持，而不是等到无法按时完成时才向领导抱怨；二是我们应对沟通过程中存在的阶段性问题、达成的阶段性共识进行总结并与沟通对象进行分享，进一步巩固共识，为下一阶段沟通的有效进行提供保障；三是我们应事先对沟通对象进行分析，了解他们的利益需求，并在沟通中不断地假设、观察、追问以发现对方的需求，从而主动提供支持以满足其需求，进而拉近双方距离；四是我们应密切注意沟通对象的细节表现，根据对方细微的行为特征，不断调整自己的沟通方式以达到最佳的沟通状态，从而保证沟通的有效性。

3. 礼貌原则

俄国文学家、哲学家赫尔岑说："生活中最主要的是有礼貌，它比最高的智慧，比一切学识都重要。"人们的印象形成过程始于通过感官觉察对方，社会交往中的人总是以一定的仪表、服饰、言谈、举止来表现自身的存在，这些也是影响人们印象的主要因素。因而，礼貌原则是指沟通双方通过上述影响因素表现出谦虚、恭敬、相互尊重等态度的原则。人际沟通中，我们要注重礼节、礼貌，要了解、掌握和遵循通行的社交礼仪，如日常交往中，言谈举止要文明、优雅、自然、大方、得体；服饰穿着应遵循国际通行的 TPO 原则，即时间原则、地点原则、场合原则；待人接物应注重文明礼貌等。显然，一个人以何种形象出现在他人面前，已经成为人们非常重视的问题。因为它在一定程度上影响着人与人之间的沟通效果，甚至决定着人际交往的成败。而个体所表现出来的良好的礼仪风度，在交往中会给对方留下深刻而美好的印象，从而建立起稳固的关系。

4. 文化情境原则

文化情境原则是指人际沟通策略的选择应适用于特定的文化情境。文化背景与实际情境都会对沟通产生重要的影响，处理不好则会阻碍有效沟通，甚至导致沟通失败。不同国家、不同区域的文化不同，这使得人们的沟通习惯不同；而不同沟通对象的个性、需求不同，不同情境场合下的实际情况不同，这都使得沟通技巧的运用必须更具灵活性。换言之，在沟通过程中，我们应重视文化情境因素的影响，做到实际情况实际分析，选择适合该文化情境的沟通策略。

5. 信息对称原则

信息对称是指沟通双方所掌握的沟通信息是完全的、一致的，即所传递的信息是完全的和精确的。信息的完整性就是要求沟通者提供的信息是真实的、全面的，即不存在信息欺骗行为，并且要向沟通客体提供 5W1H，即 why、what、where、when、who、how（原因、事件、地点、时间、人物、怎么做）六个方面的信息，不要让对方去猜测；信息的精确性就是要求信息发送者所编码的信息能被接收者完全接收，即信息在传播与接收过程中基本不改变原意或不偏离原意。信息对称原则要求在沟通过程中应以事实为基础，采用"观点+理由+事实"的表达方法以客观地陈述所发生的事实，用数据和事实去沟通。例如，小李是三好学生（观点）。理由有三：其一，他学习好；其二，他思想好；其三，他身体好。具体事实是：他学习好，发表高水平论文 10 多篇，连续 3 年获得国家奖学金；他思想好，曾被评为优秀共产党员；他身体好，每天坚持锻炼身体，曾获得学校游泳冠军。

6. 问题导向原则

问题导向原则是指沟通应以解决问题和达成目标为出发点和工作重点。有效沟通应该具有明确的沟通目标，即解决目前存在的问题，以达成一致的协议。问题不清晰，目标不明确，将导致发送的信息混乱、模糊不清，接收者只能靠经验和情境去揣摩、猜测对方的用意，从而产生沟通误差或导致沟通失败。除了清晰界定问题之外，问题导向原则还要求应对事不对人，因此我们在沟通过程中应学会克制情绪，不搞人身攻击，不轻易下结论，从解决问题的角度来考虑沟通的策略。

4.2　有效的口头表达

4.2.1　选择合适的话题

语言学家普遍认为，成功的交谈首先应注意选择合适的话题。双方在交流和沟通中，应以选择共同感兴趣的话题为宜。不合适的话题通常有三种：一是只有自己感兴趣的话题；二是让对方无法继续的封闭式话题；三是有关个人隐私的话题。

与他人进行沟通式的交谈时，开始不妨采用对对方表示关心的提问，而在谈话即将结束时，可适当地运用感谢的话语。如交流开始时可采用以下话语："您最近在忙些什么？""您的事情进展如何？""我能为您做些什么？"交流结束时可说："谢谢您的帮助和建议，我将重新整理一下我的思

商务礼仪：理论、案例与实训（附视频指导）

路。""这次交谈，真令我获益匪浅。"

在正式的商务谈判中，谈判开局初期被称为破冰期，通常需要运用中性话题来加强沟通。素不相识的人在一起谈判，极易出现停顿和冷场，谈判一开始就进入正题，更容易增加"冰层"的厚度。因此，谈判人员应在进入谈判正题前，留出一定的时间，就一些非业务性的、轻松的话题，如时事新闻、气候、体育、艺术等，进行寒暄交流，缓和气氛，缩短双方在心理上的距离。

4.2.2 准确清晰地传递信息

为了实现有效的沟通和交流，参与交谈的双方应尽可能做到准确清晰地传递信息。这主要包括以下几点。

1. 慎选用语

一般来说，在沟通过程中，如果信息的接收者不能理解发出者所传递的信息，那么沟通是无效的。因此，选择传递信息的用语极为重要。在交谈中，应尽可能选择通俗的用语，语义表达应清晰、完整。要根据交谈对象的实际情况，选择合适的、对方容易理解的话语，尤其要选择容易让人接受、具有美好性的语言，而要避免使用有伤害性或攻击性的语言。如生活中有些人开口就说："不是这样！""你说的根本不是事实！""你在胡说八道，谁会相信这种鬼话！"试想，这样的语言谁能接受呢？因此，采用类似这样的语言是无法进行沟通的。反之，若我们在与人沟通中，时常将"您说的也很有道理"作为导语，其效果则会大不相同，这会让对方主动意识到去改变自己。

2. 语速适度

在运用言语与人进行交流的过程中，语速对阐述效果影响也很大，语速过快则对方易听不清、记不住；语速过缓则对方会感到拖拉冗长、难辨主次。陈述的语速应快而不失节奏、慢而不失流畅，给人以轻松、动听之感。语句之间稍微停顿一下，目光与对方交流一次再继续陈述的效果颇佳。

一般来说，电视台新闻播音员的语速较快，基本上每分钟说 300 个字左右。平常人们的语速是每分钟说 200 个字左右。对于日常生活中非常熟悉的语言，在短时间内（几秒内），人耳的接收能力可达每秒七八个字，甚至更多；一般情况下，人耳的接收能力，即辨析能力是每秒四五个字，即每分钟 240～300 个字。超过这个速度，听者在理解时就会有一定困难。

我们应警觉，在交谈中过快的语速、尴尬的停顿，都可能在无意间传递一些不好的信息，让对方觉得我们可能隐瞒了某种事实，以至于对我们说的话产生怀疑，妨碍沟通的有效进行。因此，交谈者对交流和沟通语速的把握不可忽视。

3. 语调的掌控

同一句话的语调不同，所赋予的含义就不同。比如"您的一番话对我启发很大呀"这样一句话，在谈判中由于语调的不同，可以有赞赏、讥讽、敷衍等意思。在正式的交谈中，交谈者通过对方说话的语调，可以判断其感情或情绪的状态。在陈述问题时，交谈者要让对方从你的语调中感受到你的坚定、自信和冷静；我们要避免使用过于高亢、尖锐或过于柔和、轻细的语调。还应注意的是，情绪因素可直接影响说话时的语调。所以，交谈者应时刻注意调整自己的情绪状态，努力克制自己，避免因自己不好的情绪状态影响说话的语调，从而在无意间传递一些不好的信息，阻碍双方的有效沟通。

4.2.3 言谈风范

正式的沟通和交流需在一种良好的氛围中进行，而交谈者应具有良好的言谈风范，如用词积极正面、礼貌相待、谈吐幽默等。

1. 使用积极正面的字词

语言具有很强的能量。我们所说的话，其实对沟通双方的态度及情绪影响很大。在言谈中，我们应该有意识地使用积极正面的字词来取代消极负面的字词。

一般而言，在日常生活中所使用的字词可以分成三类：积极正面的、消极负面的以及中性的字词。消极负面的字词，如"问题""失败""困难""麻烦""紧张"等。如果我们常使用这些消极负面的字词，恐慌及无助的感觉就随之而起。高情商的人很少会用这些消极负面的字词，他们会用积极正面的字词来代替。例如，他们不说"有困难"，而说"有挑战"；不说"我担心"，而说"我在乎"；不说"有问题"，而说"有机会"。如果使用积极正面的字词，人就更积极、更有动力去面对生活。

我们在商务活动中介绍价格时，不要说"贵"，要说"物有所值"；不要说"不值钱"，要说"物美价廉、经济实惠"；不要说"对不起，现在没货，10 天后才能到货"，而要说"只要 10 天，属于你的货就到了"；不要说"失败的概率是 20%"，而要说"成功的概率是 80%"；不要说"没有"，而要说"请稍等"。

还有一些关于消极负面的字词与积极正面的字词的对比，见表 4-1。

表 4-1　消极负面的字词与积极正面的字词的对比

消极负面的字词	积极正面的字词
别忘了在下班前把货送到	记住在下班前把货送过去
这次的报告写得好多了	这次的报告写得更好了
我们不允许刚参加工作就上班迟到	对刚参加工作的人来说，保证按时上班很重要
免费早餐仅限于 20 元以内，超出部分请自付	你可以免费享用 20 元以内的早餐
如果您对我们的服务不满意，可终止续约	这次与您合作得非常好，让我受益匪浅，望我们继续合作
外派工作本身就是不确定的，困难比较多	外派工作非常有利于丰富你的职业生涯，但也的确需要你克服一些意想不到的困难

所以，我们在与人沟通时其实需要字字琢磨。去掉消极负面的字词，换成积极正面的字词，我们就会更加积极乐观。

2. 遵循礼貌规则和非暴力沟通

礼貌可谓言语沟通的基础，也是实现与各类人有效沟通的基本规则。从我们中华文化的传统来看，礼貌言谈主要体现在文雅、得体、谦逊三方面。交谈者应遵循交谈中的礼貌规则，应懂得礼貌风范是言谈风范的重要体现。

沟通的礼貌风范要求人们掌握"非暴力沟通"的技巧。在我们的日常生活中，"暴力沟通"十分普遍，如妻子对丈夫说："你还知道回来啊，你怎么不死在外面呢？"又如，老师对学生说："你这么不爱学习，将来长大了能有什么出息？"类似的暴力沟通在生活中随处可见。我们习惯被情绪控制，以暴力沟通的方式发泄情绪，导致矛盾激化，让他人和自己都陷入痛苦。非暴力沟通提供了一种新的沟通方式，它帮助我们认识到日常沟通中潜藏的"暴力"，强调以诚实和倾听的方式与人交流。道德评判、比较、强人所难、回避责任等异化的沟通方式非但不能解决问题，反而容易造成心灵隔阅。非暴力意味着让爱融入生活。让尊重、理解、欣赏、感激和友爱，而非自私自利、贪婪、憎恨、偏见、怀疑和敌意，来主导生活。

拓展阅读

非暴力沟通

"非暴力沟通"（Nonviolent Communication，NVC）概念是美国学者马歇尔·卢森堡博士在1963年提出的。2003年，联合国教科文组织将NVC列为全球正式教育和非正式教育领域非暴力解决冲突的最佳实践之一。2009年《非暴力沟通》一书在我国出版。这本书将非暴力沟通方式划分为"表达"和"倾听"两方面，其中表达又细分为"观察""感受""需要""请求"四个要素。《非暴力沟通》通过对这些方面和要素的详细解读，帮助人们扭转负面的思维趋势，用温和的方式化解人际冲突，以维持轻松和谐的人际关系。

也许我们并不认为自己的日常谈话方式是暴力的，但我们的语言确实常常让自己和他人痛苦。卢森堡博士提出的非暴力沟通，也被称为"爱的语言"。依照它来谈话和聆听，有助于我们情谊相通、乐于互助。

3. 表现幽默感

社会生活及人际关系的复杂，要求我们在交际中使用的语言要表现出灵活性，而幽默是一种有趣的、富有感染力的传递艺术，是为人处世高情商的表现。在人们的交谈中，交谈者所具有的幽默感，不仅能令自身谈吐生辉，还能为交谈增添一种轻松、愉快、和谐的气氛，并可消除疑虑和隔阂。因而，人们恰当地使用幽默的语言不失为一种促进人际沟通的有效方式。不可否认，有时在交谈中，交谈者会处于十分尴尬的境地，这时便需要以幽默的话语作为润滑剂。

实例

聪明的蚊子

美国作家马克·吐温有一次到某地旅店投宿，他在服务台登记房间时，一只蚊子正好飞来。换作其他人，可能会毫不犹豫地批评旅店的卫生没有做好。但马克·吐温对服务员说："早听说贵地蚊子十分聪明，果不其然，它竟会预先来看我登记的房间号码，以便晚上对号光临，饱餐一顿。"服务员听后不禁大笑，立马和其他的旅馆职员进行驱蚊工作，为了不让这位博得众人喜爱的作家被"聪明的蚊子"叮咬。

幽默的话语不仅能化解尴尬的局面，而且以愉悦的方式表达了对对方的真诚、大度和友善。幽默如同一座桥梁，有助于建立良好的人际关系，也能表现交谈者机智地处理复杂问题的应变能力。正如心理学家特鲁·赫伯所说的，幽默是现代人必备的文明品质，幽默是一种才华，是一种力量，是人类面对共同的生活困境而制造出来的一种超脱方式。

但应注意的是，实际交谈中的语言有多种幽默风格，如高雅的、通俗的、含蓄的、滑稽的语言等，因此，应根据不同的场合、时机，选择恰当的幽默方式才能收到良好的效果。

4.2.4 提问的技巧

1. 提问方式

提问方式有很多种，如引导式提问、证实式提问、探索式提问、澄清式提问、暗示式提问、迂回式提问、反诘式提问等。所有的提问方式都可以归纳为两种基本的提问方式，即闭合式提问和开放式提问。

（1）闭合式提问

闭合式提问就是为获得特定信息或确切的回答的直接提问方式，又叫确认式或证实式提问，主要目的是确认结果。提问常用的词汇有："能不能""对吗""是不是""会不会"。比如，"您是否认为这门课程值得学习？""贵方 10 天之内能否发货？""您是否愿意与我们合作？""您是说贵方同意我方的主张，准备在双边贸易问题上进一步加强合作，对吗？"对方的回答一般只能用"是""不是""对""不对""能""不能"的形式。这种提问方式，单刀直入，直接指向问题的要害，答案比较明确、简单，便于收集比较明确的信息。

（2）开放式提问

开放式提问是要从对方处获得更多、更全面的信息的提问方式，主要目的是收集信息。这种问题常用的词汇是"什么""告诉""怎么样""为什么""想法"等，如"您对本方案有何建议？""您觉得哪些方面需要改进呢？""您为什么会有这种想法呢？"开放式提问可以使对方打开自己的心扉，说出自己的想法和感受，提问者也因此有机会深入对方的内心世界，获得一些深层次的信息。

实例

保险推销中的提问

在保险业务谈判中，你要想了解对方更多的信息，采用开放式提问尤为重要。下面举例来说明。

你想了解对方目前的保险合作情况，如果选择直接询问：

"马先生，贵公司目前跟哪家保险公司合作呢？费率是多少呢？"（闭合式提问）

对方的答复大多是："这个不方便透露，你们先报个价格吧！"这皮球又踢回来了。

如果换种提问方式，可以这么问：

"马先生，您公司业务规模这么大，一定经常跟我们保险公司打交道吧？您对之前的合作伙伴评价如何？"（开放式提问）

他的答复至少要简单评价一番，哪怕就是说"还不错"，你也能找到继续说下去的话题了。比如：

"您看您对我们这边的要求是什么呢？"（开放式提问）

对方接下来的答复就不会是简单的"是"与"不是"，而是很有可能要长篇大论一番了。只要对方再说，他说的话就能给你透露不少信息。

又比如，在了解费率方面，你不必直接询问对方的费率是多少，如果能了解到对方的年投保金额，再了解到对方的年保险费，就可以大致推算出对方的费率了。实际上在你跟对方聊天时就可以不经意间获得这两个数据，而且不会引起对方的反感。

表 4-2 对以上两种提问方式分别给出了一些例子，便于大家比较。

表 4-2　不同的提问方式比较

闭合式提问	开放式提问
你在本月底以前可以完成作业吗	你什么时候可以完成作业
我们是共同验收还是委托买方验收	验收条件怎么确定
这是你们的最后价格吗	你们的价格怎么会是这样的呢
这就是你这样运输安排的理由吗	你为什么要这样安排呢
发动机下方 40 厘米处是这个部件的位置吗	发动机下方是什么
你看今天晚上 8 点以前我们见面行吗	你看什么时候有空

两种提问方式互相补充，各有所长。闭合式提问的特点是针对性强、容易控制问题讨论的方向、制造的气氛比较紧张、节奏较快、给予对方的压力较大、应答受制；开放式提问的特点是随意性强、对方回答问题的方向难测、气氛缓和、节奏较慢、应答自由。前者大多用于辩论性场合，后者大多用于社交性场合。在谈判中很难说清哪种提问方式更好。比如，律师进行盘问，总是设法避免那种有不可控回答的提问以达到特定的目的；而销售人员或头脑风暴会议的主持者常运用开放式提问，以缓和关系、启发思维。

提问时除了善于选择适当的方式，还应注意提问的言辞、语气和神态，要尊重对方的人格，避免使用讽刺性、审问性和威胁性的提问方式。

2. 提问效果

从提问效果看，提问可以分为有效提问和无效提问两类。有效提问是确切而富于艺术性的一种提问。无效提问是强迫对方接受的一种提问，或迫使对方消极地去适应预先制定的模式的一种提问。例如：

① "你根本没有想出一个主意来，你凭什么认为你能提出一个切实可行的方案呢？"

② "你对这个问题还有什么意见？"

③ "不知各位对此有何高见？请发表！"

④ "这香烟发霉吗？"

第①句的提问，是典型的压制性的、不留余地的提问，把对方逼得不知如何回答是好。第②句的提问，是缺乏情感色彩的、例行公事式的提问，引不起对方的兴趣。第③句的提问，虽然从表面上看没问题，但实际效果并不好，十有八九的与会者会不出声，毕竟，谁敢肯定自己的见解高人一等呢？谁好意思开口呢？第④句的提问，是一位顾客在黄梅时节去商店买香烟时，怕香烟受潮发霉随口问的，但他得到的回答是："发霉？请到别处买！"因此，掌握有效提问的技巧很重要。

有效提问的技巧涉及下述两个方面。

第一，有效提问，应于"问者谦谦，言者谆谆"的氛围中进行，这有助于给人以真诚感和值得信赖的感觉，形成坦诚、信赖的心理感应，从而使答问者产生平和而从容的感受，以便提问者达到预期的目的。

第二，有效提问必须使用一定的提问模式，具体如下。

有效提问＝陈述语气＋疑问词

根据这一模式，可将无效提问的四个例句改为以下方式：

① "你能提出一个切实可行的方案，这很好，你能先说一说吗？"

② "你是能帮助解决这个问题的，你有什么建议吗？"

③ "不知各位意下如何，愿意交流一下吗？"

④ "香烟是刚到的货，对吗？"

据语言学家的分析，人们的任何提问几乎都可以转化为这种模式，即先将疑问的内容用陈述句式表述，然后在陈述句式之后附以一些疑问词，与此同时配以赞许的一笑，这样的提问就会有效。即使要对方按照你的意见去做，也要用这一模式提问。例如，"我知道要做很多工作，可是我们必须在今晚干完它，行吗？"这种提问方式能调动对方回答的积极性，启发对方更深层的智力资源，充分满足对方的社会赞许动机，即渴求社会给予嘉许与肯定的心理。这种提问之所以有效，系因陈述句后面加了疑问词，具有一种向他人征询、洽商，顾及他人的意味。即便对孩子也是如此，试着将下面两句话进行比较：

①"伟伟，给叔叔、阿姨唱一首歌！"

②"听说伟伟会唱许多歌，还上了晚会表演，叔叔、阿姨没看到，给叔叔、阿姨唱一首歌好吗？"

例句①是命令式，没有引发渴求社会给予嘉许与肯定的心理，孩子可能僵在那里，就是不唱；例句②是征询式，能激发孩子的表现欲望，幼儿园老师常采用此方法。

4.3　倾听

4.3.1　倾听的效果和障碍

1. 倾听的效果

在人际沟通过程中，倾听起着非常重要的作用。一方面，听是获取信息的基本手段，面对面沟通中大量信息都要靠倾听对方来获得。另一方面，交谈者在沟通过程中对听的处理本身也可以向对方传递一定的信息。认真地听，既能向对方表明你对他的讲话十分感兴趣，同时也表示了你对对方的尊重，从而能够起到鼓励对方进行更充分的阐述，使己方获得更多信息的作用。

2. 倾听的障碍

倾听在沟通中起着十分重要的作用，但人们实际听的效果如何呢？美国学者利曼·史泰尔在其对听的开拓性研究中发现，听是运用得最多的一种沟通能力，也是人们在听、说、读、写等各种沟通能力中最早学会的一种能力。但人们在如何"有效地听"这方面所接受的教育与训练却很少。在学校期间，人们通常都可以得到说、读和写等方面的教育与训练，但听却很少受到人们重视。

人们对听不予以足够重视的原因在于，一般情况下人们始终认为，在沟通的各方面能力中，听是最简单的一种。只要没有语言障碍，就不存在听的问题。但是，事实上，人们对听的实际效果的研究与人们对听的这种认识却大相径庭。有关研究表明：听对方讲话的人通常只能记住不到50%的讲话内容，而在讲话人所阐述的全部内容中，通常有1/3是按照原意听取的，1/3是曲解地听取的，另外1/3则完全没被听取。

要完整而又准确地理解对方表达的含义和意图并不容易。在沟通过程中，人们面临着多种有效倾听的障碍，如当人们与他人讲话时，往往只注意与自己有关的内容，或是只顾考虑自己头脑中的问题，而无意去听对方讲话的全部内容；受到自身知识或语言能力限制，无法理解对方表达的全部内容；仅仅根据自己的情感和兴趣来理解对方的表述，从而很容易误解或曲解对方的意图；等等。

4.3.2　有效倾听的技巧

人们要实现有效倾听，就要设法克服上述障碍。事实上，由于人们精力状况的限制，交谈者不可能在妥当地回答对方的问题的同时，又一字不漏地收集并理解对方表达的全部内容的含义。因此，听的关键在于了解对方阐述的主要事实，理解对方表达的显在和潜在含义，并鼓励对方进一步表述其所面临的问题及有关想法。要达到这些要求，人们在听的过程中，掌握一些技巧是必要的。

1. 耐心地听

积极有效倾听的关键在于交谈者在双方沟通过程中必须要能够耐心地倾听对方的阐述，不随意

商务礼仪：理论、案例与实训（附视频指导）

打断对方的发言。随意打断对方的发言不仅是一种不礼貌的行为，而且不利于对方完整而充分地表达其意图，也不利于己方完整而又准确地理解对方的意图。

2. 对对方的发言做出积极回应

交谈者在耐心倾听对方发言的过程中，还要注意避免被动地听。沟通的关键在于要达成相互理解，因此交谈者不仅要善于做一个有耐心的听众，而且要善于做富有同情心、善于理解对方的听众。在听的过程中，应当通过适当的面部表情和身体动作，对对方的表述做出回应，鼓励对方就有关问题进行进一步的阐述。交谈者还可以利用适当的提问，加深对对方有关表述的理解，引导对方表述的方向。高效的倾听者的标志是他能对他人的话做出合适的反应，利用这种反应来加强人际关系。

拓展阅读

鼓励对方发言的技巧

鼓励对方发言表示我们乐于接受对方的观点和看法，这会让对方有一种备受尊重的感觉，有助于双方建立和谐、融洽的人际关系。

1. 善于引导对方

在交谈过程中，我们可以说些简短的鼓励性的话语，如"哦""我明白了"等，以向对方表示我们正在专注地听他说话，并鼓励他继续说下去。当谈话出现冷场时，我们也可以通过适当的提问引导对方说下去。例如，"你对此有什么感觉""后来又发生了什么"等。

2. 给予对方真诚的赞美

真诚的赞美可以有效地激发对方的谈话兴致。例如，"你说的这个故事真棒""你这个想法真好""你的话对我很有启发"等。

3. 问开放式的问题

要想让谈话继续下去，并且有一定的深度和趣味，你就要多提开放式问题。开放式问题，不是一两个词就可以回答的，回答这种问题需要解释和说明。同时，我们要向对方表示自己对他说的话很感兴趣，还想了解更多的内容。提开放式的问题，对方会感到放松，因为他知道我们希望他参与进来，因此会充分表达自己的想法。

4. 适时提出疑问

在倾听过程中，你要适时地提出一些切中要点的问题或发表一些意见和看法来响应对方的讲话。此外，如果有听漏或不懂的地方，你要在对方的讲话的间隙，简短地提出自己的疑问。

5. 恰当运用肢体语言

激发对方交谈兴致的肢体语言主要包括自然微笑、身体略微前倾、时常看对方的眼睛、微微点头等。

3. 保持开放的心态，从肯定对方的角度去倾听

倾听的前提是对沟通对象抱有虚心受教的态度，不得先入为主。正确的倾听态度应该是：

◎ "我对你很感兴趣，我认为你的说法很重要"；

◎ "我相信你是有理由这么做的，我认为你的想法值得听听"；

◎ "我尊重你的想法，即便我不赞同，我也知道这些想法对你是重要的"。

要认识到，通常沟通情境下的倾听是为了双方更好地交流思想和观点，联络情感，而不是为了辩论。在辩论中，倾听是为了反驳、为了分清正误、为了压倒对手；在通常的沟通交流中，倾听是为了理解、为了求同存异、为了帮助对方。另外，你不要为了面子，或者因为担心自己的权威或地位受到挑战，就不能接受与自己观点相左的思想，要以"有容乃大"的气度去倾听他人。

4. 正确运用距离语言

交谈时应注意保持一个合适的身体距离，以商务谈判为例，双方的交谈距离一般为 1～1.5 米。如果过远，双方会交谈不便，有相互之间听不清、谈不拢的感觉；如果过近，双方会感到拘束，而不利于表达自己的意见。双方到底保持多远的交谈距离，要根据双方的关系亲疏以及所处的场合来确定，同时还会受到双方所处的文化背景的影响。美国心理学家霍尔在他的《无声的空间》一书中，将人们所处的空间划分为 4 个层次，如表 4-3 所示，可以供我们在运用距离语言时做参考。

表 4-3　人与人之间空间层次的划分

空间层次	距　离	适用范围	与社交活动的关系
亲密空间	15～46cm	亲密的人	在社交活动中陌生人不能侵犯这一区域
私人空间	47～120cm	亲朋好友	在社交活动中按照适当的方式适时地进入这一空间，会增进彼此的情感与友谊，取得社交活动的成功
社交空间	1.3～3.6m	凡有交往关系的人都可进入的空间	在社交活动中，彼此保持这一距离，会产生威严感、庄重感
公众空间	大于 3.6m	任何人都可进入的空间	在此空间，看见曾有联系的人，一般都要有礼节地打招呼；对不认识的人，不能长久地注视，否则会被视为不礼貌

5. 做适当的记录

在长时间及较复杂的问题的沟通中，交谈者应考虑对所获得的重要信息做适当记录，作为后续沟通的参考。当然，在做记录前，人们应当对现场记录是否与有关文化价值、观念相冲突有所了解。在某些文化中，人们将听者记录其言论视为对其发言的重视；但在另一些文化中，人们则将记录视为一种对其不信任的表示。在某些场合，由于讨论的问题的敏感性，人们则不希望对方进行记录。

4.4　建设性反馈

4.4.1　建设性反馈的特征

在生活、学习和工作中，我们经常会遇到这样的情形，一片好心想给别人提建议或意见，反而得罪了人。倾听中难免需要给对方反馈，可是我们发现，即使一个听上去无伤大雅的评价或建议，也能让对方感到被嘲讽、被亏待或被威胁，进而使对方愤怒、焦虑。如何做到在给他人提醒、指导、建议和批评时，让对方没有反感，甚至能够愉快接受呢？这就要运用建设性反馈的一些技巧了。

所谓建设性反馈，是指当沟通对象的行为没有达到沟通者期待的结果时，沟通者具体指出问题所在，并提示改善方向，在解决问题的前提下，保持与对方良好的人际关系。建设性反馈有三个特征。

1. 解决了实际问题

建设性反馈是针对对方存在的实际问题而提出的，不仅仅是为了讨他人喜欢或是被社会认可。

2. 实现了信息的准确传递

沟通者要围绕沟通目标，准确高效地传递信息，保证信息被对方接收和理解，而不是使信息模糊不清或偏离主题。

3. 保持了积极的人际关系

给予建设性反馈，沟通者需要用一种表示尊重与支持的方式陈述自己的反馈，并且给对方主动解决问题留出余地，而不是简单地指责对方，或命令对方该做什么。也就是说，建设性反馈要求沟通者做到既解决了现实问题，又与沟通对象保持了良好的人际关系。

4.4.2　给予建设性反馈的技巧

在给对方提意见时，如何让"忠言不逆耳"呢？李映霞等学者提出的"五步法"可以让你在给他人提出建设性反馈时取得较好的效果。

1. 表达你积极的意图

明确、积极的沟通意图有助于表明你是客观的及尊重对方的，将使对方更容易听取你的反馈。积极的意图应该指向沟通双方的共同目标。这种对事不对人的表述方式，有助于对方不致误解你在责备他。例如：

"我们需要如期完成这个发货计划，但我们现在晚了，让我们看一下能做什么。"

"我们能否讨论一下新的结账程序？我认为这个新的结账程序并没有达到我们的目标——更快地为客户服务。"

2. 描述你所观察到的不良情况

要使反馈生效，需要让对方相信你说的话是真实且有依据的。要做到这一点，你的意见必须是明确且具体的，并且只简单地陈述事实而不做评价或解释。这里需要注意以下两点。

第一，描述不良情况要具体简明。尽可能地使用事实和数字来描述不良现象，这样才有说服力。但要注意不能太冗长，否则就会变成数落别人。

"笼统抽象的描述"和"具体简明的描述"的范例如表 4-4 所示。

表 4-4　"笼统抽象的描述"和"具体简明的描述"的范例

笼统抽象的描述	具体简明的描述
你交来的记录不完整	我仔细核对了你交来的记录，发现少了 13 个数据
你的工作台总是乱七八糟的	你工作台上有些工具没有放在恰当的位置上
你从未按时交给我	时间只剩一半了，可计划只完成了 1/3
你的车技真够差的	我注意到你刚才没打转向灯

第二，描述不良情况要对事不对人。如果批评话语的主语是"你"，那么对方很容易理解成这种批评是针对他的。如果主语换成"事"或"行为"，那么批评针对的就不是某个人了。对人与对事的反馈的范例如表 4-5 所示。

表 4-5　对人与对事的反馈的范例

对人的反馈	对事的反馈
你的工作没有条理	工作要注意轻重缓急
你车技真够差的	拐弯一定要打转向灯
你从未按时交给我	工作进度要跟上，否则会影响团队绩效
你没有按我们同意的方式安排这些项目	这些项目没有按我们同意的方式安排

3. 说明不良情况的恶劣影响

我们需要客观、冷静地提醒对方，其不良行为带来了一些需要重视的后果。这里需要注意以下 4 点。

（1）将后果与共同的工作目标联系起来

沟通前提是解决问题、达成共同目标，因此时刻提醒自己和对方别忘了这个前提。例如，"进度比计划落后了 3 天，这样会影响到我们部门的绩效"。

（2）点到为止

选择几个十分严重的后果来进行说明，否则你的反馈可能被视为数落和攻击，而不是一种支持。尤其是对职位比你高的人或自尊心很强的人，一定要留面子。

（3）保持客观的语气

描述一个行动或行为的负面后果可能会使你情绪激动，因此你应当提醒自己尽量客观描述，而不是主观评价。

（4）慎用消极负面的字词，用积极正面的字词

没有人喜欢被直截了当地严厉批评，你需要把否定词包装下，从而委婉批评。例如，"小刘，这个报告写得太啰嗦了"不妨改为"小刘，这个报告可以更精练一些"。

4. 征求对方的答复并倾听

你需要了解对方的想法，否则就有将谈话变成单方演讲的危险，也就不能达到解决问题或互相学习的目的。这里要用到倾听的各种技巧，不赘述。

5. 一起讨论解决方法

请注意，建设性反馈是一种建议，而不是批评。你需要将这个过程看成一次对话交流，而不是单方面倾诉。双方可以交换意见，一起讨论，讨论的中心不在于问题而在于解决方法。这样不仅可以解决问题和互相学习，而且确保了客观的意见交换。这里特别需要注意的是，每当你提出选择方案时，只需说明你自己会如何尝试去解决问题，尽量避免表现得像个专家。如果需要对方负责改进，那就让他负责，这是帮他培养责任心的好办法。

📚 **练习测试题**

一、不定项选择题

1. "己所不欲勿施于人，己所欲者亦施于人"主要体现沟通中的（　　）原则。

A. 同理心原则　　　　　　　　　　B. 文化情境原则

C. 信息对称原则　　　　　　　　　D. 问题导向原则

2. 在沟通过程中要求客观地陈述所发生的事实，用数据和事实去沟通，这符合沟通中的（　　）。

A. 同理心原则　　　　　　　　　　B. 文化情境原则

C. 信息对称原则　　　　　　　　　D. 问题导向原则

3. 关于非暴力沟通，下面正确的表述有（　　）。

A. 非暴力沟通提供了一种新的沟通方式，它帮助我们认识到日常沟通中潜藏的"暴力"，强调以诚实和倾听的方式与人交流

B. 道德评判、比较、强人所难、回避责任等沟通方式非但不能解决问题，反而容易造成心灵隔阂

C. 非暴力意味着让爱融入生活

D. 强调在人际沟通中要做到不卑不亢、以理服人

4. 沟通中为了从对方处获得更多、更全面的信息，我们应该采用的提问方式是（　　）。

A. 闭合式提问　　　　　　　　　　B. 开放式提问

C. 暗示式提问　　　　　　　　　　D. 反诘式提问

5. 一般认为建设性反馈有三个特征，包括（　　）。

A. 解决了实际问题　　　　　　　　B. 恰当运用肢体语言

C．保持了积极的人际关系　　　　　　　D．实现了信息的准确传递

6．美国心理学家霍尔在他的《无声的空间》一书中，将人们所处的空间划分为 4 个层次，其中，社交空间的距离是指（　　　）。

A．15～46cm　　　　　　　　　　　　B．47～120cm

C．1.3～3.6m　　　　　　　　　　　　D．大于 3.6m

二、判断题

1．问题导向原则要求人们在沟通过程中应学会克制情绪，不搞人身攻击，不轻易下结论，从解决问题的角度来考虑沟通的策略。（　　　）

2．在正式的商务谈判中，谈判一开始就应该进入正题，不宜谈一些非业务性的、轻松的话题。（　　　）

3．在言谈中，我们应该有意识地使用积极正面的字词来取代消极负面的字词。（　　　）

4．在沟通的各方面能力中，听是最简单的一种，只要没有语言障碍，就不存在听的问题。（　　　）

5．要想让谈话继续下去，并且有一定的深度和趣味，就要多提闭合式问题。（　　　）

6．在给对方提意见时，先给出一个明确、积极的沟通意图，将使对方更容易听取你的反馈。（　　　）

三、简答题

1．人际沟通应遵循哪些原则，你认为最重要的原则是什么？

2．举例说明在人际沟通中如何遵守同理心原则。

3．在与他人开始沟通时，如何选择合适的话题？

4．人际沟通中如何做到准确清晰地传递信息？

5．交谈者如何具备良好的言谈风范？

6．提问方式有哪些，如何才能做到有效提问？

7．有效倾听的障碍有哪些，如何才能做到有效倾听？

8．建设性反馈应该具有哪些特征？

9．建设性反馈五步法包括哪些步骤？

四、自我测试题

【测试 1】　　　　　　　　　　　　人际沟通测试

对照自己的实际情况，对以下问题给出"是"或"否"的回答。

1．跟别人谈话，会试着从对方的角度看问题。

2．如果错了，不会害怕承认错误。

3．让别人理解的办法，是把想法和感受明确地告诉对方。

4．你如果觉得自己伤害了别人，会马上道歉。

5．乐于接受批评。

6．对别人正在讲的话题，通常会表示感兴趣。

7．入学后能很快喊出同宿舍同学的名字。

8．时不时会跟教师聊聊天。

9．善于从别人的话里听出弦外之音。

10．别人开自己的玩笑可以接受，但不主动拿别人开玩笑。

11．做事有原则，但遇到特殊情况，也有灵活性。

12．讲话简明扼要，不啰嗦。

13．懂得如何说"不"而不使对方难堪。

14．脸上常挂着微笑。

15. 懂得如何适度地赞美别人而又没有拍马屁的嫌疑。

16. 很少抱怨，从不在公开场合与人发生争执。

17. 跟陌生人接触，善于发现彼此之间的共同点。

18. 不会表现得比朋友更精明，但也不会让人觉得愚蠢。

19. 总是勇于表达自己的想法。

20. 注重细节，经常通过观察细节得出与众不同的结论。

结果解释

回答"是"的题目不超过 8 个：不及格，需要好好补一下有关沟通的常识。

回答"是"的题目超过 8 个但不超过 15 个：虽然了解沟通之道，但还不够完美，要加把劲。

回答"是"的题目超过 15 个：非常善于与他人沟通。

思考与讨论

评估自己的人际沟通能力。

【测试 2】 你善于倾听吗

根据自己的实际情况，针对表 4-6 的问题为自己评分。

表 4-6 倾听能力测试表

测试题目	分值
1. 你喜欢听别人说话吗	1 2 3 4 5
2. 你会鼓励别人说话吗	1 2 3 4 5
3. 你不喜欢的人在说话，你也注意听吗	1 2 3 4 5
4. 无论说话人是男是女、年长还是年幼，你都注意听吗	1 2 3 4 5
5. 朋友、熟人、陌生人说话时，你都注意听吗	1 2 3 4 5
6. 你是否从不目中无人或心不在焉	1 2 3 4 5
7. 你是否会注视说话者	1 2 3 4 5
8. 你是否能忽略足以使你分心的事物	1 2 3 4 5
9. 你是否会微笑、点头以及使用不同的方法鼓励他人说话	1 2 3 4 5
10. 你是否会深入考虑说话者所说的话	1 2 3 4 5
11. 你是否试着指出说话者所说的意思	1 2 3 4 5
12. 你是否试着指出说话者为何说那些话	1 2 3 4 5
13. 你是否会让说话者说完他的话	1 2 3 4 5
14. 当说话者在犹豫时，你是否会鼓励他继续说下去	1 2 3 4 5
15. 你是否会重述说话者的话，弄清楚后再发问	1 2 3 4 5
16. 在说话者讲完之前，你是否避免批评他	1 2 3 4 5
17. 无论说话者的态度与用词如何，你都注意听吗	1 2 3 4 5
18. 若你预先知道说话者要说什么，你也注意听吗	1 2 3 4 5
19. 你是否会询问说话者有关他所用字词的意思	1 2 3 4 5
20. 为了请说话者更完整地解释他的意思，你是否会询问	1 2 3 4 5
合计得分	

分值说明：5 表示几乎都是；4 表示常常；3 表示偶尔；2 表示很少；1 表示几乎从不

评分标准：

90～100 分：你是一个优秀的倾听者。

80～89 分：你是一个很好的倾听者。

65～79 分：你是一个勇于改进、尚算良好的倾听者。

50～64分：在有效倾听方面，你确实需要再多多训练。

50分以下：也许你根本就没有在听。

案例分析题

【案例4-1】　　　　　　　　　　一次失败的约会

吴亮这个星期一直为一件事困扰，所以几天都没出去打篮球。原来，他已经快30岁了，谈了好几次恋爱都没有成功，至今单身。家里人挺着急，于是托人给他介绍对象，约好这个周六在大华影院见面。可是，吴亮很发愁，不知见了面怎么与这个女孩交谈。前几次他一直表现得斯斯文文，光听女孩说，自己只是"是""嗯"个不停，让女孩以为他很腼腆，觉得没劲。他想不出来应该咋办，最后一想，管他呢，到时候再说，还是出去打篮球吧。

星期六下午5点一刻，吴亮着一身新衣往目的地走去。由于他家在西城区，那个女孩的家在东城区，相距较远，所以他把约会时间定在下午6点半，地点定在离女孩家较近的大华影院门口。从吴亮家坐车到大华影院一般要45分钟。谁知这天不知咋的，路上堵车，等到吴亮赶到的时候，已经晚了10多分钟。

吴亮走到女孩面前，急忙说："不好意思，路上碰上堵车，早不堵晚不堵，偏偏这时候堵，真是对不起。"

女孩随意地说："没什么，我也是刚到。这个城区人多，车也多，所以常常堵车……"

"就是嘛！唉，都挤到这个城区了。"吴亮急忙说，"你看这条路，到处都是人，每年还有不少外来人口涌入。每天叫喊要修快速路，也不见那些当官的行动……"女孩眉头一皱，不过也没说什么，任凭他说下去。

"哦，你吃了晚饭吗？"姑娘趁吴亮说得口干之际插了一句。

"吃了，现在不饿。"吴亮随便应了一句。两个人都沉默了。

吴亮忽然冒出一句："咱们去看电影吧。""嗯。"女孩细声答道。

刚到门口，吴亮"唉"了一声，女孩忙问："怎么了？"

"也没什么，今晚的两个片我都看过。《××××》虽是大片，却让人看了觉得不着边际。《××××》太老了，真没劲。"吴亮没兴趣地答道。

女孩迟疑了一下，说："那咱们别看了吧。"

"行呀！不看这破电影，咱们上街随便遛遛。"吴亮大声说道。

街道中间车流不息，十分喧闹。两人一时间都沉默了。吴亮心想：她怎么不像那几个女孩一样，主动说话呢？

忽然，吴亮兴奋地问道："你喜欢看篮球比赛吗？"女孩愣了一下，轻轻地说："还行。"吴亮一听"还行"，心中一喜，心想总算找到了她也喜欢的话题。于是，他不停地跟她讲今年的篮球联赛的状况，以及超级球星的流动情况。女孩一直默默地听，偶尔问上一两个小问题。

吴亮说到最后也觉得兴趣索然，两人又陷入了沉默。

"天色不早了，我得回家了。"女孩打破了沉默。

"哦，行，要不我送你回家吧。"吴亮有些沮丧地说。

女孩说："不用，你家远，晚上坐车不方便，我一个人走就行。"

吴亮心想也是，便不再坚持。于是，吴亮跟女孩说了声"再见"就回家了。

当然，吴亮又一次相亲失败了。

问题：

1. 吴亮又一次相亲失败，你认为他在沟通礼仪上存在哪些问题？

2. 你觉得吴亮在沟通过程中违反了哪些人际沟通和礼仪的原则？

3. 你有什么能使吴亮成功地与这位女孩约会的建议？

【案例4-2】　　　　　　　　爱争对错的姑娘

大鹏是我的朋友。有一天，在大鹏女朋友小英的推荐下，我们三人来到一家大型购物中心看电影。

购物中心超级大，我们在里面一会上楼、一会下楼地找了很久都没找到电影院。这个时候大鹏有点急了，就问他女朋友："小英，我们这到底是要上楼还是下楼啊？"小英说："不是上楼下楼的问题，是找电影院的问题。"小英的语气当中夹杂着抱怨，嫌大鹏明知故问。可能是我在的缘故，大鹏并没有继续说什么，而是低头跟着小英往前走。

看电影的时候，大鹏随口问了一句："这个男演员是不是演过《潜伏》啊？"小英马上怼了一句："怎么可能是《潜伏》呢！明明是《红色》啊！"语气跟之前一样，生硬、不留情面，还带着些优越感。

从电影院出来，我们仨经过一家男装店，我正好想买件外套，于是就走了进去。挑衣服的时候看了一眼价格，我自言自语道："还挺贵啊。"没想到这话被小英听见了，她也看到了价格，来了一句："不是挺贵，是非常贵！"我和大鹏互相看了一眼，笑了笑，走出了这家店。

我跟小英也认识好多年了，我知道她其实是挺善良的一位姑娘。总体来说，对大鹏也不错，可就是她的说话风格经常让大鹏很恼火，也很无奈。大鹏说："和小英说话总有一种马上要吵起来的感觉，因为她说的每句话几乎都要从否定我开始，而且什么事情都爱争个对错。"

问题：

1. 谈谈你对小英的说话风格的看法。

2. 结合案例，你觉得在与人沟通时主要有哪些注意事项？

【案例4-3】　　　　　　　　辅导员的沟通技巧

周日早上，学生会干事李斌在一个重要活动中迟到了几分钟，被他的部长见到了。部长很生气，怒气冲冲地说："我们部门就数你最不卖力，每一次迟到、早退都有你。如果再这样，你干脆不用来参加活动了。"李斌听完部长的话，顿觉无名火三丈高，对部长回道："你算老几？不过一个小小的部长，你管好自己就行了，别在我面前指手画脚，我可不吃你这一套。"接着，两个人大吵起来。

这时，辅导员闻讯赶来，制止了这场争吵。临走时，他拍拍李斌的肩膀说："请你午休时到我办公室来一趟。"

中午，李斌来到辅导员办公室，辅导员亲自为他搬来一把椅子，倒了一杯茶，请他坐下来慢慢谈。原以为要挨一顿批评的李斌，看到辅导员态度和蔼，脸色开始好转了。聊了一会儿家常后，辅导员问李斌："你为什么和你的部长吵架？"

"他一直看不惯我，"李斌的心里话全倒出来了："平时我工作勤快，别人没干好，我干好了，他却说我工作不认真。我有摄影这一项技术特长，希望他在安排工作时考虑一下，他不但不支持，反而常常讽刺我。"

"那么，今天上午你为什么迟到呢？"辅导员温和地问道。李斌的脸顿时红了，不好意思地说："昨晚与同学玩游戏，睡觉晚了一点，早上起晚了。"

"这样说来，今天上午的争吵是你不对。"辅导员严肃地说。

"是的，我不对，我迟到了应该批评。如果换成别人批评我，我一定会虚心接受，但我就是不买部长的账。"李斌轻声地说。

"好吧!"辅导员站起来轻轻地拍了拍李斌的肩，说："你无故迟到是不对的，要正确地对待部长的批评，不要太计较他的态度，部长那里我会找他谈一下，请他注意一下工作方法。另外，我们会研究一下，把像你这样有专门技术的干事安排到能发挥专长的岗位上去。如果想通了，不妨找部长承认一下错误。"

李斌走出辅导员的办公室时，心情十分舒畅。第二天吃午饭时，他还特意和部长一起吃饭，承认了自己的错误，在以后的工作中也明显变得更积极认真了。

问题：

分析辅导员在沟通中采用了哪些有效倾听的技巧。

实训

1. 填写表 4-7，用积极的说法代替消极的说法

表 4-7　用积极的说法代替消极的说法

消极的说法	积极的说法
这个报告写得太啰唆了	
这样做，真的很笨啊	
我们这次任务失败了	
已经过了时间，你不能退货	
这个产品并不比上次那个差	
这个事情不是我管的	

2. 练习给予建设性反馈的技巧

在年终的绩效考评中，小李因为以往表现有欠缺被评成 C 等，她有点想法。如果你是其领导，要找小李谈心，应如何进行谈话？按照本章所讲的建设性反馈五步法，完成表 4-8。

表 4-8　建设性反馈五步法

描述项目	建设性反馈
1. 表达你积极的意图	
2. 描述你所观察到的不良情况	
3. 说明不良情况的恶劣影响	
4. 征求对方的答复并倾听	
5. 一起讨论解决方法	

3. 通过游戏来训练口头表达能力

全班每个人都在纸条上写下一个题目，然后教师把纸条折好放进盒子里用力摇。请一个学生来抽题目，然后立刻上台就抽到的题目发表 3 分钟左右的演讲。

这个游戏会大大提升学生口头表达的能力，使学生学会如何在短时间内根据一个题目去组织思路。

4. 通过故事接龙来训练即兴表达的能力

先由一个学生开始讲故事，然后再由其他人继续接下去。举例来说，第一个学生可能这么开始："有一天晚上，我正骑着自行车回学校。忽然发现远处有许多飞碟逐渐向我飞来。我非常惊慌，赶快停下车。这时，我发现一架飞碟降落在前面不远处，舱门打开，一个人向我走来……"

这时，钟声响了，表示第一个学生讲的故事到此为止，接下来由第二个学生继续把故事讲下去，直到每个学生都进行了接龙。

通信礼仪 | 第5章
Chapter 5

引例

如何接听电话

"请问，李先生在吗?"李先生的助理听到电话里是一个年轻女士的声音，便问:"你是谁啊?哪个单位的?你找他有什么事吗?"打电话的女士一听对方爱刨根问底，而且，这种问话方式简直是在侮辱自己，便马上说:"没什么事，不用找了!"于是，她就挂断了电话。

这位助理在接电话的时候有何不妥之处? 应该怎样接这个电话? 这就是本章要探讨的主题之一——商务电话的礼仪问题。

商务交往活动是一个信息传递和交流的过程，主要通过人际交往中的语言沟通（包括书面语、口头语）、非语言沟通（体态语）等形式，达到交往主体预期的目的。而且，随着时代发展和技术进步，商务沟通形式也在不断变化，除了传统的电话沟通、信函沟通，网络沟通（如电子邮件、QQ、微信）也越来越普遍。较好地掌握和恰当地运用这些沟通形式及礼仪技巧，是确保人际沟通流畅、建立和改善人际交往关系的有效途径。

5.1 商务电话礼仪

电话是现代人工作、生活和人际交往离不了的媒介，也是与业务伙伴和顾客沟通、联系的重要工具。有时顾客会通过电话粗略地判断你的人品、性格，决定见不见你。很多时候，一笔生意的成败、一场谈判的效果，可能就取决于一通电话。因此，在商务活动以及平常交往中，要想让对方通过电话感受到你的热情友好，对你的印象良好，期待见到你本人，就要学习和掌握基本的电话沟通技巧和礼仪。

5.1.1　电话沟通的准备

1. 电话形象：言辞和语气

电话是双方不见面的一种沟通方式，它是通过电话线或电磁波来传递信息的。因此，你无法通过肢体语言来帮助自己传递情绪，就只有在语言上下功夫。如果你尊重对方、礼貌热情，就会给对方留下良好的印象。这就是电话沟通基本但也是十分重要的要求。

无论是拨打电话，还是接听电话，都可以反映出一个人或公司的形象。电话是公司对外交流的一个窗口，接打电话时应有"我代表单位形象"的意识。一个规范的拨打和接听电话过程，留给对方的是一个好的印象，因此电话沟通时你应该特别注意言辞与语气，要做到声音清晰、悦耳、吐字清脆。成功的推销来自顾客对你和产品的认同和信任，所以，你在电话中的言辞和语气，让顾客感觉到了被尊重、被关注，是你感染并打动顾客、赢得顾客信任的关键。

需要提醒的是，尽管对方看不到你的表情，但无论是接电话、打电话还是转接电话，在拿起电话前，你都应该准备好微笑，让每一次电话沟通都带给对方开心和愉快，从而让每次电话沟通都有成效。

2. 打电话的时机

在与人进行电话沟通时，你要换位思考、关注对方的感受。

应避免在早晨 8 点以前、晚上 10 点以后往对方家里打电话，也要避免在下班前 10 分钟往对方单位打电话。如果不是紧急情况，不宜往对方家里打公务电话，也尽量不在非上班时间打公务电话。

对方不方便接听电话时，如在高速路上、吃饭、有重要的事情时，不宜继续谈话。

5.1.2　打电话的礼仪

第一阶段：打电话前的准备事项

① 确认对方的电话号码，公司名称及姓名。

② 准备好纸、笔及相关资料。

③ 写下要说的事情及次序。

④ 打重要的电话前要准备好开场白。

第二阶段：打招呼（语言"握手"）

① 电话被接通后，要先通报自己的公司名称或姓名，如"您好，我是来自××公司的×××"，然后确认对方的名字。

② 礼貌地询问对方是否方便之后，再开始交谈。

③ 如果自己打错了电话，礼貌的做法是发自内心地道歉，可以说："噢，电话打错了，对不起。"默不作声就放下电话会使对方不快，也是缺乏礼仪的表现。

④ 在给身份地位较高的人士打电话时，直呼其名是失礼的，应说："您好，我是××，我想跟×先生谈谈××事情，不知是否方便？"

第三阶段：讲述事由

① 讲述事由时要简明扼要、声音平和，遵守 5W1H 原则，即：When、Where、Who、What、Why、How（时间、地点、人物、事件、原因、怎么做）。

② 如果讲述时间较长，最后应该简单地重复一遍事由，总结提示重点，同时也要听取对方的回应。

第四阶段：结束通话

在通话结束前，你要表示谢意并道再见，如"×先生，谢谢您，再见！"

5.1.3　接电话的礼仪

第一阶段：打招呼（语言"握手"）

① 完美的接电话时机是在电话铃响的第三声接起来。如果你在电话铃响的第一声后就接起来，对方会觉得突然；如果你在电话铃响了很多声后才接，对方多少有点不悦。

② 无论对方是谁，你都要让对方感到他得到了友好的接待，尽量使用礼貌用语，如请、请稍等、谢谢、对不起、再见等。

③ 告诉对方自己是谁，以免对方打错了电话，或避免因对方询问而浪费时间。

④ 确认对方是谁，然后问候，如"对不起，请问您是哪一位？……您好！"

第二阶段：专心聆听并提供帮助

① 放下手头上的事情，左手拿电话，右手做好记录准备，专心致志地听对方讲话。

② 不要在接听电话的同时做其他事情，如吃东西、打字、看手机阅读资料等。不要让任何事情分散你的注意力，否则是很不礼貌的，对方也很容易觉察到你心不在焉。

③ 如果对方要找的人不在或正在忙其他事而不能抽身，不要只告诉对方要找的人不在或正忙，还要告诉对方你想怎样帮助对方，让对方感到你乐于帮助他。例如，你可以说："对不起，陈先生现在正在接另一个电话/陈先生刚出去了，需要我给他留言吗/需要我告诉他给您回电话吗/您可以五分钟后再打来吗"等。

④ 以请求或委婉的语气，不要以要求的方式让对方提供信息。不要说"你叫什么名字？"或"你的电话号码是什么？"，而要说"请问我可以知道您的名字吗？""王先生有您的电话号码吗？"

⑤ 转接电话的过程中，要捂住话筒，使对方听不到这边的其他声音。

⑥ 重复和确认是电话沟通中非常重要的技巧之一，以避免误会、不致遗漏重要的信息等。通话中提及的金额、日期、数字、人名、地址等信息是要再次确认的。

⑦ 如果是顾客的投诉电话，忌争辩，明智的做法就是洗耳恭听，让顾客诉说不满，自己则认真琢磨对方不满的原因，找到正确的解决方法，从而解决顾客的问题。

⑧ 负责地回答所有问题，如遇不清楚的事情，或说其大意，或请了解情况的人接电话。回答问题不能含糊不清。

第三阶段：结束电话

① 在通话结束前，要让对方感受到你非常乐意帮忙，然后表示谢意并道"再见"；若使用座机，要等对方挂断后再轻轻放下话筒。

② 在对方还在说话时就挂断电话是很不礼貌的。

📖 拓展阅读

商务电话的关键技巧

1. 要有良好的心情

打电话时要保持良好的心情，这样即使对方看不见你，也会被你积极的语调感染，这样你就能给对方留下好的印象。面部表情会影响声音，所以即使在电话中，也要抱着"对方看着我"的心态去应对。

2. 端正的姿态与清晰明朗的声音

打电话过程中绝对不能吸烟、喝茶、吃零食，因为对方能够"听"得出来。如果你打电话的时候，弯着腰躺在椅子上，对方听你的声音就是懒散、无精打采的；若你打电话的时候坐姿端正，身体挺直，所发出的声音就会亲切悦耳、充满活力。因此打电话时，即使看不见对方，你也要当作对方就在眼前，尽可能注意自己的姿势和声音。

3. 迅速准确地接听

现代工作人员业务繁忙，桌上往往会有两三部电话，听到电话铃声，你应准确迅速地拿起听筒接听电话，接听应以长途电话为先，尽量在三声之内接听。电话铃声响一声大约3秒，若长时间无人接电话，或让对方久等是很不礼貌的，对方在等待时心里会十分急躁，那么他就会留下不好的印象。即便电话离自己很远，听到电话铃声后，如果附近没有其他人，你也应该迅速拿起听筒。这样的态度是每个办公室工作人员都应该拥有的，这样的习惯也是每个办公室工作人员都应该养成的。

4. 认真清楚地记录

打电话时，你应左手拿话筒，在右手边放纸和铅笔，随时记下你所听到的信息。电话记录既要简洁又要完备，符合5W1H原则。

5. 有效的电话沟通

首先应确认对方身份、了解对方来电的目的，如自己无法处理，也应认真记录下来。委婉地询问对方来电目的，这样可不误事而且可赢得对方的好感。对对方提出的问题应耐心倾听；表达意见时，应让对方能适度地畅所欲言；除非不得已，否则不要插嘴。其间，你可以通过提问来探究对方的需求与问题。注重倾听与理解、抱有同理心是有效的电话沟通的关键。接到责难或批评性的电话时，你应委婉解说，并向其表示歉意或谢意，不可与对方争辩。电话交谈事项，应注意准确性，你应将事项完整地交代清楚，以增加对方的认同感，不可敷衍了事。

5.2 商务信函礼仪

5.2.1 商务信函的基本内容

1. 商务信函的含义和特征

商务信函是商务文书的一种类型。商务文书按用途可以分成两类：一类是通用的商务文书，如通知、会议纪要、商务合同、请示、批复、总结以及各种报告等；另一类是通信类或礼仪性的商务文书，如贺信、贺电、邀请书、请柬、慰问信以及催收函、询答函等各种往来函件。后一种类型统称为商务信函。

商务信函简称"商函"，是指企业与企业之间在各种商务场合或商务往来过程中所使用的简便书信。其主要作用是在商务活动中用来建立经贸关系、传递商务信息、联系商务事宜、沟通和洽商事宜、询问和答复问题、处理具体交易事项等。虽然，如今电话和网络给人们的沟通带来了很多便利，但在商务交往中，表达尊重和敬意的方式莫过于一封正式的书面信函或电子邮件。

与其他商务文书相比，商函有几个比较明显的特点。

① 内容单一。商函以商品交易为目的，以交易磋商为内容，一般不涉及与商品交易无关的事项。即使以董事长、总经理等名义往来的商函，内容也不掺杂交易磋商以外的私人及其他事务。商函内容单一的特点还体现在一文一事上，即一份商函只涉及一项交易，而不是同时涉及几项交易。

② 结构简单。商函因为内容单一，一般段落比较少，篇幅也比较短，整体结构比较简单，看上

去一目了然。这种简明扼要的结构便于对方阅读和把握，也体现了商函的实用功能。

③ 语言简练。商函以说明为主，或介绍业务范围，或报告商品的品种与价格，或提出购买商品的品种与数量，或要求支付货款，或告知有关事项，直截了当，言简意赅。

④ 平等对话。与国家行政机关公文中的函一样，商函也是一种平行文，因此要以诚恳的态度与对方平等对话。特别是对初次交往的对象，更要营造出友好协商的气氛，以示合作的诚意。即使双方有意见分歧，也要心平气和、耐心磋商，摆事实、讲道理，以理服人，使收文者能够理解、接受，这样才能最终达成交易或解决问题。

2. 商务信函的类型

根据商函的发函缘由和内容，商函可以分为 4 种类型：联系函、询答函、交涉函以及告知函。

① 联系函，用于建立商务关系。原来没有业务往来的商业企业，其中一方发现彼此之间有建立业务关系的必要，就通过发函联系，介绍自己企业的经营范围以及产品特点，表明合作意愿。

② 询答函，有问函和答函两种。问函用于一方向对方询问买卖商品的范围，或要求对方对商品进行进一步的介绍，或要求对方报价、递价等。答函用于回答问函的询问，即对问函中所提的问题进行回答，以解决对方的问题和疑惑。

③ 交涉函，用于就商务活动中的某个问题进行交涉以求得问题的解决。

④ 告知函，用于当企业拓展新业务、搬迁新址或有其他变动时通知有联系的企业或用户。

5.2.2　商务信函写作的基本要求及礼仪

如何才能很好地进行商函写作，并符合礼仪要求呢？李映霞等学者提出了"5C"标准，即准确（Correctness）、完整（Complete）、简洁（Concise）、礼貌（Courtesy）、体谅（Consideration）。

1. 准确

"准确"就是准确无误地把要说的话写出来，让别人一目了然，这是商函写作起码的要求。准确包含两个要求。

① 意思表达准确。即要求用词应准确无误，清晰明确地表达真实的意图，避免模棱两可，保证观点鲜明无误；论据材料真实可靠；推理合乎逻辑。

② 书写形式准确。即要求书写工整，格式规范。商函并非国家法定公文，因此在格式规范上，国家没有统一的规定，但是这并不意味着商函在格式方面可以任意为之。其实，许多商务文书格式有其约定俗成的要求。数字运用、结构层次、计量单位、标点符号的使用要符合国家标准，排版格式要选用符合文章的样式，印刷装订要美观规范。

2. 完整

写作要求完整地表达所要表达的内容和意思，符合 5W1H 原则。每类商函都有其完整的构成要素，写作前需要先熟悉这些构成要素。

当然，完整并不意味着要把所有的事实、观点都罗列在纸上。我们可以通过排序的方法，把不太重要的事项删除，也可以进行总结，把琐碎的、没有太大价值的文字精简，使文章言简意赅。

3. 简洁

语言表达有一个 KISS 原理，即 Keep It Simple & Short，由其首字母组成。简单来说，就是在无损礼貌的前提下，用尽可能少的文字清楚地表达真实的意思，即"句中无余字，篇内无赘语"。记住，你的读者不太可能花大量的时间来阅读。

以下几个小窍门有助于你行文简洁。

① 尽量使用"小词"、短句。"小词"是商函写作中大家熟悉的一些缩略语。例如，"来函收悉"

商务礼仪：理论、案例与实训（附视频指导）

4 个字，换成"来信收到，内容尽知"，文字多了一倍，意思却一点也没增加。

长句的逻辑结构太复杂，读者常常需要反复读，才能弄明白句子的含义，影响阅读。句子尽量不超过 20 个字，不需要太多修饰。

② 一事一段。把意思相似的信息分为一小段。每小段句子不要太多，主旨句尽量放在段首，便于读者迅速了解段落意思。

③ 另加附件。如果在正文中实在有太多内容需要说明补充，可以将冗长的内容部分以附件的形式与正文分开。附件说明要放在正文之下，内容另附一页。

④ 使用列表或表格。通过列表或表格对信息分门别类，简洁明了，有助于读者发现规律。需要注意的是，列表中的项目应该是平行的，并且语法结构相同。

4. 礼貌

文字表述应表现出你的职业修养，客气而且得体，因此需注意两个原则。

（1）多使用敬语

敬语也叫敬辞，是表示尊敬、礼貌的词语，多用于表达高兴、感谢、祝愿、慰勉之情，如"请""尊""蒙""惠""贵方""谨此""敬启者""迟复为歉"等。

汉语的敬语大多为文言词语，庄重典雅、委婉含蓄、言简意赅，既简洁又能充分体现出写作者对客户的尊重。例如，"希望得到你们的回信"与"惠复是盼"，前者用词简单、表意平淡，后者采用了敬语"惠复"，文辞含蓄优美，能给对方留下很好的印象。又如，"敬希阁下提供有关资料，不胜感激"，句中"敬希""阁下""感激"等敬语，形式简洁凝练，语气庄重得体，反映出写作者的良好素养，使信函具有较强的亲和力，自然易使对方产生合作的意愿。

（2）尽量用正面语言阐述观点

否定句是用以传达负面信息的句子，如果使用不当，很容易让对方失望，甚至激怒对方。为使语言表达礼貌谦和，商函写作应尽量避免粗鲁、命令式的否定语气，要顾及对方的情感、愿望和要求，着重正面积极，避免消极否定。消极否定的语气与正面礼貌的语气的比较如表 5–1 所示。

表 5-1　消极否定的语气与正面礼貌的语气的比较

消极否定的语气	正面礼貌的语气
我们无法在双休日洽谈业务	您要求在哪个工作日洽谈业务均可
你的来信写得不清楚	为了保证能正确理解您的意思，麻烦再核实一下条款
目前货物太多，我们无法保证你的货	尽管货物很多，我们也会尽快帮您将货物按时送到
我们不能理解为什么你方会提出退货	我们推断，贵方提出退货的要求，想必是有原因的

商函写作中，要想表达拒绝的态度，同时又要让对方感受到你的诚意，一般可采用下面两种方式。

一是采用条件句，利用虚拟语气尽量减少否定带来的负面影响。例如，"如果贵方的价格能适当降低，我们将从贵公司大量订货"，句中虚拟语气的采用，使得否定的意义增加了肯定的色彩，给对方的感觉就好得多。

二是采用转折句，尽量弱化消极信息。现实生活中，既有好消息又有坏消息时，人们往往先说好消息，以降低坏消息给对方造成的刺激，写作商函也应该如此。例如，"我们很欣赏贵方产品的质量，但遗憾的是贵方报价偏高，歉难接受"，此句先赞扬对方，之后才委婉拒绝，减轻了负面影响，言辞真诚恳切，态度礼貌谦和。

5. 体谅

商函写作不同于写诗歌和日记，其不是自我感情的宣泄，写作的目的是说服或打动对方采取行动，所以要做到"体谅"，即做到换位思考。体谅需要努力做到读者为尊，我们要为对方着想，站在对方立场，以对方的观点来看问题，根据对方的思维方式来表达自己的意思。要做到体谅，则要注意以下三个方面。

① 涉及正面或中性信息的时候，主语多用"你"这个称谓。写作时，把你的读者想象成你认识的人，直接使用"你"这个称谓，这样可以提高亲和力。同时，先提及读者而非自己，表明写作者非常关心读者的利益和情感。非体谅表达与体谅表达的比较如表 5-2 所示。

表 5-2　非体谅表达与体谅表达的比较

非体谅表达	体谅表达
我们很高兴地宣布，我们的新图书馆会在 6 月对外开放，欢迎光临	从 6 月开始，您可以用新图书馆来完善您的研究，欢迎您的光临
我们仅能在星期二保证快速处理订单，其他时间我们都很忙	如果您需要快速处理订单，请在星期二提交购买订单
我们同意你在租车时享受 20% 的折扣	您是我们的贵宾，可以在租车时享受 20% 的折扣

② 涉及负面信息（如否定、批评、指责）的时候，主语尽量不用"你"，应该对事不对人，减弱对方的防备感。例如，"你是新员工，还不能享受国外休假待遇"，这样的表述容易让对方产生受歧视感，应改为"公司政策规定所有正式员工都可以享受国外休假待遇。"又如，"你没有按时传送顾客的订单"，应改为"顾客的订单没有被按时传送"。

③ 把读者的要求和指令具体化。在商函写作中涉及读者的要求或期望时，要具体指明而不是泛泛而谈，这样会显得你很重视读者的需求。例如，"你的订单我们收到了"，应改为"您上周发来的电动玩具订单我们收到了"。

5.2.3　商务信函的结构

1. 信头
信头一般包括本单位的名称、地址、邮政编码、电话等。写作商函一般使用本单位的特制信笺，其上方一般已经印好信头，故不予赘述。

2. 标题
商函一般是有标题的，设置标题的目的是使对方迅速把握商函的主旨。标题位于信头之下、行文对象之上，居中排列。商函的标题应当准确简洁地概括商函的主要内容，一般格式是"事由+文种"，如"关于要求支付××货款的函"。

3. 行文对象
商函的行文对象指的是商函的接收者，即发文者要求办理事务或答复的对方单位。这一部分在标题之下，正文之上，顶格书写，后面加冒号。商函的行文对象只有一个收文单位，在具体表述时一般写对方单位的名称，有时写对方单位的领导人，写对方单位的领导人时一般写其姓名与职务。

4. 正文
商函的正文可以由多个段落组成，也可以由一个或两个段落组成。由多个段落组成时，其结构一般可以分为开头、主体、结尾三个部分；由一个或两个段落组成时，结构就比较单一。无论由几个段落组成，从内容或内在逻辑上说，商函的正文一般可以分为发函缘由、发函事项、发函者意愿 3 个层次。

① 发函缘由。如果初次给对方发函，你可以先做一下自我介绍，使对方对本企业的业务范围或产品情况有初步了解；如果与收文单位有着长期的合作关系，可以简述合作关系以示亲近；如果双方来往频繁，则可以直截了当地说明发函目的；如果回答对方的询问，则要引据对方的来函日期和标题或事由。

② 发函事项。无论在逻辑上还是在内容上，这一部分都是商函正文的重点。在表述这一部分内容时，你应该根据不同的发函目的，或介绍具体情况，或告知有关事项，或说明具体意见，或提出解决问

题的方法，或对对方提出的问题进行解答。如果事项比较多，你可以分条列项，使表述清楚，便于把握。

③ 发函者意愿。发函的事项交代清楚之后，要用一两句话表明对对方的希望或要求，如希望对方同意、要求对方知道、要求对方办理等。在语气上，一般商函语气恳切，但有些交涉函和索赔函的语气比较严肃。有些商函没有发函者意愿这部分内容，这时往往使用"特此函商""特此函复""务希见复"等结语收束全文。

5. 祝颂语

一般公函是不使用祝颂语的，但商函使用"谨祝台安""此致商安""谨祝财安""顺颂商祺"等作为祝颂语，表示问候、祝愿、赞美之意。

6. 附件

附件指正文所附材料。商函的附件一般是商品目录、价格表、订货单、发货单等。商函如有附件，应在正文之后、生效日期之前注明附件的数量、顺序和名称。

7. 生效标志

生效标志位于正文或附件说明之下偏右位置，内容包括发函单位印章、签署和发函日期。签署是由发函单位领导人在商函上签字或盖章，以证实商函的效用。发函日期关系到商函的时效性，因此应该完整地写出发函的年月日。

5.2.4 不同商务信函的写作

根据发函目的和写作风格，商函可以分为说明性信函、肯定性信函、负面性信函和劝说性信函4种。

① 说明性信函。其目的是向读者说明情况，便于读者了解有关信息，如评估信、确认信、证明信等。

② 肯定性信函。其目的是向读者提供好消息，便于读者正确理解、消除负面影响，如同意做某事、答应某个要求，包括致谢函、邀请函、祝贺信和含有好消息的投诉回复信等。

③ 负面性信函。其目的在于告知读者坏消息，让读者阅读、理解并接受该消息，同时保持所在组织和写作者已有的良好的形象和信誉。负面性信函包括拒绝信、处分信、不良业绩评估信、辞退信等。

④ 劝说性信函。其目的是宣扬某个观点，推销某个产品、某项服务，努力改变读者的态度，使他从不感兴趣或漠不关心到产生兴趣、最终做出你所希望他做的事情。例如，让对方同意要求、采纳建议、购买产品、接受服务等。劝说性信函包括建议书、催收函、推荐信、推销信、求职信等。

以上几种信函的写作形式和风格有着一定的联系和区别。一般来说，通用的正文逻辑结构如下：陈述主要观点或报告消息；细节描述、解释和背景资料介绍；列出读者的受益处并解释；表明善意、祝愿及乐意提供帮助。

说明性信函和肯定性信函的写作形式比较接近，基本上按以上逻辑结构展开即可。负面性信函和劝说性信函相对来说写作技巧要求更高，除了遵循以上逻辑结构，负面性信函的写作还要注意以缓冲性语言开头，用积极的口吻论述其中的消极因素，并介绍一些解决问题的办法等；写作劝说性信函时，你要考虑如何在开头就吸引读者的注意力，激发其阅读兴趣，并在最后提出行动建议。

以下列举了一些常用的信函实例供参考。

实例

确认信

××公司：

现答复贵公司××××年××月××日来函。经核实，×××确系我公司在江苏的独家代理商。根据与其签订的合同，其代理时间为 20××年××月××日至 20××年××月××日。

若有进一步需要，请来函告知，本公司将尽最大努力提供帮助。

××公司

×年×月×日

邀请函（请柬）

××公司××先生：

首先向阁下致以亲切的问候！

二月八日是本公司创建二十周年纪念日，本公司能有今日之事业，与您多年的关照、支持是分不开的，特此表达谢意。

现将纪念日有关庆典安排开列如下，请您务必拨冗参加。

……………

××××敬上

20××年××月××日

回复函（拒绝信）

尊敬的刘××先生：

您好！

首先非常感谢您购买我们公司的产品，同时也为我们的产品给您带来不便感到抱歉。

另外，我们也想告诉您，也许您没有注意到我们的产品保修期是 1 年，而您是前年年底买的。

尽管如此，我们仍然愿意为您提供方便优质的服务，但需要按保修期外的标准适当收费。我们衷心希望您的问题能够尽快得到解决，让您能够尽享我们产品给您带去的快乐。

附：我们公司的维修站点和电话

××××公司服务部

20××年××月××日

催收函

尊敬的湖南省××公司：

首先对于我公司与贵公司长期以来的友好合作表示祝贺。感谢贵公司对我公司一贯的支持，××有限公司与湖南××公司友好合作关系源远流长，双方合作的领域从最初的 EWSD 业务扩展到 ADSL、ERX 等产品，我们期待与贵公司进一步紧密合作。

根据我公司最新统计，截至 20××年 3 月，贵公司到期应付未付我公司货款为 6300 万元人民币，占用我公司大量资金，影响了我公司应收账款的正常周转；另我公司现提供给贵公司下属分公司的借贷金额共计约有 5000 万元人民币，也占用了我公司的大量资金；同时，我公司在去年贵公司××××替换项目中也给予了××××极大的优惠，给我公司造成巨大的亏损。综上，贵公司的欠款、借贷和替换项目使得目前我公司在湖南的经营非常艰难，对我公司在湖南业务的开展和运作造成非常大的压力。为寻求一个双赢的解决方案，现我公司向贵公司提交一个 20××年还款方案，望贵公司考虑。

截至 20××年 3 月到期欠款额：6300 万元人民币

预计 20××年 8 月将到期的应付额：5000 万元人民币

共计：1.13 亿元人民币

我们希望贵公司在 20××年分两次还款，并代下属分公司支付到期借款共计 1.13 亿元人民币，每次支付 5500 万元人民币。第一次支付时间在 20××年 4 月 20 日之前，由于我公司财政年度在每年 9 月份，所以我们希望第二次支付时间在 20××年 9 月 20 日之前。出于诚意，我们将向贵公司提供 4%的现金折扣，贵公司可以用现汇或银行承兑汇票的方式支付。

我们期望与贵公司详细商谈还款计划。

××有限公司

20××年 3 月 8 日

5.3 电子邮件礼仪

5.3.1 电子邮件的特点及使用情形

电子邮件（E-Mail）是一种通过网络实现相互传送和接收信息的通信方式，在职场沟通中使用尤其广泛。电子邮件的使用简单、投递迅速、成本低廉，易于保存，使人们的沟通方式得到了极大的改变。

1. 电子邮件的特点

① 不受时间的限制。人们可以 24 小时随时发送或接收电子邮件。

② 操作更从容。写邮件比起打电话，操作更从容，表达更充分，可以掩饰语言交流上的弱点，给对方留下好的第一印象。

③ 便于明确责任。如果当面说或者在电话里讲，对方左耳进右耳出，也许很快就忘了，许多事情无法查证，但电子邮件在网络上存有记录（存在公司服务器上），白纸黑字，谁也赖不掉。

④ 电子邮件沟通也有它的局限性。比如，使用电子邮件沟通不如电话和会面更直接；有的客户并不习惯及时接收电子邮件，这时使用电子邮件就可能会误事。

2. 使用电子邮件沟通时需要考虑的情形

① 你的沟通活动是否有时间方面的限制。比如，一个星期后有一个大型的商务活动，你要在这一个星期内与客户建立关系并与之在这场商务活动中就涉及的部分业务进行交流。如果你使用电子邮件与客户进行沟通，客户有可能在商务活动开展之后才看到邮件，这就会延误营销的最佳时机。

② 你的客户是否非常忙。如果你的客户平时非常忙（电话常常是忙音或留言录音），你不妨给他发电子邮件。

③ 你的客户是否难以接近。如果你通过调查了解到对方是个不苟言笑的人，自己的心理承受能力又较弱，你就可以通过电子邮件和对方进行沟通。

④ 你的语言表达能力是否较弱。如果你不善言谈，第一次与客户沟通可以使用电子邮件，而且今后对于不太紧急的事情，你也可以采用这种方式进行传达。

⑤ 对方是否习惯使用电子邮件。有的人虽然在名片上注明了他的电子邮箱，但他可能并不喜欢使用电子邮件。

5.3.2 电子邮件的使用技巧和礼仪

尽管电子邮件在形式上比较自由，是一种方便快捷的媒介，但是绝不能以草率的态度使用它，因为对方可以通过电子邮件来评价你。使用电子邮件的技巧和礼仪如下。

1. 提供完整的电子邮件

商务沟通中的电子邮件，其形式结构应该与传统信函一样，这是对收件人的一种尊重。完整的电子邮件应包括 5 个部分：①写信人的电子邮件地址、收信人的电子邮件地址、抄送收信人的电子邮件地址、密送收信人的电子邮件地址；②标题；③称呼、开头、正文、结尾句；④礼貌结束语；⑤落款署名，包括写信人全名、职务及所属部门、地址、电话号码等。

2. 有一个明确的主题

① 电子邮件要写主题（即标题），这是一种职业行为。收件人通常会根据主题判断电子邮件的重要性，一般来说，没有主题的电子邮件往往会被忽略，到最后才被看到。因此，通过主题让他人对电子邮件的内容一目了然，会加快对方回复电子邮件的速度。

② 一封电子邮件应只针对一个主题，不要在一封电子邮件里谈及多件事情，这样便于日后整理。

③ 主题应尽量写得具有概括性，要能体现内容的主旨。

3. 内容简洁，语句流畅通顺

写电子邮件切忌长篇大论，应尽量简单明了。在第一次给客户发送电子邮件时，其中包含的内容可以多一些，但也不要长篇大论。电子邮件的内容要简洁紧凑，你应尽量写短句，且不要重复。

语句不要求华丽，但一定要流畅通顺，尤其要注意其中不能有文字错误。你在点击发送前要检查一遍语法和字词，看看有没有错漏之处。

4. 格式规范，内容严谨

商务电子邮件要按照规范的商函格式来写。写电子邮件要多使用敬语，避免使用网络缩写文字。署名要真实，不可使用网名。在电子邮件里尽量避免讲笑话和俏皮话。

字体大小要合适，不要选择让人难以阅读的字体。中文邮件一般采用 12～14 号字。此外，如果是英文邮件，特别注意不要全用大写。例如，"I WILL CALL YOU TOMORROW."这句话全用了大写，表示喊叫的语气，显得很没礼貌；正确的表达应该是"I will call you tomorrow."。

5. 经常浏览收件箱并及时回复

不管对方是否经常接收电子邮件，你都要每天浏览自己的收件箱，注意及时查看有无对方回复的电子邮件，并尽量在第一时间与对方进行深入交流。

电子邮件如同通电话，正如你不应该让电话铃声响太久才接听一样，无论对方来信是提问还是问好，你都应尽快回复。不过，如果你没有经常查看邮箱的习惯，你应该提前告诉他人。

6. 保持使用的专业性

① 建立公司内部的电子邮件系统和使用规则。基于信息安全的考虑和信息化系统建设的需要，大型企业和有条件的中小企业都应建立有公司自己域名的电子邮件系统，并对其进行规范管理。每位员工应有一个公司内专用的电子邮箱，在处理公司内外部业务时应使用公司统一配置的电子邮箱。

② 避免使用工作用的电子邮箱发送私人邮件。避免传递与对方无关的电子邮件，垃圾邮件是令人厌烦的，所以不要发送对方不感兴趣的邮件。

③ 小心使用抄送（CC）和密送（BCC）功能。抄送是指发送给收件人的同时，也让其他一人或多人收到该封邮件，并且也让收件人知道这种情况。密送的功能也差不多，其区别是收件人并不知道你同时也把该邮件发送给了其他人。

④ 小心使用附件功能。信件内容不多时，应该以正文形式发送邮件。发送图片、影像或文字量

较多的文档时可以通过附件发送，并且要考虑文件大小是否超过收件人能接受的空间。同时发送多个文件或比较大的文件时，可以压缩后再发送。

7. 不过分依赖电子邮件

电子邮件是一种比较方便的沟通和交流方式，但它只是商务沟通过程中的一个辅助性交流工具，你不可把它作为唯一的沟通和交流方式，也不能借电子邮件来逃避一些直接交流。商务谈判或推销活动更多通过直接沟通和交流来拉近与客户的关系、倾听客户的需求，为客户解决问题。

5.4 即时通信礼仪

5.4.1 即时通信概况

即时通信（Instant Messaging，IM）是指允许两人或多人使用网络实时地传递文字、语音与视频等进行即时交流。即时通信是目前互联网上最为流行的通信方式之一，市面上存在各种各样的即时通信软件，服务提供商也提供了越来越丰富的即时通信服务。

即时通信不同于电子邮件，即时通信的交谈是即时的。大部分的即时通信软件具有在线感知功能——显示联络人名单、联络人是否在线、能否与联络人交谈。即时通信按使用用途可以分为个人即时通信、商务即时通信和网站即时通信等形式。

① 个人即时通信。个人即时通信主要以个人用户使用为主，拥有开放式的会员资料，以满足个人用户聊天、交友、娱乐的需求。此类软件有 QQ、微信、移动飞信、网易 POPO 等。

② 商务即时通信。常见的商务即时通信软件主要有阿里旺旺淘宝版、阿里旺旺贸易通、阳光互联 Lync 等。

③ 网站即时通信。这是指把即时通信功能整合到网站上，在社区、论坛等网页中加入即时聊天功能，用户进入网站后可以通过网页上的聊天窗口跟同时访问该网站的用户进行即时交流，从而提高网站用户的活跃度、增加访问时间、增强用户黏度。

需要强调的是，随着 IT 技术的快速发展和移动互联网大潮的冲击，即时通信的转型升级也非常快，每隔几年就有许多即时通信软件服务淡出我们的视野。

5.4.2 使用即时通信的礼仪

当前国内较常用的即时通信工具是 QQ 和微信，下面以二者为例阐述相应的使用礼仪。

1. 头像设置要正规

QQ 和微信的头像设置要给人一种可信任的感觉。如果你从事某商业活动，可使用公司的统一标识作为 QQ 或微信头像，用自己的实名做网名。这样做的目的就是在别人对你的第一印象上建立信任，而且还可以打造个人品牌和提升知名度，对以后的其他商业活动也是相当有益的。

2. 字号字体勿乱改

有时候我们为了突出自己的个性，把聊天的字体换成网络上比较流行的字体，或将文字颜色调成红色、绿色等，但是你在让自己感觉愉悦时，想过别人的感受吗？很多人喜欢将文字颜色设为蓝色、黄色，而在屏幕上看到这些颜色会非常刺眼，让人感觉不舒服。如果平常和一些熟悉的人交流，可能无伤大雅，但是在开展正规的商务活动时，还是应使用默认的设置，毕竟个性设置只符合你个人的喜好，别人不一定喜欢。默认的字号、字体虽然普通，但这是大众所习惯的。

3. 聊天速度、回复速度要适当

在 QQ 或微信上沟通交流主要通过打字进行，这就涉及聊天速度的问题。在这个问题上，应该本着"就慢不就快"的原则。比如，对方一分钟打 20 字，而我们一分钟能打 120 字，这时候就要迁就一下对方，按照对方的节奏交流；否则对方跟不上我们的思路，这会使沟通产生障碍。而且从心理学的角度来说，对方有话"说"不出来，只能看着我们接二连三地发消息，会感觉非常难受。

除了聊天速度外，还要注意回复速度。回复对方的速度要适中，不能过快，也不能过慢。比如，对方问了一个他认为很重要的问题，即使我们知道答案，也不要立刻给出答案；否则对方可能会感觉我们对这个问题不够重视、敷衍了事。

4. 语气词要慎用

在使用 QQ 或微信与他人沟通时，大家经常会使用一些语气词，比如哈哈、呵呵、无语、哦等。但是大家有没有想过，QQ 或微信另一端的人看了这些词语后，会是什么感觉，会不会给人带来不愉快的心理体验或者暗示？

有机构针对 QQ 聊天做过两次网络调查，一次为单选调查，一次为多选调查，调查标题为"当你的网友说下面哪个词时，你最想抽他"。结果在单选调查中有 64% 的人选择了"呵呵"，在多选调查中有 40% 的人选择了"呵呵"。"呵呵"这个词高票当选，也就是说，当你和你的 QQ 好友不停地说"呵呵"时，有大部分人会不太高兴。一般认为"呵呵"太敷衍、"嘿嘿"太随便、"嘻嘻"太幼稚、"哈哈"太随意。熟悉的朋友之间使用这些词汇可以理解，在商务沟通中，用这些词回复客户则不太合适。

5. 表情要慎发

表情是大家在聊天中最喜欢用的元素之一，一个恰当的表情能够起到调节关系、缓和气氛的作用。但同语气词一样，不适当地使用表情，同样会使别人产生不愉快的心理感受。所以大家在聊天时，尽量不要用那些可能会引起别人抵触情绪、让人反感，或是有损自己形象的表情。一些低俗的表情更不能用。

6. 回复要及时

客户在某一时刻发来一条信息，他此时肯定希望你以最快的速度回复他，解决他的问题。因此大家要及时回复，这是对客户最大的尊重。如果客户等了很长时间都没有收到你的回复，那他会认为你对他不够重视，甚至会认为你的公司也不重视他，这可能直接导致这个客户的流失。还有些客户可能会在晚上发信息，如果有条件，公司需要每天晚上都安排客服人员值班，如果没有条件可以通过自动回复设置告诉客户相关部门在看到消息后会及时回复。

📚 **拓展阅读**

使用微信沟通的 6 个细节

不知道大家有没有这样的感觉，每次手机一响，解锁屏幕，不假思索地就打开微信，每天重复数次。好友越来越多，聊天也越来越频繁。不管生活还是工作，大小信息几乎都是微信通知，有时候群聊消息一多，信息自然就被淹没了。掌握一些简单的沟通技巧，有助于你提高效率，对自己和他人而言都会方便很多。

1. 不要问"在吗"，直接说事

问别人"在吗？"，如果别人正在忙，没有顾及消息，隔了很久才回，你怎么办？不如直接说事，对方看到之后也可以直接给出答复。

2. 少发语音消息，多打字

有时候嫌打字麻烦，我们就会发语音消息。可是发语音消息你自己感觉很方便，别人呢？万一他在开会、上课，或者不方便听语音消息，你怎么办？而且有时候语音消息很长，如果你说话不清楚，别人往往需要听好几遍，这样真的很不方便。

但是在和长辈沟通的时候，我们作为晚辈应该多理解对方，尽量使用语音消息。在和朋友沟通时，我们还是应该尽量避免这个问题，如果需要语音讨论，不如直接打电话。

3. 不要群发消息

收到群发消息以及各种私信问候、早安等，不免让人觉得心烦。不建议群发消息，这会给人不用心的感觉。如果是节日，想发祝福，我们可以直接发给你想祝福的那个人。

4. 群聊消息加上标签，方便检索

微信群上限500人，动辄几千条消息，有时候我们难免错过一些重要消息，一条条刷效率太低，在消息前面加个标签可以完美解决这个问题。发一些通知的时候也可以使用，这能避免重要消息被不重要的消息刷过去。

5. 微信传文件，邮件备份

现在手机使用得越来越多，微信传文件也越来越频繁，时间长了微信占用手机内存空间越来越多。但是清理手机内存的时候，微信文件往往也会被清理，而且在传图片的时候，微信会自动降低图片分辨率，所以建议在传文件的同时，我们要给对方邮箱发送备份文件。

6. 不要不回消息，然后发朋友圈

这是基本礼貌问题，会让人觉得你很不在乎对方，久而久之自然就会给别人留下不好的印象了。当然如果你的消息太多，那难免会忽略，但还是应当注意一下。重要消息不妨@一下别人，尤其是在群聊中，以免遗漏。

练习测试题

一、不定项选择题

1. 关于接电话的礼仪，下面表述正确的是（　　　）。

A. 完美的接电话时机是在电话铃响的第一声接起来

B. 做好记录准备，专心致志地听对方讲话

C. 转接电话的过程中，要捂住话筒，使对方听不到这边的其他声音

D. 通话中提及的金额、日期、数字、人名、地址等信息是要再次确认的

2. 与其他商务文书相比，商务信函有以下明显的特点（　　　）。

A. 内容单一

B. 结构复杂

C. 语言琐碎

D. 平等对话

3. 关于商函写作的礼仪，下面表述正确的是（　　　）。

A. 一事一段，把意思相似的信息分为一小段

B. 如果在正文中有太多内容需要说明补充，可以将冗长的内容部分以附件的形式与正文分开

C. 为避免对方看不懂，商函中不宜出现文言词语

D. 尽量用正面语言阐述观点，避免粗鲁、命令式的否定语气

4. 从内容或内在逻辑上说，商函的正文一般可以分为（　　）几个层次。

A. 发函缘由

B. 发函标志

C. 发函事项

D. 发函者意愿

5. 根据发函目的和写作风格，商函可以分为（　　）几种类型。

A. 说明性信函

B. 肯定性信函

C. 负面性信函

D. 劝说性信函

二、判断题

1. 职场中接电话时应先问候对方，然后再回复对方的问题。（　　）

2. 为能预约到客户，我们可以在晚上把电话打到客户家里。（　　）

3. 因为对方看不到自己，我们打电话时可以躺、靠在椅子上。（　　）

4. 接电话时可以边吃点噪声小的零食边说，以使自己的"底气"更足。（　　）

5. 接电话时应响过四五声再从容地接起来。（　　）

6. 如果是其他同事的业务电话，要立即大声地喊他过来接电话。（　　）

7. 商函属于国家法定公文，在格式规范上国家有统一的规定。（　　）

8. 商务沟通中的电子邮件要按照规范的商函格式来写。（　　）

9. 一封电子邮件只针对一个主题，不要在一封电子邮件里谈及多件事情。（　　）

10. 在商务沟通中，为突出自己的个性，最好把 QQ 聊天的字体换成网络上流行的字体。（　　）

三、简答题

1. 简述接、打电话礼仪的内容。

2. 简述商务信函的特征和类型。

3. 简述商务信函写作的"5C"标准。

4. 商务信函写作中要如何做到体谅对方？

5. 商务信函的结构包括哪几个部分？

6. 不同商务信函的写作通常包括哪几个方面的内容？

7. 简述电子邮件的特点及使用情形。

8. 简述电子邮件的使用技巧和礼仪。

9. 使用微信、QQ 进行商务沟通时，我们应注意哪些礼仪？

案例分析题

【案例 5-1】　　　　　　　　　迅达公司的一次电话交谈

"您好！"

"您好！"

"请问是迅达公司售后服务部吗？"

"是的。"

"请问您是……"

"我是工程师罗平。我能帮你做些什么？"

"我上星期买了贵公司生产的冰箱，今天早上发现它已不能制冷，存放的食品都变质了，气味实在难闻！"

"您肯定没有弄错开关或插销什么的吗？"

"当然！"

"噢……我想是压缩机有故障……"

"您能让人来看看吗？"

"24 小时之内维修人员到达。"

"我要求换一台新的冰箱！我已经受够了！"

"但我公司的规定是先设法维修……"

"好吧，好吧……我把地址告诉你们。"

"请等一等，我去取纸和笔……好了，请讲。"

"本市西区和平东路 121 号……你记下了吗？"

"当然，您怎么称呼？"

"我姓杨。"

"杨先生，您将发现我们的维修工是一流的……"

"我更希望贵公司的产品是一流的。"

"好吧，再见。"

"再见。"

罗平在电话留言簿上记下："维修部：顾客电话为××××××××××，今天西区和平路 127 号冰箱故障，请速修理。罗平"

问题：

1. 罗平在电话交流中有哪些不妥之处？试举出 6 个方面的问题，并从案例中找出实例。

2. 总结一下打电话有哪些基本礼仪。

【案例 5-2】　　　　　一封电子邮件导致的秘书门事件

2006 年总部设在美国的某国际网络公司北京分部，公司大中华区总裁陆初纯和他的高级女秘书因不当的电子邮件发生激烈争吵，结果两人先后被迫离职。此事后来被评为当年互联网上十大事件之一——秘书门事件。

事件的起因很简单。2006 年 4 月 7 日晚，公司大中华区总裁陆初纯回到办公室取东西，到门口才发现自己没带钥匙。此时，他的私人秘书丽贝卡已经下班。陆初纯试图联系丽贝卡，未果。数小时后，陆初纯难抑怒火，于是在凌晨 1:13，通过内部电子邮件系统给丽贝卡发了一封措辞严厉且语气生硬的谴责信。陆初纯在发送这封邮件时，同时传给了公司几位高管。原邮件是用英文写的。

Tracy:

I just told you not to assume or take things for granted on Tuesday and you locked me out of my office this evening when all my things are all still in the office because you assume I have my office key on my person.

With immediate effect, you do not leave the office until you have checked with all the managers you support, this is for the lunch hour as well as at end of day, OK?

英文表达的语气是比较强烈的，主要内容翻译成中文大致如下。

丽贝卡，我星期二曾告诉过你，做事情不要想当然！结果今天晚上，你就想当然地认为我有钥匙而把我锁在办公室外，而我要取的东西还放在办公室。

从现在开始，你必须在检查完所有你服务的经理的需求后才可以离开办公室，这包括午餐时段和晚上下班以后，明白了吗？

令陆初纯意外的是，两天后丽贝卡以一封咄咄逼人的邮件进行回复，并让公司北京分部的所有人都收到了这封邮件。丽贝卡的邮件是直接用中文写的，内容如下。

第一，我做这件事是完全正确的，我锁门是从安全角度考虑的。北京这里不是没有丢过东西，如果一旦丢了东西，我无法承担这个责任。

第二，你有钥匙，你自己忘了带，还要说别人不对。造成这件事的主要原因是你自己，不要把自己的错误转移到别人的身上。

第三，你无权干涉和控制我的私人时间，我一天就八小时工作时间，请记住中午和晚上下班的时间都是我的私人时间。

第四，从到公司的第一天到现在为止，我工作尽职尽责，也加了很多次的班，我也没有任何怨言。但是如果你要求我加班是为了工作以外的事情，我无法做到。

第五，虽然咱们是上下级的关系，但请你注意一下你说话的语气，这是做人基本的礼貌问题。

第六，我要在这里强调一下，我并没有猜想或者假定什么，因为我没有这个时间也没有这个必要。

这件事在网上被吵得沸沸扬扬，形成了几乎全国所有外企员工都疯狂地转发上述邮件的局面。

问题：从有效沟通和礼仪的角度，你如何评价案例中描述的秘书门事件？

实训

1. 接电话的选择

昨天王丽的办公桌上有一部手机响了很久，没完没了，响得其他同事都差点发狂。现在我们有四个答案可以选择：第一，置之不理；第二，替她接听；第三，关机；第四，按"拒绝接听"键。

如果是你，你将如何选择呢？

2. 修改一则会议通知

讨论如何优化该会议通知。

会议通知

各部门有关领导：

经公司领导研究决定，于20××年10月18日召开会议，请各部门提前做好准备，保证按时参加会议。凡不能参加会议的人员必须提前请假，不得无故缺席。特此通知。

3. 修改一则通知

讨论如何表达才能使下面这则通知更简洁。

收信人：公司全体员工

发信人：公司保卫部经理

现在通知你们，有人在公司大楼后面的停车场停了一辆黑色的奥迪车，这辆车在这地方已经停了两个多月了，而且没有人来认领。公司已经获得警方授权，如果我们把收入捐给慈善机构，就可以拍卖此车。如果你愿意并且能够参加拍卖会，请在方便的时候到我处咨询拍卖的相关事宜。

4. 修改一封商务信函

以下是某货运公司致其客户某食品公司的一封商务信函，检查其写作中在"尊重""体谅"方面存在的问题，并修改。

某食品公司：

目前我公司输送货物的时间大都集中在下午，以致送达业务无法顺利进行，工作人员只好加班加点。贵公司 11 月 20 日送出的 510 件货物，抵达我公司时已是下午 4 点 20 分了。贵公司的卡车不仅要浪费时间等卸货物，输送的时间也可能延误了。因此，贵公司有大批货物需运输时，能否提前送来，或在上午送一部分来？

××货运公司

×年×月×日

5. 回复员工的来信

你是一名行政主管，收到了一位骨干员工的来信，他提出脱产进修的要求（内容见后），而你必须写一封复信，信中你要拒绝他的要求。

尊敬的主管：

您好，我是质量控制员王海宾，已经在岗位上工作 3 年了。

我先后多次参加公司内部组织的一些技能培训，这些培训对我的工作很有帮助，使我深刻认识到知识对工作的重要性。因此，我希望能参加一次"××××项目管理"的进修班，为期两个月，脱产进行。原因如下。

"××××项目管理"是最近在制造业很受重视的质量管理方法，作为主管质量方面的员工，我的质量管理知识已经陈旧，需要更新。

现在学习储备一些专业知识，可以有利于将来工作。

我多次提议公司举办类似培训，可是限于我们公司的能力，都没有举办。这个为期两个月的进修班是省发改委举办的，质量高、费用低，机会难得。

综上所述，希望您能够批准我的请求。

此致

敬礼

王海宾

20××年 10 月 9 日

求职面试礼仪 | 第6章
Chapter 6

引例

面试中这样介绍自己有什么不妥

苗婷婷刚毕业，各方面条件都很不错，在一次求职面试中，面试官让她进行自我介绍时，她是这样介绍的："我读大学时，是班级团支部书记，组织能力强，交际广泛，有好奇心，爱好广泛，协调能力强，善社交，朋友多，有韧性。"最终，她并没有被面试单位录用。

苗婷婷隐约觉得自己在面试中的表现不是太理想，但这样介绍自己到底有什么不妥的地方，她自己也说不清楚。

在职场竞争日益激烈的时代，求职已经成为困扰在校大学生的一大问题。大多数毕业生因为面试经历少，常常不知所措。学会面试，是毕业生求职择业时面临的一大难题。本章就毕业生求职面试及书面求职材料的礼仪、技巧等问题进行探讨。

6.1 求职面试概述

6.1.1 面试的类型

面试是用人单位招聘时十分重要的一种考核方式，是供需双方相互了解的过程，是一种经过精心设计，以交谈与观察为主要手段，以了解被试者素质及相关信息为目的的一种测评方式。

按照不同的分类标准，面试可以划分为不同的类型。掌握面试的不同类型可以让我们进一步加深对面试的认识。

1. 根据面试的结构化程度划分

（1）结构化面试

结构化面试又称为标准化面试，这种面试会按照结构化面试的要求，提前准备好一系列与面试目

商务礼仪：理论、案例与实训（附视频指导）

的相关的问题并安排好问题的顺序，然后面试官在面试中严格按照一定的程序与应试者进行交谈或对其进行观察，根据应试者的表现进行相关评价。也就是说，结构化面试的程序、试题、结果评判都有着统一、明确的标准。正规的面试一般都为结构化面试，公务员录用面试也多采用结构化面试。

（2）非结构化面试

非结构化面试允许面试官与应试者自由决定讨论问题的方向，面试前没有准备严格的提问框架和问题的标准答案。面试官与应试者可以自由展开交流，整场面试在比较轻松的氛围中进行。这种面试的好处在于面试官和应试者比较容易形成良性的互动氛围，面试官可以了解更多更深层次的信息。而其缺点在于面试的随意性较大，对面试官的专业性要求比较高，面试结果容易受面试官主观因素的影响。

（3）半结构化面试

顾名思义，半结构化面试是一种介于结构化面试和非结构化面试之间的面试方式。其可以同时使用结构化的题目和非结构化的题目，在应试者回答相同的问题时，根据不同应试者的不同回答进行不同程度的追问，以达到深入、细致地了解应试者的目的。这种方法兼顾了结构化面试和非结构化面试的优点，具有良好的适用性，在实际工作中的应用也比较广泛。

2．根据面试对象人数划分

（1）单独面试

单独面试即主考官分别与应试者单独面谈，这是十分普遍、基本的一种面试方式。单独面试的优点是能提供一个面对面的机会，让面试双方较深入地交流。单独面试又有两种类型。一是只有一个主考官负责整个面试过程。这种面试大多适用于较小规模的用人单位招聘较低职位人员的情况。二是由多位主考官参加整个面试过程，但每次均只与一位应试者交谈。公务员面试大多属于第二种形式。

（2）集体面试

集体面试又称小组面试，指多位应试者同时面对考官的情况。在集体面试中，通常要求应试者小组讨论，相互协作解决某一问题，或者让应试者轮流担任领导主持会议、发表演讲等。这种面试方法主要用于考查应试者的人际沟通能力、洞察与把握环境的能力、领导能力等。

无领导小组讨论是很常见的一种集体面试法。在不指定召集人、主考官也不直接参与的情况下，应试者自由讨论主考官给定的讨论题目，这一题目一般取自拟任工作岗位的专业需要，或是现实生活中的热点问题，具有很强的岗位特殊性、情景逼真性和典型性。讨论中，众考官坐于离应试者一定距离的地方，不参加提问或讨论，通过观察、倾听为应试者进行评分。

3．根据面试的内容划分

（1）职位能力面试

职位能力面试侧重于关注与职位相关的信息，如职位所要求的基本知识与技能、应试者在相关岗位的工作经验等。针对应届毕业生，主要考查其对本专业的了解程度、实践技能及潜力等；针对社会人才，主要考查其工作经历、之前所承担的任务和责任等。这种面试方法侧重于对应试者学历和工作经历的考查，以了解其是否具有相应的岗位胜任力。

（2）情境化面试

情境化面试是指给应试者一个特定情境，考查应试者在此情境下的表现。情境化面试的题目一般是模拟工作中可能出现的情境，通过考查应试者在特定情境中的表现，判断应试者是否胜任某项工作。在面试之前，面试官会对情境化面试的题目确定一个答案，然后根据应试者的回答来对其进行评分。比如，一个系统工程师可能会被问："在休假期间企业计算机系统出现严重故障，你会如何应对？"是立即赶回企业处理系统故障，还是以休假为由拒绝处理，还是找人代为处理？采用某种做法的理由是什么？这些答案均会影响到面试官对应试者的评价。

情景化面试突破了常规面试考官和应试者那种一问一答的模式，引入了无领导小组讨论、公文筐处理、角色扮演、演讲、答辩、案例分析等人员甄选中的情景模拟方法。情景化面试是面试形式发展的新趋势。在这种面试形式下，面试的具体方法灵活多样，面试的模拟性、逼真性强，应试者的才华能得到更充分、更全面的展现，主考官对应试者的素质也能给出更全面、更深入、更准确的评价。

（3）行为描述面试

行为描述面试与情境化面试相似，都是考查应试者在特定情境下的行为表现，但行为描述面试关注应试者曾经如何处理某种场景，这种场景是实际发生过的。其基本原理是：未来行为或绩效的最好预测指标是过去的行为或绩效。例如，某企业招聘一位培训专员时会问及："你以前负责或参与了哪些培训项目？""你在其中扮演的角色如何？""项目遇到问题时你是怎么处理的，这样处理的原因是什么？""结果如何？"等。

（4）压力面试

压力面试主要是指面试官对应试者提出一系列不礼貌的、容易使人感到难堪的问题，使应试者感到不舒服，然后在交流中不断寻找应试者回答中的漏洞进行追问，刺激应试者，以此来观察应试者在压力下的行为表现。如果在压力面试中应试者能够应对自如，为自己的观点找出充分的证据，那么其就会被认为是能够承受压力的人。反之，如果应试者表现得惊慌失措、语无伦次、丧失信心，甚至对面试官采取过激行为，则被认为抗压能力较差。这种面试方法主要用于招聘责任重、任务多、压力大的岗位候选人。这种面试方法的优点是用人单位能够准确了解应试者的心理素质和抗压能力，潜在的风险在于难以对面试过程进行控制，需要面试官拥有很高超的面试技巧及控制能力，否则容易造成面试的失败。

拓展阅读

压力面试题目

题目 1：针对这次申报的职位，请总结出你有所欠缺的五个方面。

题目 2：从总结的不足之处来看，你确实不适合职位的要求。如果我们不录用你，你接下来会做些什么？

题目 3：根据刚才的陈述，你连普通的客户都应付不了，面对刁难的客户，你怎么能够应付得来？

题目 4：依照我们的判断，你并不能够应对将来的工作。你怎么证明自己能够胜任这份工作？

题目 5：从你的经历来看，你根本不能长期在一家企业工作，而我们是一家对忠诚度要求很高的企业。因此，我们很怀疑你的求职意愿。

6.1.2 面试的实施阶段

以常见的结构化面试为例，面试的实施过程通常包括四个阶段：关系建立阶段、导入阶段、正题阶段和收尾阶段。

（1）关系建立阶段

关系建立阶段主要是面试官与应试者进行简单的沟通，聊一些比较轻松的话题，如地理位置、家乡、文化等。通过这种简单的寒暄，面试官可以迅速拉近与应试者之间的距离，缓解应试者的紧张情绪，使得面试顺利进行。此阶段，应试者可能被问到这样的问题，"你是湖南人，那很能吃辣吧？""今天下雨了，你带伞了吗？"等。

（2）导入阶段

导入阶段是从关系建立阶段到正题阶段的过渡。在此阶段，面试官会问一两个应试者熟悉的、有准备的题目，如"能谈谈你在学校的学习和实践经历吗？""能谈谈你对过去工作的看法吗？""你认为自己最大的优点和最大的缺点分别是什么？"等。这一阶段主要是为了创造一个轻松的氛围，让应试者意识到考查已经开始但又不至于使应试者过于紧张。

（3）正题阶段

正题阶段是主要考查应试者能力、素质的阶段。面试官会就招聘岗位所需要的核心胜任特征对应试者进行询问，然后根据应试者的回答对其素质进行基本判断，作为录用与否的重要参考依据。

（4）收尾阶段

主要问题都问完后，就进入面试的收尾阶段。在这一阶段，面试官会检查前面所提的问题，看有无遗漏。同时，在面试的初期，应试者可能因过度紧张而表现不佳，这时需要给应试者填补漏洞的机会。此外，这一阶段也允许应试者向面试官提一些问题，应试者所提问题的好坏将直接影响其在面试官心中的印象。一般来说，好的问题应该显示出应试者的上进心和良好素质，如"我在入职后能得到哪些培训？培训的形式是怎样的？""公司的职业晋升通道是怎样设计的？"等。当双方均无其他问题时面试结束，此时应试者会被告知面试结果通知的时间和方式。

6.1.3 面试的评分标准

在面试过程中，每位面试官需要根据预定的评分标准，将对应试者的评价填入面试评分表，面试结束后再对评分表进行整理。

面试评分表主要由三部分组成：第一部分是应试者的基本信息，即应试者的姓名、性别、所应聘岗位等；第二部分是评价要素及相应的评价等级，可以根据招聘岗位的需要来设置；第三部分是对应试者的录用意见，一般有建议录用、有条件录用、建议不录用三种，并且要附上用人部门意见、人力资源部门意见及公司领导意见和签名。面试评分表如表6-1所示。

表6-1　面试评分表

姓名		性别		年龄		编号	
应聘岗位				所属部门			
评价要素		评价等级					
		1 差	2 较差	3 一般	4 较好	5 好	
个人修养							
求职动机							
语言表达能力							
应变能力							
社交能力							
自我认识能力							
个性特征							
相关专业知识							
总体评价							
录用意见		建议录用		有条件录用		建议不录用	
用人部门意见： 签名：		人力资源部门意见： 签名：			公司领导意见： 签名：		

6.2 求职面试过程中的礼仪

6.2.1 面试前的准备工作及礼仪

求职面试不同于一般的面谈，其有特殊性，主要体现在以下三方面。首先，求职面试中双方在地位上是不平等的。通常，招聘单位都处于主动地位，而应试者则处于被动地位。其次，招聘和求职的双方彼此之间缺乏足够的了解，需要经过一个从初步认识到逐步深化的过程。最后，求职面试的目的是对应试者的能力和经验进行评价，而不是简单地解决某个具体问题。

由于求职面试的上述特殊性，应试者就需要努力掌握求职面试的技巧和礼仪。应试者在参加面试前需要做好以下环节的工作。

1. 做好充分的心理准备

面对关系自己前途的求职面试，不同的人会呈现出不同的心态。如果心理状态不正确就可能影响面试的效果。正确的应试心理应当是热情、积极、自信和谨慎。在接到面试通知后，应试者应给出积极的响应，充满热情地投入准备工作中，并相信经过自己的努力能赢得成功。获得面试机会本身就是一件值得高兴和骄傲的事，每个应试者都应当珍惜每一次面试机会，展示自己的能力和才华，尽最大努力争取面试成功。

面试过程中，作为一名应试者，既不应为有一点进展和成功而沾沾自喜、目中无人，也不应为失误和没有结果而妄自菲薄、自怨自艾。过度自负的心态会使人行为卖弄张扬，表现过分、出格；相反，过度自卑的心态则会使人过于拘谨、表现欠佳。所以，自负和自卑这两种极端的心态都是求职面试中的大忌，都是需要努力避免的。

2. 了解招聘单位的基本情况和职位要求

应试者在面试前调查和收集招聘单位的基本情况和职位要求，能在面试过程中受益无穷。相反，应试者不了解招聘单位的基本情况和职位要求，会造成面试过程中心中无数、处处被动。尽管很难预测面试过程中招聘人员提出的具体问题，但是招聘面试经常会问到如下问题：你了解我们单位吗？你为什么来我们单位应聘？你为什么来应聘这个职位？你了解要应聘的职位吗？你对我们所在的这个行业了解吗？假如你被录用后，你准备如何开展你的工作？对于这些问题，应试者要从实际出发，根据招聘单位和职位的具体情况给出有根据的回答。一个没有进行过调查研究的应试者很难给出令人满意的答案。

而且，在面试前对所应聘单位和职位进行调查研究，可以减少应试者的盲目性、减少应试者在被录用以后可能产生的心理落差，也有利于新员工今后顺利开展工作和职业生涯的设计和开发。应试者只有通过调查研究，在掌握招聘单位和招聘职位足够多信息的基础上，才能确认和坚定自己的选择。如果应试者对招聘单位和职位缺乏了解，仅凭一时冲动参加面试，在被录用后可能会大失所望，心理上产生巨大的落差。

获取招聘单位的信息，应试者除了通过互联网搜集，还可以向相关的老师和往届毕业的校友征询意见和建议。

3. 为回答面试中可能遇到的问题做准备

准备面试过程中，还应当对面试中可能遇到的问题做好回答的准备。当然，招聘单位不同、招聘职位不同、面试官不同，提出的问题肯定不同，应试者要预先准备好一切可能的答案是不可能、不现实的。但是，一般面试中可能遇到的问题大致可以分为两大类：一类是有关应试者的个人信息、个人要求、个人经历，以及应试者对应聘组织和应聘职位的认识和要求等一般性问题；另一类是针对当前职位的面试而专门设计来考查应试者能力的特殊问题。

📚 **拓展阅读**

面试官经常问到的 5 种问题

1. 与应试者受教育背景有关的问题。面试官需要据此评价和衡量应试者是否接受了足够的职业培训；应试者所接受的教育及教育结果是否能表明他在应聘的职位上能取得成功。

2．与应试者工作经历有关的问题。面试官希望确认应试者之前是否从事过与应聘职位相关的工作；应试者能否证明自己有能力胜任所应聘的职位；应试者的工作经历所体现的工作风格；应试者与他人合作的经历和表现。

3．关于应试者职业目标的问题。招聘单位需要了解应试者是否具有明确的职业目标；应试者的职业目标是否与本单位的目标相一致。

4．与应试者个性和性格特点有关的问题。面试官要根据应试者的行为举止和态度，来评价和判断应试者是否具备良好的工作习惯和社交技巧。

5．关于应试者对招聘单位和职位了解程度的问题。面试官要了解应试者对招聘单位和职位是否有充分的了解，应试者是否相信自己能在该公司内愉快地工作，取得良好业绩。

4．为求职书面材料做准备

求职信和个人简历是打开面试大门的钥匙，对于应聘成功极其重要。一份好的简历应信息充分、简洁大方、重点突出，只有这样才能吸引招聘人员，获得面试机会。如何撰写一份高质量的求职信和个人简历并不是一件很简单的事情，本章第三节给出了一些实例和技巧。

另外，面试时要把毕业证书、学位证书、专业资格任职证书、获奖证书、身份证、推荐信等相关材料原件及复印件准备好，放入包中并随身携带，以备面试官随时查看。

5．为服饰形象做准备

服饰能够反映出一个人的文化层次、修养和气质。求职面试中，恰当的穿着本身就是一种很好的礼仪，能让应试者在面试官心中留下良好的第一印象。虽然一个服饰得体、举止优雅的应试者并不一定能在面试中得高分，但服饰不得体、举止不优雅的应试者肯定不可能获得面试官的好评。

对于应试者来说，服饰讲究的是与其年龄、身份、气质和体形等条件相协调。不同的职业对服饰都有特定要求，应试者的服饰是否符合职业要求，自然也会影响到面试官对应试者的评价。一般而言，选用简单得体的职业套装是不会出错的。如果不考虑职业特点的要求，片面追求款式新奇、色彩华丽和名贵，反而会影响到面试的效果。每一个应试者都应当清醒地意识到，求职面试的目的是找工作，并不是一个展示自我个性和形象的场合。

最后，在面试之前，应试者可以进行角色扮演练习，让教师、同学、朋友或家人扮演面试官，试着在他们面前自如表达，对于准备好的表述内容不要一味背诵记忆，尽量做到让话语自然地说出来。同时，应试者要做好身体语言的训练，比如在面试过程中不要左右摇晃、不要驼背、不可有过多的小动作，与面试官要有眼神交流等。

6.2.2 面试中的应对技巧及礼仪

1．正确判断对方提问意图

在回答面试官所提出的问题时，应试者要确认对方提问的内容，切忌答非所问。如果在不完全理解面试官提问内容和意图的情况下，想当然地回答问题，就可能被认为是无知，甚至是傲慢无礼的。所以，应试者对于不太明确的问题，与其给一个答非所问的回答，还不如明确请求面试官给予更加明确具体的提示。

面试时的一个重要技巧就是在听到面试官提问后，应试者要快速地分析判断面试官的提问究竟是想测试哪一方面的素质和能力，或者是其他意图，然后要有针对性地回答。只有针对性地回答问题才能体现出应试者的素质、能力和水平。

拓展阅读

提问的背后：毕业生面试问题解读

求职面试可能是初出茅庐的应届毕业生面临的人生中的第一次重大谈判。当公司聘用有工作经验的人时，可以依据他以往的工作业绩对其进行评估，而大部分刚刚毕业的大学生几乎没有工作经验。许多人力资源经理将聘用大学生比作"将酒存在地窖里赌未来"，有些人可以发展成"浓香可口的美酒"，而另一些人则会让人失望。所以为应届毕业生设计的面试程序较为严格，大学毕业生可能会发现针对他们的面试问题往往更尖锐、更隐蔽。应届毕业生机智应对面试问题是成功的关键。

但你不可能为所有的问题都准备好完美的答案，事实上，面试中回答什么不是最重要的，重要的是怎么回答。因此，了解一些专门为应届毕业生所设计的问题及其背后的真正意图之后，你就可以去准备怎样回答了。

"你在今后的五年中要达到什么职位？"

这实际上是"你如何规划自己的未来事业？"问题的翻版，几乎所有应届毕业生都会落入这个圈套，答道"管理阶层"，以为可以借此表明其雄心壮志。但这会引发一系列大多数应届毕业生无法回答的问题：管理阶层的定义是什么？你打算做什么领域的经理？所以，保险的回答是先说明你要发展的专业方向并表明你脚踏实地的工作态度。"我的事业计划是将我的精力与专业知识融入我所在的单位需要的地方。因此，我希望在今后几年内，成为一名内行的专业人士，到那时，我的长期发展目标会清晰地显露出来。"类似于这样的回答会使你在面试官心中的印象好于其他人。

"我们以前也想从你们学校的毕业生中招人，但都不理想，你有所不同吗？"

这是在检测你的自信心和分析能力，当然，你可以为自己申辩，说你与众不同并极力证明这一点。但你其实并不了解这个问题的意图何在，所以你应该这样回答："首先，我想知道您所碰到的那些人具体有什么问题。"你只有明白了问题所在，才能描述自己如何与众不同，否则，你在回答时可能会被对方以这种方式打断："好了，我聘用这些人之前，人人都这样申辩，你也没有说明你到底与他们有什么不同。"

"我很想知道你在学校所学的东西中，有哪些可以用于工作中。"

你的回答可以涉及一些与工作相关的具体课程，但不能仅此而已，面试官想听到的是能立即用上的技能，因此你要解释清楚校园生活教给自己的能力，而不仅仅是一门具体的课程。也就是说，你要说明某一门课程或实践活动对你的能力及个人性格所造成的影响。"在我的主课和副课中，我所学的都是最实用的，比如……"然后再列明你的能力、个性品质或优势。

"你是否感到与别人相处时有困难？"

这个问题意在探明你工作的积极性与服从性，看看你到底是团队中的合格一员，还是一个扰乱本部门工作、使主管感到难以忍受的人。你可以列举一些你参与过的社团活动来证明你的合作精神。

"你为什么会喜欢这类工作？"

这一看似简单的问题，一般是为了考查你是否真的理解应聘具体岗位的日常工作内容。你只有在认真研究了这家公司和这个岗位后，方可回答。你就要事先查阅资料或向类似岗位的员工咨询，了解一下这个岗位的日常工作内容、其在部门及整个公司中的作用以及为什么他们会喜欢这类工作。这样你才算真正理解了你想要得到的这份工作，而绝大多数应届毕业生并不知道这些。

2. 诚实为本，冷静应对

诚实是面试官对应试者的基本要求。如果面试官发现一个应试者在某个问题上说谎或者夸大了实际情况，他就会对这位应试者所有的话都产生怀疑。诚实就是不要不懂装懂，与其答非所问，还不如坦率地承认自己不懂。在面试时下套，把对应试者的真正需求巧妙地隐藏在面试的试题后面，这是如今很多面试官的习惯做法。

要诚实也不应回避问题，保持沉默，这样做会使面试官有一种被轻视的感觉，继而产生反感。所以，坦诚地说明自己的看法是应试者起码的礼貌，对于实在无法回答的问题也应当明确表示歉意。但诚实也并不表示应试者必须坦陈自己所有的缺点，应试者尽力想要给对方留下一个好印象是无可非议的。所以，应试者的正确策略应当是在保持诚实的前提下，突出自己的优点，坦陈自己的不足。

实际上，在面试中应试者难免会遇到一些自己不熟悉或者根本不懂的问题，此时应试者既要诚实又要保证面试成功，就需要保持冷静。换位思考一下，面试官也不会要求应试者无所不知、无所不能，这是不现实的。应试者不必为自己在某个问题上的无知而懊恼。在面试中，面试官所关心的不仅仅是问题的答案，也同样关心应试者回答问题的思路和方法，由此考查应试者的应变能力、反应是否得体、胸襟是否广阔、立场是否明确、是否有主见等。所以，应试者在遇到自己难以回答的问题时，绝对不应表现出急躁或不满情绪，更不应表现出对立或愤怒的态度。只有保持冷静，表现出理智、容忍和大度，保持风度和礼貌，应试者才能从容应对尴尬的局面，获得面试官的认可。

3．善举事例，凸显个性

俗话说"事实胜于雄辩"，事例论证将使你的观点更加雄辩有力。每个应试者都想把自己最完美、最真实的一面展示给面试官，但在展示时又特别忌讳平铺直叙。比如，有很多应试者都想说明自己的团队精神和组织能力，但只是泛泛地强调自己有多么强的能力，这让人感觉有夸夸其谈之嫌，并没有多大的说服力。在这时，如果应试者能恰当地引用一个生活、工作中的实例，就可以取得事半功倍的效果。即便是理论可以证明的问题，应试者若用事实论据作为支撑，也可以使自己的说法显得更有说服力。

有工作经历的应试者可以说自己在工作的过程中，曾经组织过团队活动，且要谈到组织活动的成功之处、活动在同事中产生的良好影响。而没有工作经历的毕业生，可以说自己在学校社团组织过大学生艺术节、足球比赛、歌咏比赛等，且重要的是要谈到活动的举办是否成功、是否收到了预期的效果，以及在同学中的反响。

4．善用身体语言沟通

面试中，回答问题并不仅仅是言语的交流，还有肢体、眼神等的交流。有的面试官视角非常犀利，常通过眼神的交流来判断应试者处理问题的灵敏度与稳重感。面试过程中，惊慌失措、躲躲闪闪或者游移不定的目光，会让人产生应试者缺乏自信的感觉，容易使面试官反感。应试者要主动与面试官进行目光交流，在重点照顾主面试官的同时，还要对其他面试官予以回应。但是应试者也要注意适度性，不能死盯面试官，让面试官产生对你产生表情呆板、缺乏活力的感觉。

面试时，基本的要求就是"站有站相，坐有坐相"，基本原则是大方、得体、不拘谨、不放浪。总之，表情和肢体是语言之外能直接引起交谈双方情感共鸣的载体，应试者对它们的适度把握、恰当运用，可以增强语言的说服力、感染力。

5．礼貌得体地提问

尽管面试过程主要是面试官提问、应试者回答，但是当回答完面试官的所有问题之后，应试者也可以提出几个自己想问的问题，而且礼貌得体地提问往往还能活跃面试的气氛、激发面试官的兴趣，显示出应试者的热情、关注、自信和才华。

需要注意的是，应试者的提问其实和其对面试官问题的回答一样，都间接地表达了自己的想法。因此，作为一个应试者，所提的问题不要总是集中于工资、奖金和福利等方面。应试者如果提出一些与招聘职位的要求、业绩衡量和职业发展有关的、更深入一些的问题，将能增进面试官对自己的好感。

6. 避免面试中的禁忌行为

面试中应试者的行为是面试官对其评价和判断的主要依据。如果应试者出现行为上的失误或做出与面试场合不协调的行为，面试就很难得到满意的结果了。对于应试者来说，下列行为在面试中是需要注意避免的。

① 迟到失约。迟到失约表现出应试者没有时间观念和责任心，面试官会觉得应试者对所求职位缺乏热情，而且应试者迟到后匆匆赶到面试地点，多半还会影响面试的表现。如确实遇到突发事件无法准时参加面试，应试者要尽早通知招聘单位，并预约另一个面试时间。

② 缺乏准备。应试者对招聘单位和职位缺乏基本的了解，甚至不能顺利地回答面试官提出的基本问题。这不但会使面试官认为应试者准备不足，而且会认为应试者似乎无意于在这个职位上发展。

③ 过度表现。有些应试者在面试中夸夸其谈、滔滔不绝、急于表现自己；有些应试者逞强好胜、处处想显示自己高人一等；更有些应试者要小聪明、与面试官套近乎；还有些应试者则说谎邀功、伪造历史或把别人的功劳据为己有。所有这些自作聪明的做法最终都会适得其反。

④ 表现欠佳。有些应试者因过于害羞，不懂得把握时机表现自己，无论对什么问题，答案只是"是""不是"或者"对""不对"；有些应试者面试中顾虑重重、不愿主动说话，偶尔说话也是语调生硬、表情尴尬。这些行为同样会影响面试官对应试者的评价和判断。

6.2.3　面试后的跟进礼仪

1. 礼貌告别

面试结束时，应试者可以强调自己对应聘该项工作的热情，并感谢对方抽时间与自己进行交谈，礼貌地道声"再见""再会""谢谢"等。

起身离座后，应试者应将座椅轻推至原位置。不要背对着面试官离开，应试者应侧身打开门，面带微笑再次面对面试官道别，然后轻关房门。

面试结束时，如果面试官当场表态可以聘用你，应试者要向对方致谢，并表示将为应聘单位尽心尽力工作的决心。

面试结束时，如果面试官没有表态聘用你，应试者不要逼着对方当场表态。

面试结束时，如果面试官当场表示不能聘用你，应试者不要失态，相反，要表示理解对方，礼貌告别。

2. 跟进致谢

为了加深招聘方人员对自己的印象和增加求职成功的可能性，面试后的两三天内，应试者应给招聘单位写一封信表示感谢。感谢信要简洁，不要超过一页纸。信的开头应提及自己的姓名、简况以及面试的时间并对招聘人员表示感谢；感谢信的中间部分要重申对应聘职位的兴趣；信的结尾可以表示对自己的信心以及为应聘单位效力之心。当然，如果有相关的联系方式，应试者发一封电子邮件或一条微信也是可以的。

3. 及时询问

通常，在面试两周后或在面试官许诺的通知时间到了后，应试者还没有收到对方的答复，可主动打电话到应聘单位的人力资源部门查询。

6.3 书面求职材料的准备及礼仪

求职过程是一个双向选择的过程，用人单位根据毕业生提供的求职材料了解毕业生的基本情况，从而决定是否给予毕业生面试机会，进行进一步接触和了解。作为毕业生，为了向用人单位充分展示自己、推销自己，应该准备具有说服力和吸引力的求职材料，从而为自己赢得面试机会。求职者需要自己制作的书面材料包括求职信和个人简历。

实例

四年的大学生活就要结束了，就读××专业的李强对那些已经开始着手准备找工作的同学不屑一顾，他坚信最后的才是最好的。

在班上大部分的同学签了就业协议之后，李强才开始行动，他心想："那些土包子就为求个职，连简历怎么写、写多少内容都去咨询！"李强花了3个晚上，写了一份3页的求职信、一份4页的个人简历，而且经过润色，求职信和个人简历都词句流畅，读起来朗朗上口，颇有气势。然后，他又用了整整一天的时间，对求职信和个人简历进行了精美的设计，最后不惜血本用彩色打印机打印了20份。李强心里想："这材料洋洋洒洒，让人家看了就不想放下。"

可事与愿违，20份"精美"的求职材料都寄给了那些他认为比较中意的企业，但没有一家企业和他联系。

李强不知道，他的求职信和个人简历过于冗长，使企业一下子失去了往下看的兴趣，因为每个职位企业都能收到几十份求职材料，没有那么多的空闲时间。而且，彩色求职材料恰恰是很不受企业欢迎的。可见，即使是准备求职材料这样简单的事情，求职者也要同样予以重视。

6.3.1 求职信的写作礼仪

求职信又称为自荐信，是指求职者向自己欲谋求职业的用人单位介绍自己的基本情况，提出供职请求的书信，是求职者展示自我能力、主动推销自己的书面材料。求职信一般适用于大、中专院校毕业生和无业、待业人员求职，以及在职人员谋求或转换职业。

1. 求职信的格式

求职信的格式和一般书信大致相同，即称谓、正文、结尾、落款。开头要写明用人单位（或其人事部门）领导，如"某单位负责同志：您好！""尊敬的领导：您好！"等字样，结尾写上"此致敬礼"等问候语，并表示希望能得到一次面试的机会，最后写明自己的姓名、联系方式等。

2. 求职信的内容

求职信的主要内容应包括自己满足用人单位的要求、自己的才能及工作态度。具体地讲，大致有以下三个方面。

① 简单的自我介绍，包括姓名、学历、毕业院校、所学专业、特长爱好、主要优势等。

② 简述自己对该职位感兴趣的原因。

③ 表明自己期望能在该单位供职。

📚 实例

求职信

尊敬的领导：

您好！

感谢您在百忙之中抽出时间阅读我的求职信。我是××中医学院临床医学的本科应届毕业生。步入医学行业，医治各类疾病患者一直是我的梦想，医学院的×年历练为我实现梦想打下了坚实的基础，专业特长更使我明确了择业目标：做一名临床医师。选择了医疗事业，选择了医学院校，立志救死扶伤的信念便铭刻于心。

进入大学以后，我抓紧每一天进行专业知识的积累和基本功的培养，学业成绩×××××。作为医学生，我在思想上积极要求进步，以救死扶伤为己任，勇于承担责任。在能力培养上，校内积极参加××××××活动，校外广泛尝试，多次进行××××实践活动，既实践了所学，又锻炼了能力。

大鹏展翅，骏马飞驰都需要有自己的天地。贵院科学的管理体制和明达的择人理念，使我坚信到贵院工作是一个明智选择。个人简历及相关材料一并附上，希望您能感到我的真诚，我也希望能尽快收到面试通知。我的联系电话为139××××××××，电子邮箱是××××××××××。

感谢您阅读此信并考虑我的应聘请求！

此致

敬礼！

毕业生：×××

××××年××月××日

3. 求职信的写作技巧

要写好一封令人满意的求职信，必须注意以下几点技巧。

（1）简明扼要有条理

用简练的语言把求职想法以及个人特点表达出来，切忌堆砌辞藻，因为求职信的读者大多是单位或部门负责人，他们不会把很多时间浪费在阅读冗长的文章上。因此，求职信的写作要开门见山、简明扼要，切忌套话连篇、满纸浮词。求职信不在于长，而在于精，在于内容集中、明确，语言凝练明快，篇幅短小精悍；字数一般在500～1000字，通常是一页纸。

（2）自我推销与谦虚应适当有度

写求职信是推销自己，你就要强调自己的成就、强调对所选单位的价值，因此少不了自我介绍，但是要讲究技巧。例如，在求职信中表达"有能力开创企业的新局面"，让人听起来就感觉很刺耳，可以说"我可以用所学的知识，建立一套新的管理计划，以提高企业的生产率""我可以为企业搞一些形象设计"等。

对中国人来说，谦虚是一种美德。一个谦虚的人，可以使他人对其产生好感。但对于求职者来说，过分的谦虚会使人觉得你什么也不行。谦虚不是自我否定，而是实事求是，恰如其分地表现自己。所以，写求职信应遵循"适度推销"的原则，视具体情况而定。由于文化上的差异，求职者在向外资企业写的求职信中可多一些"自夸"，向国内企业写的求职信中应多一些谦虚。对不同的企业发出的求职信的内容不能一样，求职者要针对用人单位的要求修改自己的求职信。

（3）突出重点

求职信要突出能引起对方兴趣、有助于获得工作的内容，主要包括专业知识、工作经验、自身特长和个性特点等。需要注意的是，即在介绍专业知识和学历时，切忌过分强调学习成绩。有些刚出校园的大学生容易产生一种错觉，以为社会和学校一样，重视学习成绩，认为只要学习成绩优秀就会获得一份好职业，甚至为自己的全优成绩而沾沾自喜，这是不成熟的表现。学习成绩固然重要，但用人单位也很看重经验和实操能力，所以求职者应简单地写明专业和学历，重点突出工作经验和能力。这里所谓的"工作经验和能力"主要是写在校期间参与的专业实习和社会实践活动、学校立项的创新创业项目或者教师布置的以小组为单位的团队作业，并要说明自己在其中扮演的角色或在团队内部起到的作用。

（4）以情动人，以诚感人

写求职信也要有感情色彩，语言有情，会更有助于交流思想、传递信息、感动对方。写求职信做到以情动人的关键在于摸透对方的心理，然后根据自己与对方的关系采取相应的对策。

如果求职单位在你的家乡，求职者可以充分表达为建设家乡而贡献自己聪明才智的志向；如果求职单位在贫困地区，求职者就要充分表达为改变贫困地区面貌而奋斗的决心；如果求职单位是教学单位，求职者就要充分表达献身教育的事业理想……总之，求职者要设法引起对方的共鸣，或者得到对方的赞许，这样对方会主动地伸出友谊之手，给予热情的帮助。

写求职信在注重以情动人的同时，还要以诚感人、以诚取信。只有"诚于中"才能"形于外"。诚是指态度诚恳、诚实，言出肺腑，言而有信，内容实事求是，优点要突出，自信但不自大。

6.3.2　个人简历的写作礼仪

个人简历，也称"简历"，是求职者进行自我评价和认定的主要材料。它是一扇窗户，有助于用人单位了解求职者的基本情况，从而激起与求职者进一步接触的浓厚兴趣。

简历，就应该把"简"的作用运用好。关于简历有"YRIS"一说，就是"Your Resume is Scanned"的简写。也就是说，招聘人员看简历只是扫描式的，是筛选，而不会对所有的简历都仔细地阅读。因此，求职者写简历要熟悉行文格式，进行专业的写作。一般来说，用人单位招聘毕业生主要看四个方面的内容：基本信息、所学课程及成绩、在校期间的社会实践活动、所获奖项。个人简历的写作技巧和礼仪如下。

① 要突出经历。用人单位较为关心的是求职者的经历，从经历来看求职者的经验、能力和发展潜力，所以，一份好的简历要重点突出自己的相关经历。大学毕业生的社会经历相对少一些，但也要写得充实、有个性，反映出大学毕业生的真实情况。在简历中要充分展示专业特长和一般特长，强调过去所取得的成绩，尽量用数据描述。大学毕业生提及自己的成绩和优点时，切忌夸大其词，甚至编造。

② 要突出所应聘的职位信息。招聘人员关心求职者经历的目的主要是考查求职者能否胜任该职位，而以往经历与该职位的相关性和匹配性就在一定程度上决定了招聘人员是否会把求职者留下。因此，求职者无论是写自己的经历还是进行自我评价的时候，都要紧紧抓住所应聘职位的要求来写。

③ 排版考究，页数控制在 1～2 页。如果用人单位是外企或以外向型经济为主的企业，求职者则要同时附英文简历。简历一般采用表格形式，便于阅读，且有吸引力。

④ 印刷精良，简洁大方。打印排版时，白纸黑字是简历的理想表现形式。注意字体统一，不用斜体、隶书、行楷、琥珀体等；整页文字疏密有致，清楚大方；简历中的小标题应该加粗，如个人资料、个人兴趣、社会实践经历、求职意向等。同时注意语法、标点，避免错别字。

⑤ 不要写对择业不利的情况，如对薪资和工作地点的要求。成绩也不必全部都写上，主要写专业课的成绩，尤其要注意避免写出补考的科目。如果在学校没有获奖，获奖情况一栏不要填"无"，而应把这一栏删掉。求职者要做到既不说假话，也不要取长补短，而要扬长避短。

简历模板在网上即可搜到，但是不管什么格式的模板，在填写时都要切记以上几点。建议求职者使用可以附上照片的简历模板，选一张自己满意的照片附上，可以给用人单位一个好的印象。表 6-2 所示为毕业生求职简历的示例，供参考。

表 6-2　毕业生求职简历的示例

应聘职位	网络安全维护管理、数据库管理、计算机系统安全维护、软件策划/开发等相关的职位			
姓名	×××	性别	×	照片
户口所在地	××市××区	出生年月	××××××××	
毕业学校	××××学院	专业	信息技术	
婚姻状况	未婚	民族	汉	
手机号码	××××××××××	邮箱	×××××××	
身高	×××cm	体重	××kg	
教育情况	★主修方向：信息安全 ★主修课程：现代密码学、通信原理、数据结构、数据库基础、计算机网络、微机原理与接口技术、计算机组成原理、C 语言、控制工程基础等 ★专业课程：电子商务、信息对抗原理、网络管理与安全、数字图像处理、数字签名等 ★专业排名：12/60 **计算机水平** ★会使用 C 语言编写程序 ★会使用 SQLServer 进行数据库的建立和基本维护 ★会简单运用 Photoshop 进行基本的图像处理 ★会使用 Matlab 以及电路设计软件 ★能够熟练使用 Windows 系列操作系统以及基本办公软件（Office 系列）			
个人技能	★大学英语四级 506 分，能够听懂日常英语，熟练运用计算机进行高质量全文翻译，高效而准确 ★有机动车驾驶证 ★有较强的文字功底 ★有中央音乐学院电子琴六级证书			
实践与实习	★2018 年，在校实践中实现 VC 平台编程，完成万年历、U 盘以及控件播放器项目 ★2019 年 7 月暑假，在北京×××健康管理集团公司任实习讲师，期间获得会员及领导好评 ★2019 年，在校实践完成了放大音频设备电路板的设计、刻画以及焊接，并成功播放高音质歌曲 ★2018—2019 学年，软件工程课程实践中，在 VS2005C#平台完成病毒程序设计开发，实现键盘及鼠标锁定的攻击以及重开机、自启动的攻击 ★2020 年，在校实践中实现了古典密码的编程，包括凯撒密码以及置换密码的加密及解密 ★2020 年 1 月寒假，在×××市做"旅游城市近 10 年发展成果及弊病"调研，并完成了调研报告 ★2019—2020 学年，任年级组织委员，成功担任元旦联欢晚会主持人			
兴趣爱好	★喜欢游泳、羽毛球、登山以及垂钓等体育项目 ★喜欢阅读现代文学，撰写微博等			
获奖情况	★2018—2019 学年学校二等奖学金 ★社会实践先进个人			
自我评价	我是一个性格开朗随和、谦逊而有主见、很有亲和力的人。我具有很强的责任心和团队合作意识，与人沟通的能力出色，对别人交付的事情一向是尽自己最大努力按时保质完成。我有一定的自学能力，对环境适应力强，面对困难能够积极地应对和克服，对亚健康管理很有研究，能够让自己的身体时刻保持在最佳的状态。 您的信任是我的动力，希望能够给我一个机会为贵公司的发展出力			

6.3.3　求职信与个人简历的区别

求职信与个人简历的撰写目的是一样的，都是要引起招聘人员的注意，争取面试机会，但两者的形式有所不同。个人简历并不等同于求职信。求职时个人简历通常不能单独寄出，应该附有信件，即求职信。

求职信是针对特定的个人来写的，简历却是针对特定的工作职位来写的。简历主要叙述求职者

商务礼仪：理论、案例与实训（附视频指导）

的客观情况，而求职信主要表述求职者的主观愿望。相对于简历来说，求职信更强调突出个人的特征与求职意向，以求打动招聘人员的心；同时，求职信也是对简历的简要概述和补充。

也就是说，求职信与简历的内容有相当部分是相似的，在简历中的学历、专业技能、项目经验、兴趣爱好等内容，在求职信中也可以存在。当然，求职信没必要把简历中的内容重复一遍，应找出关键点加以强调。

在国内，求职信的作用通常没有简历重要，很多招聘人员更看重简历。但在国外，求职信都是要作为正式的邮件来写的，格式要求非常严格。因此，在向外企求职的时候，求职者必须准备求职信。

中小企业的招聘人员会有更多时间查看邮件，一封好的求职信能在很大程度上凸显求职者对这份工作的重视，同时也能更充分地展示求职者的能力。

在大型企业及互联网企业，简历的作用远大于求职信，因为这类企业的招聘人员通常十分忙碌，可能没有时间和耐心去仔细阅读求职信。向这类企业求职时，求职者可以考虑把求职信要表达的核心思想压缩成几句话，放在简历的最后一段，这样就可以不再单独提交求职信，仅提供个人简历即可。

练习测试题

一、不定项选择题

1. 面试前没有准备严格的提问框架和问题答案，面试官与应试者可以自由展开交流，整场面试在比较轻松的氛围中进行，这种面试方式叫（　　　）。

A. 结构化面试　　　　B. 标准化面试　　　　C. 非结构化面试　　　　D. 半结构化面试

2. 以下面试方法中属于情景化面试的有（　　　）。

A. 无领导小组讨论　　B. 公文筐处理　　　　C. 角色扮演　　　　　　D. 结构化面试

3. 在面试的（　　　）阶段，面试官通常会问一两个应试者熟悉的、有准备的题目。

A. 关系建立　　　　　B. 导入　　　　　　　C. 正题　　　　　　　　D. 收尾

4. 关于面试前的准备工作，下面表述正确的有（　　　）。

A. 调查和收集招聘单位的基本情况和职位要求

B. 撰写一份高质量的求职信和简历

C. 准备一套款式新奇、华丽或名贵的面试服装

D. 进行角色扮演练习，让你的同学扮演面试官，你试着在他们面前自如表达

5. 面试时，如果遇到不理解面试官提问内容和意图的情况，你认为正确的应对方式是（　　　）。

A. 尽管对于问题不太确定，还是要给出一个可能正确的回答

B. 请求面试官给予更加明确具体的提示

C. 答非所问，巧妙地转换话题

D. 保持沉默，暗示不会回答

6. 撰写求职信和个人简历时，下列做法错误的有（　　　）。

A. 对不同的企业，求职信的内容不能一样，要针对用人单位的要求修改自己的求职信

B. 写求职信应该理性客观地表达自己的求职要求，不宜带有感情色彩

C. 向大型企业及互联网企业求职时，个人简历的作用远大于求职信

D. 撰写个人简历时，如果在学校没有获奖，获奖情况一栏也不要填"无"，可以把这一栏删掉

7. 关于面试后的跟进礼仪，下列做法正确的有（　　　）。

A. 面试结束时，可以强调自己对应聘该项工作的热情，并感谢对方抽时间与自己进行交谈

B. 面试结束时，如果面试官当场表示不能聘用你，也要表示理解对方，礼貌告别

C. 面试后的两三天内，给招聘单位写一封信或发一封电子邮件表示感谢

D. 在面试官许诺的通知时间到了后，还没有收到对方的答复，主动打电话查询面试结果

二、判断题

1. 行为描述面试的基本原理是未来行为或绩效的最好预测指标是过去的行为或绩效。（　　　）

2. 准备面试过程中，由于招聘单位不同、招聘职位不同、面试官不同，提出的问题肯定不同，应试者试图对面试中可能遇到的问题做好回答的准备，是徒劳无功的。（　　　）

3. 应试者进入面试室后，应该积极主动与面试官握手。（　　　）

4. 尽量让家人或朋友陪伴去面试。（　　　）

5. 面试中提到自己的能力时，恰当地引用生活、工作中的实例，可以起到事半功倍的效果。（　　　）

6. 只有简历出彩，才能得到面试机会，因此在简历中提及自己的成绩和优点时，可以适当地夸大其词。（　　　）

三、简答题

1. 面试有哪些类型？

2. 面试的实施过程包括哪几个阶段？

3. 求职面试前需要做好哪些准备工作？

4. 应对面试应注意哪些技巧和礼仪？

5. 面试后的跟进要注意哪些礼仪？

6. 求职信与个人简历有何区别？

7. 求职信和个人简历的撰写要注意哪些技巧？

8. 本章引例中的苗婷婷同学在面试中这样介绍自己有什么不妥的地方吗？

案例分析题

【案例6-1】 小袁的求职经历

小袁是××科技大学材冶学院材料成型及控制工程专业××××届毕业生，他成功应聘了×××××技术股份有限公司拓展工程师岗位，下面是他对这次招聘过程的回顾和总结。

我在校报记者团工作过，大四刚开学，我向校报老师咨询就业问题。老师说要发挥自己的优势，建议我从事高新技术行业。我分析了半天，觉得自己擅长表达，决定从事工科类的销售工作。

校报的学长帮我修改简历，说简历要有逻辑，不能有一句废话，要用事实和数据说话，还要突出自身优势。在几次招聘过程中，面试官都对我做过校报记者的经历感兴趣，有的因此而愿意录用我。

有一家公司来学校开招聘会，冲着年薪10万元以上，我赶去交了简历。下午收到面试通知，要参与无领导小组讨论，大二进学院主席团时我就经历过这个环节。

我顺利进入第二轮的笔试，考的却是电子电工方面的知识，天啊，这可是我大二学的东西，现在大半都忘了，做完卷子我就觉得没戏了。可是，我居然接到了第三轮面试的通知。招聘主管对我的大学生活、简历的内容、家庭情况等深入询问。大家都走了，招聘主管让我留下来进行第四轮面试，公司领导亲自面试我。

谁知，领导第一句话就是"你大学干吗去了？"原来，笔试总分100分，我只考了27分。我没有慌张，而是跟他解释，这门课课时很少，大二时学生会工作比较忙。

"你成绩这么差，公司凭什么要你？"领导又说了很多瞧不起我的话，还说公司有好多人因为受不了工作压力辞职了。我说，我的数学和物理成绩很好，这是工科的基础，有了这学什么都快。然后我又说我不怕辛苦，还跟他讲了大学期间在学生会如何面对迎新压力、运动会压力等。领导又说

你这专业不对口，我们的培训你跟不上怎么办？我说就算不吃饭、不睡觉我也不会掉队的，我一个理科生，连写新闻稿都学会了，还有什么学不会呢？

最后领导让我回去等通知。我本以为毫无希望，结果第二天接到了该公司的录用通知。后来听招聘主管说，第四轮面试是压力面试，而我表现良好。于是，我如愿以偿进入了这家公司。

大学四年在校报记者的经历，使我受益良多。在采访的过程中，我逐渐学会了如何尊重别人、如何与别人交流、如何从一个旁观者的角度去分析看待问题。

问题：

1. 你认为小袁为什么在求职过程中总是能处于相对优势的地位？

2. 你如何评价小袁在压力面试过程中的表现？

3. 为什么小袁在笔试成绩较差的情况下仍然能获得工作机会？这给你什么启示？

【案例6-2】　　　　　　　　　　求职信

尊敬的阳光装饰公司经理：

您好！

本人是今年的应届毕业生，面临毕业，想到贵公司工作，现将本人的情况做如下的介绍。

本人现就读于××职业技术学院建筑装饰专业，今年七月毕业。我在校时各方面表现都很好。

我的性格属于外向型，不喜欢独来独往，比较健谈，喜欢去人多的地方，喜欢交朋友，而且认为朋友越多越好，将来有什么困难可以得到朋友的帮助。

我的兴趣广泛，好像什么都喜欢，我虽然不会唱歌，但喜欢听人唱歌，喜欢欣赏音乐、画画，也爱好体育活动，特别喜欢打羽毛球。

在遵守纪律方面，我比较自觉，从没有违反过学院的纪律，不但没有受过处分，有时还能得到表扬。

在生活方面，我比较简朴，不乱花钱。有人说我吝啬，我有自己的看法：我们学生是消费者，花钱不能大手大脚，不然会增加家长的负担，节约是我的优点，我不承认吝啬。

在学习方面，我也很自觉。有的人对基础课的学习不够重视，只重视专业课，我不是这样，我对基础课和专业课同样重视，所以各科学习成绩都达到了老师的要求。

贵公司是从事装修工作的，我是学装饰专业的，完全可以在贵公司工作，请公司研究并答应我的求职申请。

此致

敬礼！

求职人：××职业技术学院装饰班　张三

××××年××月××日

问题：试分析该求职信存在哪些问题。

📚 实训

1. 即兴发言训练

选择下列一个题目进行一次即兴发言，要求时间控制在2～3分钟。

① 你参加某企业招聘一名经理助理的面试，面试官要求你陈述自己的基本情况，以及你应聘该职位的理由和自己的职业发展规划。

② 你准备竞聘某学生社团副社长的职位，请你进行竞聘发言。

③ 你邀请了一位你熟悉的老师给大家讲课，你需要对该老师进行介绍。

④ 在某次竞赛活动中，你获得了一等奖，当你上台领奖时，被要求讲几句话。

2. 面试礼仪训练

① 准备：教师扮演面试官，学生扮演应聘者。

② 实施：假设一家企业有多个职位可供选择，学生扮演的应聘者进行面试。

③ 要求：每位学生需要准备一份求职简历。

④ 总结：让学生进行自评和互评，最后教师进行总结评价。

3. 模拟求职面试

模拟场景：某教育科技企业招聘1名广告执行员，要求大专或本科学历，性别不限。

岗位职责：负责旗下广告资源管理和维护，制定并推行广告投放标准和规则；对广告资源进行排期管理，定期提供空余广告资源排期信息反馈；监督全站广告投放是否正确，定期进行排查，及时处理问题广告；负责广告效果分析，为客户及相关业务部门提供广告数据支持。

任职要求：对教育互联网行业有一定认识，一年以上相关工作经验；较强的沟通能力，能对各种突发情况进行妥善处理；吃苦耐劳，工作主动积极，具有团队合作和共享精神；具备全面的广告和营销知识，有较强的执行力，能熟练使用办公软件。

① 请根据上述招聘广告，做好相关应聘面试的准备。

② 两组学生（人数不宜过多），一组作为招聘方提问，一组作为应聘方回答。

③ 学生完成情景模拟后，先让学生自评，然后教师进行点评。

4. 面试问答训练

以下列出了招聘人员常问的4个问题，你认为每个问题的哪个答案最有可能被面试官认可？阐述你的理由。

问题1：你为什么想离开目前的岗位？

A. 其他同事认为我是领导跟前的红人，所以处处排挤我

B. 调薪的结果令我十分失望，完全与我的付出不成正比

C. 领导不愿授权，工作处处受限，束手束脚、很难做事

D. 企业运营状况不佳，大家人心惶惶

问题2：你对我们企业的了解有多少？

A. 贵企业在去年长达8个月的时间内，利润率都排在行业前列

B. 贵企业连续3年被××杂志评选为"求职者最想进入的企业"第一名

C. 不是很清楚，能否请您介绍一下

D. 贵企业有意改变策略，加强与国外大厂的原始设备制造商（OEM）合作，自有品牌的部分则通过海外经销商进行销售

问题3：你找工作时，最看重的因素是什么？

A. 企业的发展前景及产品竞争力

B. 企业对员工生涯规划的重视及人性化的管理

C. 工作的性质是否能让我发挥所长，并不断成长

D. 合理的待遇及主管的管理风格

问题4：请谈谈你个人的最大特色。

A. 我人缘极佳，连续3年担任工会委员

B. 我富有毅力，事情没有达到一个令人满意的结果，绝不罢手

C. 我非常守时，工作以来，我从没有过迟到过

D. 我的个性很随和，是大家公认的好好先生（女士）

第7章
Chapter 7 | 职场沟通礼仪

本章内容

◎ 校园与职场人际关系的差异性

◎ 转变学生身份，开启职场大门

◎ 与上级沟通的原则、技巧和礼仪

◎ 与下级沟通的原则、技巧

◎ 与同事沟通的原则、技巧和礼仪

引例

大学毕业生的"闪辞"现象

毕业季又快来临了，用人单位忙校招，大学生忙应聘，就业市场显得格外热闹。但在这样一种热闹的情景之下，却有一种不协调的声音萦绕在人们的耳畔。据媒体记者走访现场招聘会了解到，不少用人单位反映，近年来在新就业的大学生中"闪辞"现象不断增多，出现了大学毕业生在职时间变短、稳定性变差、入职不久就辞职的现象。一些用人单位在招聘时，对应届毕业生"又爱又恨"。

据调查，大学毕业生在工作中出现"闪辞"现象，其主要原因是：无法适应人际关系、薪资福利偏低、个人发展空间不够和想改变职业和行业。例如，大学毕业生王慧辞职的原因就在"无法适应人际关系"之列。她在一年内的数次离职，所流露出来的不满情绪多是对单位的工作氛围无法认同，工作环境与自我期待有落差，在单位不看好个人的发展前景，不喜欢自己从事的工作，无法适应职场人际关系等。一句话，她的每一次"闪辞"，皆是自己过强的个性和任性使然。

王慧谈起自己一年来三次"闪辞"的经历时说，在单位她来不了八面玲珑那一套，奉承上司、讨好同事，更是她的弱项，所以，适应职场人际关系成了她最大的障碍。她始终绷紧神经、小心翼翼做事，但是不知哪里出了差错，她很快就成为众矢之的。王慧曾在一家单位做窗口服务，某位老员工可以由着性子对来办事的人说，马上要下班了，继而，老员工冲着她的窗口说："去那个窗口办理业务吧，那边有人。"其实王慧觉得无所谓，因为她是新人，多做点没什么，但看不惯老员工那种自我优越感和歧视新人的样子。

然而，这样的事情做多了并非好事，王慧反倒听见了阴阳怪气的言论。有的人说她工作效率低，有的人说她装忙出风头，是做给领导看的。但是她向来不在乎别人说什么，都以冷漠、无视还击。或许，她的不合群加快了被排挤的速度，同事们相互邀请去应酬，王慧是落单的那个；闲暇时，大家聚在茶水间谈论八卦，王慧一进去，集体噤声。王慧到底还是俗人一个，心情大受影响，每天一睁眼，想到令人压抑、窒息的工作环境就想掉泪，太不开心了。坚持了两个多月，王慧毅然决然辞职走人。

从上面的案例可以看出，大学毕业生无法适应职场人际关系就难以适应职场，更谈不上个人的职业发展和事业成功。那么，校园与职场的人际关系到底有哪些差异？大学毕业生应如何转变学生身份，开启职场大门？大学毕业生应如何与上下级和同事进行有效的沟通？本章将围绕这些问题予以阐述。

从学生到职场人这个身份的转变是每一位大学毕业生都无法避免的，提前认识这个问题，并且运用一些措施和方法来规避和改善这些问题，可以让自己轻松完成角色转换，拥有一个积极、和谐的职场生活。本章在分析大学毕业生初入职场的人际关系的基础上，系统阐述职场上与上级、下级以及同事进行沟通交往的原则、策略和礼仪，为大学毕业生未来职业的美好前景打下坚实的基础。

7.1 适应职场人际关系

7.1.1 校园与职场人际关系的差异性

职场不同于大学，很多刚出校门的大学毕业生无法适应职场环境，主要是因为没有意识到大学和职场的区别，没有调整好心态，内心所想和职场现实有落差。未出校门，大学毕业生看待职场往往有理想化色彩，期待自己可以大展拳脚。可真正到了职场，大家才发现这是与学校完全不同的世界。

1. 角色身份和社会责任发生转变

相信每位大学毕业生在走进职场之前都对职场生涯充满着紧张和期待，总会幻想自己在工作岗位上大展身手，被领导肯定、被同事拥戴，尽快地升职加薪走上人生巅峰。可"理想是丰满的，现实是骨感的"，大学毕业生要成为职场赢家，首先要清楚学生和职员之间社会责任的转变。学生在学校主要的任务就是学习，由于学校性质的特殊性，学生在学校一直处于被服务的一方，教学楼、图书馆、实验室、食堂、宿舍等，每一个机构从某种程度上来说都尽可能为学生提供良好的学习环境和优质的服务。然而，当大学毕业生走进职场时，大学毕业生就已经失去了被服务的资格，反而变成提供服务的一方。领导的施压、客户的刁难可能会是职场人士经常面临的问题，比如，为客户通宵做文案，根据客户要求一遍遍改进策划……，这些都可能会是职场人士身处的境遇。从被服务者到主动服务的提供者的转变过程，大学毕业生需要一步步去体会和改变。当然，职员仍然可以享受到公司提供的人性化服务，但是从工作性质来说，自身是公司的一员，应与公司荣辱与共，为公司谋利益、求发展，自己已不再是学生时期的只顾学习的享受者，而是扮演着为他人提供某种服务的角色。所以，大学毕业生要意识到自己在工作时已经不属于被服务的一方，而是承担相应的责任和义务的职场人士。

2. 交往对象和交往礼仪变得复杂

大学期间，打交道的除了父母、老师，就是同学和其他同龄人，关系相对简单，没有很强的竞争和利益冲突，互相学习、互相帮助占人际关系的主流。但在职场中，新入职的大学毕业生要和不同年龄、不同背景、不同观点的人一起工作，需要处理和领导、同事以及与客户之间的多重关系，要顾虑多方面因素，关系的复杂性有时甚至超过了工作内容本身。因此，大学毕业生虽然不需要八面玲珑，但也要用心维系，因为这关乎自身职业发展。

而且，职场是一个等级分明的地方。职场结构如同社会结构一般，都呈金字塔状，因而有着"地位影响关系"的特点。这种等级性，讲的是人有权责大小之分。但不论是什么样的等级之分，都要讲究规矩和礼仪，也就是说，人的言行是受限制的。职场人士必须按照等级、规矩和礼仪来规范自己的行为，不能为所欲为、逾越规矩。

作为刚入职的大学毕业生，与领导、同事、客户沟通的礼仪、节奏、态度、场合、时间以及禁忌等，是一门新的必修课，需要学习摸索，甚至试错、犯错，在这个过程中不可避免会产生懊恼、挫败等情绪。

3. 心理压力和焦虑感增强

大学毕业生在职场和学校是靠完全不同的方式来获得认可的。大学毕业生从学校到职场，换了场景，如果无法转换学生思维，就要受点打击。大学期间，每天按时上课，规律作息，顺利完成学业即可；注重学习的过程，而且不懂就可以问老师和同学。而到新的岗位和环境中，领导和同事看重的是工作结果，不会有人一直在背后催促新入职的员工，一切全靠自觉。而有些同学在学校的时候极少参加社会实践，主动担当、快速学习和独立解决问题的能力都欠缺，离开了老师的指点和督促，不知道如何将自己的所学在工作中用出来，表现出来的就是：不知怎么做，也不知该怎么学，完成不了工作任务，业绩上不来，感到焦虑甚至郁闷。

4. 激励方式和评价标准不同

在学校，老师对学生一般都以鼓励、表扬等正面激励为主，即使学生做错了，顶多也是批评教育一下，实质性的惩罚比较少。而在职场，大学毕业生发生了从学生到职员身份的转变，会受到职场比较严格的要求。职场更多讲效率和结果，加上新人对工作熟练度不高，因而被批次数可能会较多，甚至受到斥责、罚款、扣奖金等处罚，故而内心更迫切地渴望来自领导、同事或客户的认可与肯定。当熟悉组织中的人和事之后，初入职场的毕业生会开始评估自己是否为组织创造了绩效，这是让自己找到职场存在感的重要方式。初入职场的毕业生会因为自己创造了被认可的成绩而坚定自己留下来的信念，反之，初入职场的毕业生则会感到挫败并考虑离开。除了考虑薪酬、工作环境、制度等硬性工作条件，初入职场的毕业生如果没有感受到被重视、被理解，没有看到自己的进步并被肯定，就会产生挫折感，甚至考虑离职。

7.1.2　转变学生身份，开启职场大门

从校园到职场、从学生到职员，如何快速转变自己的身份、适应身份的变化，是每位大学毕业生都应该重视的问题。

1. 心理暗示，进行身份认同

我们现实生活中经常会碰到学生被优待的情况，各大景区学生票半价，交通工具学生票折扣，甚至餐馆、电影院都有优惠、折扣活动。可毕业生一旦离开校园，摘掉学生的帽子后，职场便不会将其依旧当学生对待，那些因学生的身份而得到的优待也不复存在。工作没有按时完成而遭到上司的训斥，拖同事的后腿而被抱怨和非议，产品质量不佳而被客户投诉等，这些情况是职场人士经常遇到的。

"在其位，谋其政"，一旦进入工作岗位，大学毕业生都要承担相应的任务和职责，成为公司的一员。如此巨大的身份落差可能让刚走进职场的新人难以接受，轻者产生消极对抗情绪，严重者可能影响身心健康。所以大学毕业生要不断地给自己心理暗示，尽快完成身份的转变，告诉自己已不再是学生，而是即将走进职场的社会人。大学毕业生只有认同了自己的身份，才能在行为方式上有所改变，快速进入工作状态。

2. 熟悉职场礼仪规则，打造和谐的人际关系

良好的人际关系是个人工作和生活的润滑剂，人际关系的处理也是个人交往能力的体现。学校一直都是简单纯粹的场所，虽说学校是个小社会，但是学生与老师、学生与学生的关系相对而言较为单纯，很少有利益冲突。职场中，利益相互交织，人物形形色色，一不小心可能就会掉进困局。再者，现今的毕业生大多是独生子女，个性鲜明、较真张扬，并不擅长处理人际关系，加上社会经验少，到了职场中很容易与上司、同事发生不愉快的事件，进而影响个人工作和生活。因此，大学毕业生应该尽快学会和熟悉职场的礼仪，学会处理人际关系，尽快融入公司的大集体

之中，建立良好的人际关系。

3．千里之行，始于足下

现在公司讲究的是创造公司价值，公司聘请任何一位员工都是从自身的利益出发的，这要求员工承担相应的责任和义务。大学生平时在学校主要的任务便是学习，但很多行为都是满足学校或者老师的硬性要求，真正本着对自己负责的态度而去努力学习的比较少。从整体上看，大学毕业生可能会存在一些行为懒散、工作主动性和积极性缺乏、责任意识不强、眼高手低等问题。而公司是以盈利为目的，运用各种生产要素向市场提供商品或服务，实现自主经营、自负盈亏、独立核算的法人代表或社会组织，具有严密的组织性和纪律性。因此，大学毕业生身上存在的这些问题正是公司所忌讳的。千里之行，始于足下。当下毕业生应从小事一点一滴做起，加强责任意识和礼仪修养，改变平时懒散的生活习惯。入职后，在平时工作中，大学毕业生应积极主动为公司做事，有疑问向老员工虚心请教，切忌眼高手低，做出不尊重领导和同事的行为。大学毕业生应立足平凡的岗位，埋头苦干，努力奉献，创造一个美好的职业生涯。

7.2　与上级沟通的礼仪

按照信息的流向，组织内部的沟通可以分为上行沟通（与上级沟通）、下行沟通（与下级沟通）、平行沟通（与同事沟通）。每一类组织内部沟通都有其特定的原则、技巧和礼仪。处理好组织内部的沟通，我们才能凝聚团队力量，从而协调、有效地工作。

上行沟通是下级参与管理、发表意见或建议、表达利益诉求以获得上级支持、实现下情上达的重要方式，同时，也是上级实时了解与掌握下级员工对工作、对组织的总的看法和期待的重要方式。不论是初入职场经验不足的新人，还是在职场摸爬滚打了数年的经验丰富的老手，都必须面对上行沟通。从某种程度上可以说，上行沟通的效果有时甚至会影响一个人的晋升机会与发展空间。因此，上行沟通是组织内每个人都必须掌握的一门必修课。

7.2.1　与上级沟通的原则

1．遵守管理规律和组织制度

通常来说，下级与上级的沟通应根据组织的正式等级链进行，逐级沟通，不可越级。下级注意组织制度中对权限和流程的各项规定，严格遵守。比如，下级向上级请示或汇报工作，要按照下级服从上级的原则，逐级请示、报告；下级要避免多头请示、报告，坚持谁交办向谁请示、报告，以减少不必要的矛盾，提高办事质量和工作效率等。

2．理解、尊重上级但不盲目吹捧

吹捧是夸大其词的奉承，是言过其实的赞扬，是别有用心的谄媚；吹捧与尊重截然不同。在任何场合，下级要充分尊重上级并维护上级的权威，积极支持、配合上级的工作。理解尊重上级，应重点把握以下两点。

其一，沟通态度谦逊、低调。下级对上级不能直呼其名，而要称呼其职位；说话语气要温和，表达方式要委婉；善于请示，勤于汇报；提建议要适时适度。下级还应认识到，上下级亲密、信任关系的维系建立于遵守基本礼节的基础上，没大没小只会招致上级反感。

其二，意见相左时不可当面顶撞。强调上下级对话地位的平等并非意味着下级可以毫无顾忌、口无遮拦，下级要保持遵从态度、进行如实陈述、充分表达，展露个人理性想法、严谨观点，以

助力上级进行更全面、更科学的认知和判断。这就要求下级在交流过程中不能直接和上级顶撞，否则不仅有违尊重态度，更有违组织纪律。当上下级对某一事务或问题出现较大意见分歧时，为确保自我认知和判断的理性，下级应学会换位思考，通过对个人有限立场、局部视野的主动突破来积极地理解上级意图。

3. 请示但不依赖

在工作上，下级不能超越自己的权限做事，不能越俎代庖。对超出自己权限的事情必须请示汇报，请示的时候必须有自己的建议和方案，这样才能让上级认识到你的作用和能力。下级在自己职权范围之内要大胆负责，敢于决策，而不能事事请示，遇事没有主张。

4. 主动但不越位

下级对工作要积极主动，敢于直言，善于提出自己的意见，不能唯唯诺诺。当然，下级的积极主动、大胆负责是有条件的，不能擅自超越职权。现实中，越位常常表现为决策越位、表态越位、答复问题越位等。

7.2.2 与上级沟通的技巧和礼仪

上行沟通的主要形式是请示和汇报。请示，是下级向上级请求决断、指示或批示的行为；汇报，是下级向上级报告情况、提出建议的行为。二者都是职场人士经常性的工作行为。

1. 明确程序

请示和汇报工作通常有以下几个步骤。

一是明确指令。一项工作在明确了方向和目标后，上级通常会指定专人负责此项工作。如果上级明确指示自己去完成这项工作，你就要迅速准确地把握上级的意图和工作的重点，遵循 5W2H 原则，包括谁传达的指令（who）、做什么（what）、什么时间（when）、什么地点（where）、为什么（why），以及怎么做（how）、工作量多大（how much）。其中任何一点不明白，都要主动询问，并及时记录下来。最后，下级还要简明扼要地复述一遍，以确认是否有遗漏之处或领会有误的地方。当对上级的指令理解模糊时，绝不能想当然；在执行任务的过程中，遇到困难或疑惑之处，下级要及时跟上级沟通，以避免走弯路，耽误工作。

二是拟订计划。在明确工作目标之后，应尽快拟定工作计划，交与上级审批。在拟订工作计划时，下级应详细阐述自己的行动方案和步骤，尤其是工作进度要有明确的时间表，以便领导进行监控。以制订月销售计划为例：首先，下级要明确下个月要达成的业绩目标；其次，下级要说明这些目标有多少源于老客户、多少源于新客户；最后，下级要说明打算通过哪些渠道，采用什么促销方案来实现这一目标等。这样的月销售计划既具体可行，也方便上级及时纠正。

三是适时请教。在工作过程中，下级要及时向上级汇报和请教，让上级了解工作进程和取得的阶段性成绩，并及时听取上级的意见和建议。下级切不可等工作全部结束后，才将工作情况和盘托出。

四是总结汇报。工作任务完成以后，下级应及时向上级总结汇报，总结成功的经验和不足之处，以便在今后的工作中改进。下级与上级沟通自己的工作情况，既显示出对上级的尊重，也有利于展示自己的才干，可为赢得上级的赏识和器重奠定基础。

2. 充分准备

很多时候，下级之所以出现沟通焦虑，是因为对沟通的准备不足，克服的办法就是以有准备的行动增强自信心。实际上，上级喜欢的交流方式是与下级在彼此互动的基础上积极探讨。这就要求下级在与上级进行交流前做好充分的准备工作。

首先，面对需要解决的问题，下级应有相对成熟的方案供上级参考，这既可让上级觉得下级确实做了很多工作，也可让上级在充分了解中加快决策的进度。如果就某个特殊问题请求上级批示，下级自己心中要有两套以上的解决方案，并对其利弊了然于胸，必要时向上级阐述明白，并提出自己的主张，争取上级的理解和支持。如果就某项工作加以汇报，下级要在明确上级意图的基础上，确定汇报主题，把握汇报重点，组织汇报材料，合理安排汇报内容的顺序与层次；对汇报中可能出现的情况、上级可能提出的问题，下级要做到心中有数，绝不能仓促上阵。

实例

哪种请示和汇报方式更好

下面哪种请示和汇报方式更好？

"领导，感觉最近员工的士气总是不高，您能不能给我一些建议？"

"领导，我感觉最近员工的士气不高，业绩也受到了影响。这两天，我跟大家沟通了一下，感觉主要是临近春节，很多客户都忙着拜年和要账，没有精力跟我们谈广告业务，而我们的业务员也都想着回家过年，所以整个团队士气不高。我感觉春节前这段时间还是很宝贵的，我们必须提高团队的士气，我有两个方案，您看怎样？一是我们在团队内部做个竞赛，业绩排名前六的员工，公司帮助其解决回家的火车票；二是我们在团队内部搞个激励活动，对表现良好的员工，公司为其准备一个春节大礼包。这两个方案，花费都不会超过 6000 元，而增加的收入可能是 60 万元，您看选择哪个方案比较好？"

启示：上级只做"选择题"，不做"问答题"。对于下级而言，把"问答题"抛给上级是不明智的做法，甚至会导致上级做出错误的判断或决定。所以在请示上级时，下级要掌握请示和汇报的技巧。

其次，下级在进行具体工作汇报时，有必要做好相关数据资料的收集，以确保个人阐述时有理有据、科学严谨，还可保障上级决策的务实性、高效性。确保所用的数据与材料都源于客观实际，要用事实说话，千万不能仅凭自己的感觉任意为之，这是很主观、没有说服力的。列举事实、数字要准确无误，尽量避免"大概""估计""可能"之类的词语。

最后，针对上级对事务、问题的关注焦点，下级要有侧重性地进行必要的创新性尝试，借由行动结果提升自我想法的合理性、科学性和新颖性，以严谨、务实的态度赢得上级的认可与信任。

3. 言行得体

下级与上级沟通时，应注意言行得体，需要注意以下内容。一是准时赴约。下级要按照事先约定的时间到达，过早到达或迟迟不到，都是严重失礼的行为。二是举止得体。下级做到站有站相，坐有坐相，文雅大方，彬彬有礼。三是控制好时间。一般情况下，上级总是想先了解事情的结果，所以下级在汇报工作时要先说结果，再谈过程和程序。这样，汇报工作时就能简明扼要，有效节省时间。四是注意场合。下级切忌在路上、餐桌上、家里汇报工作，更不能在公开场合用耳语的方式向上级汇报工作。

4. 积极反馈

下级与上级沟通时，应对上级的言语给出积极有效的反馈。一要专注地聆听。下级不仅要听懂上级的全部信息，在倾听时还应该非常专注。在聆听过程中，下级要眼耳并用，眼睛应注视着上级，除非不得已，否则千万不要随意打断上级的谈话。二要以反应知会。下级聆听的状态要让上级察觉到，不能给上级造成下级已经进入神游状态的错觉。此外，下级还可以适当地与上级进行目光接触，这也是自信的体现；在上级谈话的精彩处还可以心领神会地点头、微笑，时不时在本子上写上上级的讲话内容等，这些都是比较好地让上级知道自己在认真聆听的方式。三要适时互动。即在恰当的时机向上级提问，通过双方一问一答的方式，促进双方的深入沟通。当然，这主要适用于单独和上级沟通或在场人数较少的情况。四要时刻注意观察上级的情绪变化。在沟通中要做到察言观色，下级每时每刻都要留意上级的非语言信息，如表情、动作、语气语调、姿态的变化等，以此推测上级的心理状态。如果感觉到上级的注意力已经转移，下级就应该适时结束谈话。

7.3　与下级沟通的礼仪

下行沟通是实现上情下达的有效途径。通过下行沟通，上级的意见、建议、想法等可以被下级知晓并理解，从而能让大家依照组织的规划设计进行有序有效的工作，最终实现组织愿景。但是，由于上下级自身等级观念的存在，上级和下级的地位是不对等的。下行沟通中，上级往往处于强势沟通地位，具有主动性、操纵性；下级则多半处于弱势沟通地位，具有被动性、从属性。掌握下行沟通原则、技巧，是上级必须重视的课题。

7.3.1　与下级沟通的原则

1. 平等尊重

上级和下级之间仅仅是职务上的区别，职务的高低意味着责任和权力的大小，但是权力是用来安排工作的，而不是决定人格等级的。上下级在人格上是平等的关系。在位差难免存在的情况下，职位高的一方要放下架子、平等待人、尊重下级，切不可自高自大、盛气凌人。即使在对话中有不同看法，也要以理服人，而不能自以为是、仗势欺人、以权压人，要勇于面对、敢于承认错误，要胸怀大度。

总之，上级只有充分尊重下级，表现出对下级足够的重视，下级才会乐于与上级沟通。否则，下级很难主动与上级沟通，甚至对上级避而远之。

2. 少说多听

"少说多听"这一原则有两层含义。其一，在与下级沟通时，上级应尽可能自己少说，鼓励下级多说。上级应充分了解下级对某一事件的所思所想，汇集下级的意见与建议，从而给出正确的决策；同时，上级应该扮演"出题人"的角色，要多问，让下级成为"答题人"，将更多发言的机会留给下级。另外，术业有专攻，上级更关注战略，下级更擅长技术，在涉及下级的专长时，上级更应该多听而不该随意发表自己的看法。

其二，上级应少说批评下级之言，多说表扬下级之语。人非圣贤，孰能无过。只要下级所犯的错误在可控范围之内，并能从错误中吸取相应的教训，就不是一件坏事，就不应该紧抓不放甚至恶语攻击。因为一般下级只是执行者，上级才是决策者，很多错误情形不是执行有错，而是决策有误，此种情况下对下级过分批评，不仅不能从根本上解决问题，还会带来相反的结果。下级有错，批评不可少，但要适度适时适地，做到既让下级认识到错误，又解决了问题。

总之，倾听是有效交流的一种方法，它需要包容、理解、尊重、信任。不要无情地打断下级的表达和诉说，不要把自己的看法强加于下级之上，不要不等下级把话说完就主观臆断。智慧的管理者是多听少说、先听后说、三思而后说。

3. 信任理解

"用人不疑，疑人不用"，上级的信任是对下级有力的支持。上级要相信下级对事业的忠诚，不要束缚他们的手脚，要让他们创造性地开展工作；上级要相信下级的工作能力，给他们充分授权，使他们遇事不推诿，大胆工作，敢于负责；上级要理解下级，当他们在工作中遇到困难，甚至走弯路时，要帮助他们克服困难、总结经验，鼓励他们继续前进；上级在管理中要尊重和关心下级，以下级为本，多点人情味，尽力解决下级工作与生活中的实际困难。例如，当员工情绪低落时，上级要设身处地地理解员工的感受；当员工抱怨时，上级要仔细调查、了解原因等。好的上级须做到能让下级真正感觉到温暖，从而激发其工作积极性。

4. 善于纳谏

在与下级沟通中，如果上级提出的意见或表达的观点遭到了下级的质疑、出现了异议，这时候上级不要感到有失尊严，要认识到有异议其实是件好事，因为：一者，上级需要有广阔的思维，但"金无足赤，人无完人"，上级的观点不可能时时处处都正确，上级对一些东西不懂、不知、不会也是合情合理的，彼此之间要充分沟通；二者，下级表现出质疑，实质上也表明他们对这一问题感兴趣，他们想从上级那里获得更多的信息；三者，下级有异议在一定程度上说明下级对这一问题已经进行了深入的思考，这正是让下级充分建言献策的大好时机。面对这样的情形，上级要沉着冷静，让有异议的下级充分表达自己的意见，但是暂时不要评价，因为上级的评价很可能会对其他下级的思考产生干扰。同时，上级也应鼓励暂时没有异议的下级勇于表达自己的看法，因为暂时不说并不代表其没有想法，可能只是不愿或不敢表达而已。

还应注意的是，上级要具有善于思考的品质以及独立决断的能力，对于下级的异议，在集思广益的基础上做好甄别与判断，防止人云亦云。另外，如果出现毫无异议、全部赞成的情况，上级要自我反思，思考是自己真的很英明，还是自己的"一言堂""话语霸权"行为限制和阻碍了下级的沟通。

5. 多鼓励少批评

对下级的良好表现及时给予表扬，会向下级传递一种积极的信号——你表现得很优秀，这会让下级增强对自己的信心，自动自发地取得更佳的表现。上级对下级要以表扬为主、批评为辅，才有可能形成强大的号召力、向心力、凝聚力，收到"上下同心，其利断金"的效果。

7.3.2　与下级沟通的技巧

1. 下达指令的技巧

下达指令要明确指令的内容和意图，把握"5W2H1L"原则，即 Who（执行者）、What（做什么）、When（时间）、Where（地点）、Why（意义和重要性）、How（怎么做）、How much（工作量）、Love（好态度）。

例如，某上级布置一项任务给下级，指令如下："小赵，请你整理出 11 月份的质量月报，在明天上午下班前发邮件给李总，注意质量数据的准确性，这是李总召开 11 月份质量例会的资料。"

这个指令就包含了"5W2H1L"：Who（执行者）——小赵；What（做什么）——整理质量月

报；How（怎么做）——数据准确；When（时间）——明天上午下班前；Where（地点）——李总邮箱；How much（工作量）——11月份的质量月报；Why（为什么）——质量例会的资料；Love（好态度）——请你。

需要强调的是，布置工作任务要及时确认。许多上级错误地认为，在工作过程中，只要提出要求或者发出指令，下级就能够准确理解。因此，他们很少仔细考虑怎样才能准确地传递信息。所以，往往从一开始，下级对上级提出的要求或者发出的指令在理解上就有偏差，下级与上级之间对结果界定的标准不一致，可能会导致工作做得很辛苦、任务却完成得不是很好的结果。有效的沟通是指令的发出者和接收者对信息的理解程度完全一致。因此，上级在给下级布置一项任务后，要确认下级对任务已充分理解，以免出现理解偏差，从而保证下级可以准确完成工作任务。

2. 表扬的技巧

一般来说，员工都乐意接受领导和同事的表扬。恰如其分、恰到好处的表扬，能充分激发员工的工作热情。那么，表扬的技巧有哪些呢？

① 情真意切。虽然人人都喜欢听表扬的话，但并非任何表扬都能使对方高兴。能引起对方好感的是那些基于事实、发自内心的表扬。相反，你若无根无据、虚情假意地表扬别人，他不仅会感到莫名其妙，还会觉得你油嘴滑舌、浮夸虚伪。例如，当你见到一位样貌平平的女士，你却偏要对她说："你真是世界上最美的人。"对方立刻就会认定你所说的是违心之言。但如果你着眼于她的服饰、谈吐、举止，发现她这些方面的出众之处并真诚地赞扬，她一定会高兴地接受。真诚的表扬不但会使被表扬者产生心理上的愉悦，还可以使你经常发现别人的优点，从而使自己对人生持有乐观、积极的态度。

② 翔实具体。在日常工作生活中，人们取得非常显著的成绩的时候并不多见。因此，交往中应从具体的事件入手，善于发现别人哪怕是十分微小的长处，并不失时机地予以表扬。表扬用语越翔实具体，说明你对对方越了解，对他的长处和成绩越看重。让对方感到你的真挚、亲切和可信，你们的人际距离就会越来越近。如果你只是含糊其词地表扬对方，说一些"你工作得非常出色"或"你是一位能干的员工"等空泛的话语，可能会引起对方的猜度，甚至产生不必要的误解和信任危机。

③ 合乎时宜。表扬的效果好坏在于能否相机行事、适可而止。当别人计划做一件有意义的事时，开头的表扬能激励他下决心做出成绩，中间的表扬有益于对方再接再厉，结尾的表扬则可以肯定成绩，指出进一步的努力方向，从而达到"表扬一个，激励一批"的效果。特别要注意表扬的及时性。领导发现了员工的闪光点，就要趁热打铁，及时给予表扬。不要等到员工的进取心冷了、上进心耗尽了再表扬，那作用就不明显了。

④ 因人而异。人的素质有高低之分，年龄有长幼之别，有特点的表扬比一般化的表扬能收到更好的效果。老年人总希望别人不忘记他当年的业绩与雄风，同其交谈时，可多称赞他引以为豪的过去；对年轻人，不妨赞扬他的创新才能和开拓精神，并举出几点实例证明他有一个前程似锦的未来；对经商的人，可称赞他头脑灵活、生财有道；对有地位的干部，可称赞他为国为民、廉洁清正；对知识分子，可称赞他知识渊博、宁静淡泊……当然这一切要依据事实，切不可虚夸。

3. 批评的技巧

当下级工作出问题，上级难免要给予批评。但批评别人是一门学问，不讲方法的批评不仅不起作用，甚至会起反作用。上级要把批评当成解决问题、谋求进步的阶梯，才能寻求到恰当有效的批评方法。那么该如何委婉、不得罪人地批评别人呢？下面总结了几点。

①　注意场合。一般情况下，上级尽量不要在人多的地方或者公共场合，批评自己的下级。这样的做法很容易伤到对方的自尊心，引起对方的反感，让对方下不来台、感觉很丢面子，不但起不到教育的作用，还可能会激起对方的逆反心理。尽量还是私下单独进行沟通，不要让对方太过难堪。当然，如果下级犯了较严重的错误，或者错误行为具有一定典型性，上级为了警醒他人、达到以儆效尤的目的，也可以采取当众批评的方式，但事前要有充分调查，事后还应有单独沟通。

②　语言诚恳。上级不可借批评来发泄情绪，批评要具体，简明扼要指出问题，给下级保留面子，促进下级积极地改正问题。尽可能具体地提出问题环节，避免过于概念化地陈述问题，让下级清晰地知道自己在哪里做错了、原因是什么，有助于下级下次改正。不要过于情绪化地处理事情。注意不要使用带侮辱性的词语，如"垃圾""没用"等词汇。

③　对事不对人。批评要就事论事，把关注点放在事情上，强调如何改进。上级可以先肯定下级做得好的地方或对下级表示理解，再进行批评。批评的时候，要注意避免从批评下级的过失变成批评下级的人格，从而变成人身攻击。正确的做法是批评错误的行为，而不是批评个人。

④　给予建设性的反馈。在对下级进行批评的沟通过程中，上级可以采取"建设性反馈五步法"来展开，即：①表达你积极的意图；②描述你所观察到的不良情况；③说明不良情况的恶劣影响；④征求对方的答复并倾听；⑤一起讨论解决方法，具体内容参看本书第 4 章。

7.4　与同事沟通的礼仪

平行沟通是指同层级的管理者或员工进行的部门内或跨部门的沟通，也就是发生在平级的同事之间的沟通。与同事沟通时，由于权力等级是一样的，因此经常会僵持不下，难以正常沟通。但平行沟通很重要，很多工作需要各个部门之间、同事之间进行有效的合作。因此，我们必须掌握平行沟通的原则、技巧和礼仪。

7.4.1　与同事沟通的原则

1. 职责分明，流程清晰

若职责不清，就很容易出现部门之间、同事之间的扯皮、推诿现象，甚至会出现"谁都管、谁都不管"和"谁都干、谁都不干"的恶果，不仅影响工作，也会影响部门之间和同事之间的关系。所以，组织内部要分工明确、责任到人，流程有章可循、责权利对等；做任何工作都要按照管理体系的要求，保存好工作过程的各种记录，让工作有可追溯性。

2. 大局为重，协作双赢

无可讳言，各部门间、同事间同时存在合作与竞争关系。部门间、同事间若想进行建设性的沟通，要强调合作、淡化竞争。合作的关键在于拥有大局观念，强调共同目标。大局观念就是在工作中不仅做好自己的本职工作，还要努力使全局工作协调一致。不能只顾自己、只认职责，动不动就说："这个是某某负责的，不归我管。"要主动配合，不推诿，在自己分管工作与他人分管工作发生矛盾时要先人后己，主动礼让，把方便让给别人，把困难留给自己。团队合作的时候，相互拆台，嫉贤妒能，易事难为；而互相弥补，积极配合，难事可成。

3. 宽以待人，严于律己

有过错先找自己的问题。有一句话叫"一个巴掌拍不响"，任何错误都不是一个人的错。在与他人发生矛盾、冲突时，首先找自己的问题。当部门之间出现沟通不通畅的时候，先找找自己部门的问题。切忌出现问题就开始推诿责任，如"要不是你们部门……客人怎么会跑单""要不是……这件事情怎么会失败"。

同级部门讲究合作，口吻不可强硬，应该用商量的口吻说话。例如，"您看我们部门需要怎么配合你们部门的工作？""我的报表明天中午交来，会不会给你们的工作带来什么大的不便？"

4. 真诚待人，联络感情

你面对的是长期共事的同事，凡事以诚实为上策，这样才能提高合作意愿、共同解决问题。平行沟通忌欺骗、隐瞒事实，信任关系一旦被破坏，将导致无法长期合作。频繁的互动有助于提高彼此的熟识度，让双方更容易设身处地想问题。因此，可时不时跟本部门或其他部门的同事吃吃饭、聊聊天，增进感情。

7.4.2 与同事沟通的技巧和礼仪

1. 学会互谅互让

工作中，平级的部门或同事之间难免有责权交叉、分工不明的地方，如果只靠自上而下地推动沟通，效率是非常低下的。此时，平行沟通的双方是否具备互谅互让的沟通态度尤为重要。

第一，要注重平时合作关系的维系、人脉的积累。应主动开展平行沟通，不要消极被动地等到必须沟通的那一刻。在沟通过程中，保持谦让的态度，对其他部门或同事的业绩提升，保持平常心，不嫉妒。对其他部门或同事的工作多采取换位思考，体谅他人，运用同理心，站在对方的角度考虑解决问题的方法。

第二，要关心、帮助、支持对方的工作。树立团结协作的团队精神和理念，重视其他部门和其他同事的需求，当他们遇到困难时，要想方设法地为他们排忧解难、竭尽全力地为他们提供支持和帮助。只有这样，当你自身陷入困境的时候，才会得到其他部门和同事的支援和帮助。

2. 懂得相互欣赏

根据马斯洛需要层次理论，人都有被人尊重、被群体和社会承认的较高层次的心理需要。每个同事都有得到赞许的欲望，都希望自己的职业和工作受到别人的重视，得到恰如其分的评价和鼓励。懂得这些，我们就会在与同事长期共事的过程中，善于发现同事的优点、长处及工作中取得的成绩和进步，并加以及时的肯定和赞美。欣赏是人际关系的润滑剂。一句由衷的赞美，既可以表达对同事的尊重，又会赢得对方的好感，进而使彼此之间的关系更融洽。即使对同事有不同意见，也应该采取委婉的方式，用建议代替直言，用提问代替批评。

3. 主动交流沟通

人际关系是在互动中发生联系和变化的。人际关系要密切，注重彼此的交往是前提。因此，你在紧张的工作之余不妨主动找同事谈谈心、聊聊天或请教一些问题等，以便加深印象、增进了解。在主动沟通中应把握以下几点：一是选择合适的时间、场合及易引起对方兴趣的话题；二是保持诚恳、谦虚的态度；三是善于体察对方的心理变化，因势利导，随机应变；四是多联络感情。比如，同事过生日时可以送个小礼物，同事生病时可以打电话问候或是到医院去看望一下，以表达你对同事的关怀之情。

4. 积极面对竞争

合作与竞争，是同事关系中不可分割的两个方面，合作中包含竞争，竞争中又包含着合作，合作推动竞争，竞争有助于更好的合作。只讲合作而不讲竞争，最终将削弱自己的竞争能力。作为单位的职工，任何人都不会心甘情愿地在初级岗位上工作一辈子，都期望获得赏识、重用和晋升的机会。追求工作成绩、赢得上级好感以及其他种种利害冲突，使得同事间天然地存在着一种竞争关系。对此，我们一方面应该自觉树立竞争意识，对同事既要热诚合作，又要敢于竞争；另一方面我们要用健康的态度和积极的方式去对待竞争。搬弄是非、诋毁诽谤、贬低别人抬高自己，这些方式有可能取得一时的效果，但从长远看绝对是损人不利己。

5. 保持适当距离

"过密则狎，过疏则间。"同事之间保持适当距离，对人处事才可能客观、公正。每个人都有私人空间，搞好职场人际关系并不等于无话不谈、亲密无间。有时同事之间摩擦不断、矛盾重重，恰恰是由于交往太过密切、随意，侵犯了别人的隐私。所以，当自己的个人生活出现危机时，不要在办公室随意倾诉；要尊重同事的权利和隐私，不打探同事的秘密，不私自翻阅同事的文件、信件，不查看对方的计算机；对同事不过多地品头论足，更不要做搬弄是非的饶舌者。另外，也不要因为趣味相投而搞小圈子，以个人的好恶划界限，在单位里面拉帮结派、排斥异己，那样会破坏同事间团结合作的关系，导致与个别同事间的关系紧张。

拓展阅读

焦先生的后悔

焦先生刚刚调入某局一个月，一个月来由于他处处小心做事，每每笑脸相迎，所以同事对他的态度也颇为友善，竟不曾遇到他所担心的任何麻烦。一天，全科室的人决定一块儿去餐厅聚餐以度周末，也邀请了焦先生。席间大家有说有笑，无所不谈，其中有一名同事与焦先生十分谈得来，几乎把局里的种种问题，以及局里每位同事的性格、缺点都尽诉无遗。焦先生一时受宠若惊，加之对局里的人、事一无所知，所以很珍惜这样一位同事，彼此显得相当投缘，于是放下自己的戒备，将一个月来看到的不顺眼、不服气的人和事通通向这位同事倾诉，甚至还批评了科里一两个同事的不足之处，借以发泄心中的闷气。

不料这位同事是个搬弄是非之人，不出几日便将这些"恶言"转达给了其他同事，这令焦先生狼狈至极，几乎在局里没了立足之地。这时焦先生才如梦初醒，悔不该一时激动没管好自己的嘴巴，忘记了"说人是非者，必是是非人"这样一个浅显的道理。

这个案例给人的启示是：初到新环境中，必须学会与同事保持一段距离，凡事中道而行，适可而止。在大家面前不要轻易显露行动及言行，学习做个静听者，"人不犯我，我不犯人"，公平对待每一位同事，避免建立任何小圈子，对谣言一笑置之，如此才能尽快适应新环境、打开新局面。

练习测试题

一、不定项选择题

1. 关于校园与职场人际关系的差异性，下面表述正确的有（　　　　）。

A. 毕业生进入职场就不再是学生时期的只顾学习的享受者，而是扮演着为他人提供某种服务的角色

B. 毕业生进入职场后，相对于学生时代，其言谈举止会相对自由，身心变得轻松自在

C. 职场中的人际关系相对于校园来说会变得复杂，关系的复杂性有时甚至超过了工作内容本身

D. 职场更多强调效率和结果，毕业生可能会受到比较严格的要求

2. 下级在进行具体工作汇报时，通常应做到（　　　）。

A. 做好相关数据资料的收集，列举事实、数字要准确无误，尽量避免"大概""估计""可能"之类的词语

B. 在汇报工作时通常应先说结果，再谈过程和程序

C. 注意场合，切忌在路上、餐桌上、家里汇报工作

D. 即使工作没有结束，还在进行过程中，也应及时向领导汇报和请教

3. 关于与下级沟通的技巧和礼仪，下面说法正确的有（　　　）。

A. 在与下级沟通时，上级应尽可能自己少说，鼓励下级多说

B. 上级应少说批评下级之言，多说表扬下级之语

C. 如果出现下级毫无异议、全部赞成的情况，上级要自我反思，思考是自己真的很英明，还是自己的"一言堂""话语霸权"行为限制和阻碍了下级的沟通

D. 批评下级时，既要对事，也要对人，从对方的过失到对方的人品，都要给予批评与指正

4. 处理好同事之间的关系需要掌握一些原则和技巧，下列表述不恰当的有（　　　）。

A. 工作中学会互谅互让

B. 懂得相互欣赏

C. 对同事既要热诚合作，又要敢于竞争

D. 与同事真诚相处，做到无话不谈、亲密无间

二、判断题

1. 职场人士必须按照等级、规矩和礼仪来规范自己的行为，不能为所欲为、逾越规矩。（　　　）

2. 在上行沟通中，上级倾向于发现下级在工作中的不足，通常会更多关注工作的过程，而较少关注工作的结果。（　　　）

3. 智慧的管理者是多听少说、先听后说、三思而后说。（　　　）

4. 下级就某个问题请求上级批示时，不宜提出自己的解决方案，只需要认真倾听上级的主张和要求。（　　　）

5. 表扬下级时，含糊其辞的表扬相比翔实具体的表扬的效果更好。（　　　）

三、简答题

1. 从校园到职场，大学毕业生的人际关系会发生哪些变化？

2. 你认为毕业生应如何适应职场人际关系？

3. 简述与上级沟通的原则、技巧和礼仪。

4. 有人说下级在向上级请示、汇报工作时，应该多出"选择题"，少出"问答题"，你如何理解？

5. 简述与下级沟通的原则、技巧和礼仪。

6. 举例说明对他人进行表扬和批评时的技巧。

7. 简述与同事沟通的原则、技巧和礼仪。

8. 你如何理解与同事相处"过密则狎，过疏则间"的含义？

四、自我测试题

职场沟通能力自测

请根据下述问题，对自己的情况进行评估。

1. 你认为在沟通过程中哪种行为所占的比例较大？

A. 倾听

B. 交谈

C. 阅读

2. 你认为在沟通过程中，积极聆听有什么样的好处？

A. 可以获得全面信息

B. 能够真正发现问题

C. 获取他人好感

3. 你认为是什么阻碍了你的倾听？

A. 观点不一致

B. 对谈话者有偏见

C. 想表达自己的观点

4. 你认为如何才能更好地倾听？

A. 站在对方的角度

B. 不要轻易打断对方

C. 不要先入为主

5. 你认为如何才能更好地反馈？

A. 针对谈话者最为需要的反馈

B. 反馈要具体明确

C. 仔细倾听

6. 你如何向上级汇报工作？

A. 精简报告，直指结果

B. 根据原定目标和计划汇报

C. 详细具体

7. 作为部门经理，你如何同其他部门有效沟通？

A. 明确责任，平等沟通

B. 积极主动，开诚布公

C. 换位思考，不侵犯他人权益

8. 当你和下级沟通时，你如何解决下级的疑惑？

A. 挖出下级的关注点

B. 让下级说出疑惑，进行分析

C. 进一步明确利益关系

9. 当你与下级进行沟通时，你如何处理下级的反对意见？

A. 判断反对意见是否为其真实想法

B. 通过进一步沟通发现问题

C. 说服下级

10. 当你和下级沟通时，你如何处理下级的认同意见？

    A. 确保下级真正认同，明确权责

    B. 启发下级完善意见

    C. 让下级列出执行方案

11. 当你与下级沟通时，你如何处理下级的漠视？

    A. 从公司和个人角度探究原因

    B. 再次明确责任和利益

    C. 激起下级的兴趣

12. 你如何处理沟通中的误会和误差？

    A. 解释清楚，表述详细具体

    B. 对反馈进行确认并纠正

    C. 反复表达自己的意思

13. 你如何保证会议沟通的效果？

    A. 确定主题，找出关键问题

    B. 有序讨论，限制时间

    C. 按会议程序进行

14. 你如何让你的团队保持良好的沟通？

    A. 建立横向和纵向的沟通机制

    B. 设立多种渠道

    C. 多种沟通方式并用

15. 你的一位上级邀请你共进午餐。餐后你回到办公室，发现你的另一位上级对此颇为好奇，此时你会如何做？

    A. 告诉他详细内容

    B. 不透露蛛丝马迹

    C. 粗略描述，淡化内容的重要性

16. 你正在主持会议，有一位下级一直就不相干的问题干扰会议，此时你会如何做？

    A. 要求所有的下级先别提出问题，直到你把正题讲完

    B. 纵容该下级提问

    C. 告诉该下级在预定的议程完成之前先别提出问题

17. 你跟上级正在讨论事情，有人打来长途电话找你，此时你会如何做？

    A. 告诉对方你在开会，待会儿再回电话

    B. 请上级的秘书代接并说你不在

    C. 接电话，而且该说多久就说多久

18. 有位下级连续 4 次在周五向你要求他想提前下班，此时你会如何劝说？

    A. 你对我们相当重要，我需要你的帮助，特别是在周五

    B. 今天不行，下午 4 点我们要开会

    C. 我不能再容许你早退了，你要顾及他人的想法

19. 你刚被聘为某部门主管，你知道还有几个人关注着这个职位，上班第一天，你会如何做？

    A. 把问题记在心上，但立即投入工作，并开始认识每一个人

    B. 忽略这个问题，并认为情绪的波动很快会过去

C．树立自己的权威，提醒或暗示其他人这个职位已经是我的了

20．你有位下级对你说"有件事我本不应该告诉你的，但你有没有听到"，你会如何回答？

A．跟公司有关的事我才有兴趣听

B．我不想听办公室的流言

C．谢谢你告诉我怎么回事，让我知道详情

计分方法：选 A 得 3 分，选 B 得 2 分，选 C 得 1 分。

职场沟通能力解析：

30 分以下，说明你的沟通管理能力较差，沟通存在较大的障碍，你急需加强沟通管理能力的学习和训练。

31～48 分，说明你的沟通管理能力一般。如果你能够进一步加强沟通管理能力的学习和训练，你会受益匪浅，并得到提升。

48 分以上，说明你的沟通管理能力很强，请继续保持和提升。

案例分析题

【案例 7-1】 <center>如何看待"闪辞"现象</center>

前不久，一位名叫李青青的大学毕业生在电话里向老师倾诉，今年以来，不开心成了她"闪辞"的主要原因，最后一次辞职的原因是加班。那段日子她经常加班到晚上十点左右，有好几次她都要上床睡觉了，上司一个电话，她就得随叫随到。她做的数据报表似乎永远难以符合上司的要求，她忍着上司傲慢的态度，把报表改了又改，她对工作的激情在重复修改报表的过程中逐渐消失殆尽。又一个加完班的晚上，看见上司那张仍然不满意的苦瓜脸，李青青决定辞职。她认为她才 24 岁，整天纠缠在细枝末节、毫无进展的工作中，简直就是在浪费生命。

如今，李青青已经 3 个多月没工作了，每天的生活相当颓废，上午起床先玩手机再看计算机，午饭过后接着睡，晚上和朋友们出去玩，时间都在无聊、空虚中一天天浪费掉了。李青青最害怕看见朋友圈里同学们今天这个晒出差的城市，明天那个感慨工作忙碌并快乐着，个个都跟打了鸡血似的，有用不完的热情。再看看自己，没完没了地折腾，辞了职又开始焦虑紧张。最近李青青想着考研，但她知道这无非是另一种逃避现实的借口。她就像一只迷路的羔羊，看不清前面的路该怎么走，不知如何在职场中生存……

与李青青情况类似的还有陈丽，她大学毕业后去一场招聘会上应聘，招聘人员对她的外在形象很满意。但看完她的简历后，招聘人员摇了摇头，原因是陈丽跳槽频繁。招聘人员分析，销售、餐饮等企业用工需求旺盛，入职门槛低，在当前就业压力比较大的形势下受到应届毕业生的青睐。但餐饮业是重复性劳动，缺乏新鲜感和创造性，而销售业工作压力大，加班是常态，待遇和付出似乎不成比例，让许多像陈丽这种家境较好的独生子女难以忍受。"我们在面试新员工时，都会问到对方对于跳槽的看法。"招聘人员说，对于频繁"闪辞"的求职者，招聘人员往往会一票否决。

问题：

你如何看待案例中的"闪辞"现象？你认为毕业生应该如何适应职场？

【案例 7-2】 <center>"好心没得到好报"的秘书</center>

"糟了！糟了！"王经理放下电话，就叫了起来，"这家公司提供的便宜货根本不合规格，还是原

来林总的好。"他狠狠捶了一下桌子，"可是，我怎么那么糊涂，写信把林总臭骂一顿，还骂他是骗子，这下麻烦了！"

"是啊！"秘书张小姐转身站起来："我那时候不是说吗？要您先冷静冷静，再写信，您不听啊！"

"都怪我在气头上，觉得林总过去一定骗了我，要不然别人怎么那样便宜。"王经理来回踱着步子，指了指电话，"把电话告诉我，我打过去道歉！"

秘书一笑，走到王经理桌前："不用了！告诉您，那封信我根本没寄。"

"没寄？"

"对！"张小姐笑吟吟地说。

"嗯……"王经理坐了下来，如释重负，停了半晌，又突然抬头，"可是我当时不是叫你立刻发出吗？"

"是啊！但我猜到您会后悔，所以压下了。"张小姐转过身，歪着头笑了笑。

"压了3个礼拜？"王经理疑惑地问道。

"对！您没想到吧？"张小姐答道。

"我是没想到。"王经理低下头去，翻记事本，"可是，我叫你发，你怎么能压？那么最近发南美的那几封信，你也压了？"

"我没压。"张小姐脸上更亮丽了，她说："我知道什么该发，什么不该发……"

"你做主，还是我做主？"没想到王经理居然霍地站起来，沉声问。

张小姐呆住了，眼眶一下湿了，两行泪水滚落，颤抖着说："我……我做错了吗？"

"你做错了！"王经理斩钉截铁地说。

张小姐被记了一个小过，是偷偷记的，公司里没人知道。一肚子委屈的张小姐再也不愿意伺候这位"是非不分"的经理。

她跑去孙经理的办公室诉苦，希望调到孙经理的部门。"不急！不急！"孙经理笑了笑，"我会处理。"

隔两天，孙经理果然做了处理，张小姐一大早就接到一份解雇通知。

问题：分析秘书张小姐与上级沟通存在的问题。

📖 实训

1. 交流职场沟通的经验

作为大学毕业生，应为走向社会做好准备。从你的暑期打工经历或周围朋友那里收集一些工作中与上级、下级和同事之间沟通的经验，在课堂上进行分享。

2. 制定内部沟通的礼仪制度

你是学生会或某一社团组织的负责人，在工作中觉得内部沟通十分无序和低效，请你拟定一份"×××组织内部沟通的规则和礼仪"方案，并就该方案征求组织内部成员以及相关老师的意见和建议。在此基础上，通过正式会议讨论和表决程序使方案成为组织内部的制度文件。

商务宴请礼仪 | 第8章 Chapter 8

📖 引例

商务宴请是一把双刃剑

蒋佩蓉女士是商务礼仪培训专家，也是国外一所名牌大学的中国总面试官。蒋佩蓉女士曾经应聘过一个岗位，经过和几十人竞争之后，她被录取了。但在和企业正式签约前，她被邀请和领导一起用餐，当时她有些忐忑与不解，后来她才了解到大型企业在招聘新人，特别是高等专业人员，且其所在的部门要面对客户时，最后一个面试环节就是和领导进餐，领导视你进餐的仪态来决定是否与你签约。幸好蒋佩蓉女士从小受到了很好的家教，她顺利地通过了面试，得到了那份工作。

商务交往中，很多宝贵的资料和信息都是在进餐中得到的，许多商务关系也是通过餐桌上的交流和沟通才加固的。美国一家企业咨询机构的调研结果显示，企业有将近一半的合同是在餐桌上签的。在餐桌上的温馨氛围中，人们解除了戒备、卸下了伪装、消除了不信任感，表现了更真实的自我，在商务关系之外，又增进了私人的交流和了解；但商务宴请是一把双刃剑，正因为餐桌上人们坦诚相见，如果一方没有把握好进餐礼仪的分寸，就会让自己在对方心目中的形象大打折扣。那么，商务宴请有哪些形式和礼仪要求？中西方的商务宴请有哪些程序和规则？本章将予以阐述。

8.1 商务宴请形式

宴请是商务交往中企业与客户之间沟通感情的重要手段之一，也是公务、社交乃至国际交往中十分常见的活动。商务宴请规范到位与否，关系到企业的商务形象和经济效益。商务宴请形式有很多，下面详细讲解。

8.1.1 宴会

宴会通常指的是以用餐为形式的商务聚会。按隆重程度、出席规格，宴会可分为正式宴会和非正式宴会。

1. 正式宴会

正式宴会是一种隆重而正规的宴请，往往是为宴请专人而精心安排的、在比较高档的饭店或其他特定的地点举行的、讲究排场及气氛的大型聚餐活动，如图 8-1 所示。正式宴会对于到场人数、穿着打扮、席位排列、菜肴数目、上菜次序、音乐演奏、宾主致辞等，往往都有十分严谨的要求和讲究。而且，正式的中餐礼仪和西餐礼仪也存在显著区别。

正式宴会的礼仪是本章学习的重点，后文将具体阐述，并对中餐礼仪和西餐礼仪分别进行专题讲解。

图 8-1　正式宴会

2. 非正式宴会

非正式宴会中常见的有便宴和家宴两种形式。

（1）便宴

便宴，即非正式宴会，常见的有午宴、晚宴，有时也举行早宴。便宴的安排比较简单，通常不预先排座位，对来宾的服饰也没有严格的要求，不做正式讲话，菜肴的数量和酒水可以根据主人的实力和客人的喜好而定。便宴气氛较轻松、亲切，便于交往和交谈。

（2）家宴

家宴，即在家中举行的便宴。其特点是主人亲自下厨烹饪，并由主人自己担任招待员。用家宴方式招待客人是中国人十分常见的宴请方式。西方人也用这种方式招待客人，以表示对客人的亲切友好。

用家宴招待客人，要特别注意在厨房做菜和在客厅招待客人之间的平衡，主人不能因在厨房里忙碌而影响了在客厅招待客人。解决这一矛盾的好办法是多选一些可预先炖或是蒸的菜，少选些现炒的菜。

8.1.2　招待会

招待会通常是指不备正餐的、较为灵活的宴请方式，一般备有食品、酒水及饮料；不排座位，客人可以自由走动。与宴会相比，招待会的宾客人数多而不容易确定。与宴会的依次上菜不同，招待会上的食品、酒水、饮料都是预先准备好的。

招待会的主要特点是比较轻松自由，宾主都不用受太多的约束。客人不用固定于餐桌旁的某个座位，面对很多人谈论同一话题。他们可以自由走动，找自己喜欢的人聊自己喜欢的话题。主人也不用花太多的精力去招待客人，包括不停地向客人敬酒、组织客人愉快交谈等。客人一般会自己找食物招待自己，也会自己去找朋友聊天，主人只需准备足够的食品和饮料就可以了。

常见的招待会包括以下形式。

1. 自助餐

自助餐也可称为冷餐会，通常是在大型庆典活动后用来招待众多宾客的，如图 8-2 所示。它是目前国际上通行的一种非正式的西式宴会，在大型的商务活动中尤为多见。它的具体做法是：不预备正餐，而由用餐者在用餐时自行选择食物、饮料，然后或立或坐，自由地与他人在一起用餐，或是独自一人用餐。

图 8-2　自助餐

（1）自助餐的特点

一般而言，自助餐具有如下明显的特点。

第一，免排座次。正规的自助餐往往不固定用餐者的座次，甚至不为其提供座椅。这样既可免除座次排列之劳，又可以便于用餐者自由交际。

第二，节省费用。自助餐多以冷食为主，也有热食（预先做好，然后用保温的托盘使之保持热度）。由于不是正餐，不上高档的菜肴、酒水，所以可以大大地节约主办者的开支，并避免浪费。

第三，各取所需。参加自助餐时，用餐者在碰上自己偏爱的菜肴和酒水时，尽管自行取用就是了，完全不必担心他人会为此而嘲笑自己。

第四，招待多人。每逢需要为众多的人士提供饮食时，自助餐不失为一种首选。它不仅可被用来款待数量较多的来宾，而且可以较好地处理众口难调的问题。

（2）自助餐的礼仪

自助餐的礼仪是指以用餐者的身份参加自助餐时所需要具体遵循的礼仪规范。

第一，排队取菜。在享用自助餐时，尽管用餐者需要自己照顾自己，但这并不意味着他就可以不遵守用餐礼仪。在就餐取菜时，用餐者往往成群结队而来，因此应自觉地维护公共秩序，讲究先来后到，排队选用食物，不允许乱挤、乱抢、乱插队，更不允许不排队。

第二，循序取菜。在享用自助餐时，如果想要吃饱、吃好，在具体取菜时就要了解合理的取菜顺序，并循序渐进。按照常识，在参加一般的自助餐时，取菜时标准的顺序应当是冷菜、汤、热菜、点心、甜品和水果。因此，在取菜前可在全场转一周，了解一下具体情况再去有所选择地取菜。举例而言，在享用自助餐时，甜品、水果应当放到最后吃，如果不守此规，为图新鲜，一上来就先大吃一通，那么肚子立刻就饱了，等到后来再见到自己想吃的好东西时，很可能会心有余而力不足了。

第三，多次少取。参加自助餐时，用餐者遇到自己喜欢吃的食物，可以尽情享用，但在根据本人的口味选取食物时应量力而行。在享用自助餐时多吃是允许的，而浪费食物绝对不允许，这就是"少取原则"。同时用餐者还应遵守"多次原则"，即用餐者在选取某一种类的菜肴时，可以反复去取，但每次应当只取用一点，待品尝之后觉得其适合自己，就可再次去取。如果图省事而一次取用过量，则是失礼之举。"多次原则"与"少取原则"其实是同一个问题的不同侧面。多次是为了量力而行，少取则是为了避免造成浪费，所以二者往往被合称为"多次少取原则"。

第四，避免外带。所有自助餐，不论是以之待客的、由主人亲自操办的自助餐，还是对外营业的、正式餐厅里所经营的自助餐，都有一条不成文的规定：只许可用餐者在用餐现场自行享用，而绝对不许可对方在用餐完毕之后将其所喜欢的食物携带离开。

第五，送回餐具。自助餐强调的是用餐者以自助为主，不仅要求用餐者取用菜肴时自助，而且要求在用餐结束后自觉地将餐具送至指定地点。在庭院、花园里享用自助餐时，尤其应当这样做。在餐厅里就座用餐，有时可以在离去时将餐具留在餐桌上，由服务员分别收拾；但即便如此，亦应在离去前对其稍加整理，不要弄得杯盘狼藉。自己取用的食物应以吃完为宜；若有少许食物剩下来，也不要私下里乱丢、乱倒、乱藏，而应将其放在适当之处。

第六，积极交际。一般来说，商界人士在参加自助餐时应明确：吃东西属于次要之事，与其他人进行适当的交际活动则是自己重要的任务；不应当以不善交际为由，只顾自己躲在僻静之处一心一意地吃，或者来了就吃、吃了就走，而不同其他在场者进行任何形式的正面接触。

在参加自助餐时，要主动寻找机会，积极地进行交际活动。比如，找机会与主人攀谈一番，与老朋友好好叙一叙旧，争取多结识几位新朋友。在自助餐上，交际的主要形式是几个人聚在一起进行交谈。为了扩大自己的交际面，在此期间不妨多转换几个类似的交际圈。只是在每个交际圈中多少都应待上一些时间，不能只待上一两分钟就走。

2. 酒会

酒会又称鸡尾酒会，如图 8-3 所示。尽管我国历史上也曾有过以酒会友的习俗，但这并没有成为一种普遍的生活方式。中国人普遍习惯在宴会上请人喝酒，较正规的宴会都被人们称为酒席。因此，现代意义上的酒会可以说是一种西方文化。它在我国的流行，与我国的对外开放和国际交往的增加密切相关。

图 8-3　酒会

拓展阅读

鸡尾酒的来历和特色

鸡尾酒（cocktail），是指两种或两种以上的酒和果汁、香料等混合而成的饮料，多在饮用时临时调制。

鸡尾酒起源于 1776 年美国纽约州埃尔姆斯福一家用鸡尾羽毛作装饰的酒馆。一天，当这家酒馆各种酒都快卖完的时候，一些军官走进来要买酒喝。一位叫贝特西·弗拉纳根的女侍者便把所有剩酒统统倒在一个大容器里，并随手从一只大公鸡身上拔了一根羽毛把酒搅匀端出来奉客。军官们看了这酒的成色，品不出是什么酒的味道，就问贝特西，贝特西随口就答："这是鸡尾酒哇！"一位军官听了这个词，高兴地举杯祝酒，还喊了一声："鸡尾酒万岁！"从此便有了"鸡尾酒"之名。这是在美洲被认可的起源。

鸡尾酒的制作，通常以朗姆酒（Rum）、金酒（Gin）、龙舌兰（Tequila）、伏特加（Vodka）、威士忌（Whisky）等烈酒或是葡萄酒作为基酒，再配以果汁、蛋清、苦精（Bitters）、牛奶、咖啡、可可、糖等其他辅助材料，加以搅拌或摇晃而成，最后还可用柠檬片、水果或薄荷叶作为装饰物。

鸡尾酒由两种或两种以上的非水饮料调和而成，其中至少有一种为酒精性饮料。像柠檬水、中国调香白酒等便不属于鸡尾酒。用于调酒的原料有很多类型，各酒所用的配料种数也不相同，如两种、三种甚至五种以上。就算以流行的配料种类确定的鸡尾酒，各配料在分量上也会因地域不同、人的口味各异而有较大变化，从而冠用新的名称。鸡尾酒的味道不错，而且这种味道优于单体成分。品尝鸡尾酒时，舌头的味蕾应该充分扩张，才能尝到刺激的味道。

经过多年的发展，现代鸡尾酒已不再是若干种酒及乙醇饮料的简单混合物。虽然种类繁多、配方各异，但都是由各位调酒师精心设计的佳作，其色、香、味兼备，盛载考究，装饰华丽，除不错的口感外，观色、嗅香都让人有享受、快慰之感。

（1）酒会的特点

酒会这种招待形式较为灵活，便于参加者广泛接触和交谈。招待品以酒水为主，略备小吃、菜点。酒会提供的酒一般比较丰富，食品一般是可用牙签或手抓起来吃的小吃，如三明治、炸春卷、小香肠、面包等。在酒会上，一般有招待员专门为客人调酒和斟酒，而食品可以让客人自己取或是由服务员一趟一趟送到各位客人面前供他们选用。酒会上不设座椅，仅摆小桌或茶几，以便参加者随意走动。

酒会举行的时间比较灵活，中午、下午、晚上均可。请柬上通常注明酒会的起止时间，客人可在此期间任何时候入席、退席，来去自由，不受约束。

近些年来，国际上举办大型活动采用酒会形式招待渐趋普遍。我国重大招待会也经常用酒会形式。

（2）酒会的礼仪

主人在酒会开始之初应站在离门较近的地方，便于迎接客人。主人有义务为不认识的客人相互介绍，保证不让任何一位客人孤独地待在某个角落里；如果人太多，无法为客人一一介绍，可以拜托几个好朋友做这件事。另外，主人还应尽量同每一位客人交谈几句。

在酒会进行过程中，主人要随时注意观察烟灰缸是否太满了、酒和食物是否充足。当酒会快结束时，主人也应站在离门较近的地方，便于与客人作别。客人在酒会上应大胆地自我介绍，去跟尽量多的客人交谈，去结识尽量多的新朋友。自始至终地一个人坐着喝酒或是只跟一个人交谈，都是不合时宜的，醉酒当然就更不应该了。

3. 茶会

茶会是一种更为简单的招待形式，以招待客人喝茶为主，辅以一些水果、糕点。茶具和茶叶通常是比较考究的。茶会一般只邀请三五个朋友参加，其风格比酒会更为清新淡雅。茶会的时间可以在上午，也可以在下午，一般持续一到两个小时。

茶会通常设在客厅里，厅内设茶几、座椅，不排座位。每位客人应有一个茶杯（配有茶托和茶匙）以及一个小碟。客厅内除了茶几，还应有一张用来放茶壶、茶叶缸、热水壶、牛奶壶、糖罐以及食品的桌子。

客人到了，主人招呼客人入座后就可以起身去泡茶了。不同的地方泡茶的习俗有很大差异。泡好茶后，主人应将茶杯连同茶托端给客人，或放在客人旁边的茶几上。客人喝茶时，应一手持茶托，一手拿茶杯；吃点心时也一样，一手拿碟子，一手取食物。大家一边喝茶，一边聊天。主人在茶会进行过程中，应随时注意客人茶杯里茶水的高度，并及时给客人添茶水。

4. 烧烤聚会

烧烤聚会是一种以野餐的形式招待朋友的非正式宴请方式，一般在野外举行。这种烧烤通常以烤肉为主。主人大多亲自动手为客人烤肉，然后把烤好的肉分给大家。吃烧烤时，通常也喝一些葡萄酒、啤酒和汽水之类的饮料。餐具大都是一次性的简易餐具。这种招待客人的方式比其他方式更有情趣。

8.1.3　工作餐

工作餐在商界有时亦称商务聚会餐或餐会。它是指在商务交往中，有业务关系的合作伙伴为了进行接触、保持联系、交换信息或洽谈生意，而借用餐的形式所进行的一种商务聚会。站在商务礼仪的角度来看，正规的工作餐既不同于正式的宴会，也不同于亲友的会餐。在一般情况下，工作餐通常具有下述显著特点。

1. 重在创造一种氛围

同正式的宴会相比，工作餐所强调的不是形式与档次，而是以餐会友，创造出一种有利于商界人士进一步接触的轻松、愉快、和睦、融洽、友好的氛围。

2. 具有某种实际目的

商界人士讲究的是务实，工作餐自然也不例外。同亲友之间的会餐相比，工作餐并非无所事事，单纯为了让大家谈心、联络感情，实际上，它是以另外一种形式继续进行的商务活动。换言之，它只不过是一种以餐桌充当会议桌或谈判桌进行的非正式的商务会谈。

3. 往往要求较小规模

就参加者的人数而言，工作餐通常与声势浩大的宴会或招待会难以相比。因其重在处理实际问题，为了防止众口难调，故工作餐的实际参加人数往往较少。一般来说，工作餐大都不是多边性的聚会，而是以双边性聚会为主。它既可以是两个人之间的单独约会，也可以是有关双方各派几名代表参加。参加工作餐的总人数以不超过 10 人为佳，与事无关者、配偶、子女等，均不宜到场。

4. 通常在午间举行

为了合理地利用时间，不影响参加者的工作，工作餐通常都被安排在工作日的午间，利用工作间歇举行。因此，工作餐在欧美往往被叫作工作午餐或午餐会。

5. 可以随时随地举行

在举行工作餐之前，主人不必向客人发出正式的请柬，客人也不必为此而提前向主人正式进行答复。一般而言，只要宾主双方感到有必要坐在一起交换一下彼此之间的看法，或是就某些问题进行磋商，大家就可以随时随地举行一次工作餐。它的具体时间不必早早商定，地点也可以临时选择。它可以由一方提议，也可以由双方共同决定；它可以提前若干天约好，也可以当天临时决定。总之，只要有关各方同意参加，工作餐即可举行。

6. 由提议者出面做东

工作餐多在外面营业性餐厅举行，所以对做东者有一定的要求。根据惯例，哪一方首先提议举行工作餐，就应由哪一方出面做东。而东道主方面，出席工作餐时的行政职务最高者，通常就是主人。从名义上说，为工作餐所进行的一切准备性工作均应由主人负责。但在实践中，由于名义上的主人位高、事繁，着手张罗工作餐的多半是其秘书或公关人员。

8.2　商务宴请的程序和礼仪

正式的商务宴请，从宴请设计到宴请的组织实施，每个环节、每个步骤都要考虑周到，以确保宴请的顺利进行。因此，宴请成功、达到主人预期的目的与宴请前的筹备礼仪、现场接待礼仪密切相关。另外，作为被邀请的宾客，也应注意赴宴礼仪。

8.2.1　商务宴请的筹备礼仪

1. 确定宴请目的和规格形式

商务宴请的目的和名义有很多，如欢迎、欢送、答谢、庆贺、招待、交流等。有的宴请以公司部门等单位名义，也有的宴请以经理等个人名义；有的宴请有明确的为解决某个或某些问题而举行的目的，也有的是保持关系、联络感情、沟通信息、结识朋友等无直接实质内容和目的的宴请。大多数的商务宴请会以特定时刻、特定事件为由举办。

宴请的规格形式与宴请的目的、性质、主宾身份有关，同时还要考虑经费开支。采用正式宴会还是非正式宴会，是用中餐宴请还是西餐宴请，是用酒会宴请还是茶会宴请，要根据宴请缘由、主宾的职务身份、宴请对象的风俗习惯确定。规格影响形式，国宴、正式宴会规格高，便宴、工作餐之类的规格低。

2. 确定宴请的时间、地点

宴请的时间，要考虑主宾双方是否觉得合适和方便，但有些宴请要选择有特定意义的时间。同时要考虑宴请的性质和形式，正式宴会多在晚上进行，便宴则可以安排在其他时间。此外，宴请外宾和有特殊风俗习惯的宾客，还要顾及禁忌。

地点选择要适当，要考虑宴请规格、餐饮特色、环境情调及服务水准等因素。宴请地点选定后，宴请组织者应同餐厅服务员一起安排场所，放置餐台和座位卡，如对餐桌布置有特殊要求，也可提前告诉服务员。

3. 确定邀请对象和发出邀请

要斟酌宴请的对象，范围过大会造成费用压力，而且不符合节省成本的商务原则；范围太小则可能影响今后的交往。宴请范围的确定应在照顾各方面关系的前提下，控制范围，减少人数。同时，主人应考虑被邀请人之间的关系，防止互有敌意的双方出席同一宴会，以免彼此尴尬，影响宴会氛围。

邀请对象一经确定，随后便可发出正式邀请。一般情况下，主人可根据实际情况发出口头邀请或电话邀请。正式宴会应该准备请柬，而且要在一周至两周前发出，以便被邀请人及早安排。有时为了周到起见，在宴请活动的前夕，不妨再用电话联系，对被邀请人是否收到请柬和是否能出席宴请予以确认。

4. 预定宴会菜单

宴会菜单应根据宴会的规格而定，做到"突出特色，客随主便"。也就是说，要根据宴请的规格及宴请地的特色来定菜单，同时兼顾主宾的年龄、性别、健康、民族禁忌、饮食习惯及口味。

菜品的道数、分量要适当。要符合国家有关规定，不要铺张浪费。有特殊需要的，可以单独上菜。

正式宴会要印制菜单，一桌一份或人手一份。

5. 做好现场布置及服务

正式宴会活动现场要适当布置，现场包括宴会大厅和休息厅，现场布置要严肃、庄重、大方，适当点缀鲜花，有些宴会要悬挂会标，如图 8-4 所示。要准备话筒等音响设备，一般在主桌背后设一立式话筒。要有专门的工作人员负责宴会的各项准备及服务工作，安排好迎宾人员、接待人员和引导人员。

6. 做好席位安排

正式宴会都要排定席次，包括桌次和座次。有些宴会也可以只排主桌和外宾座次，其余只排桌次或者自由入座。中餐餐桌通常采用圆形桌，西餐餐桌则多采用长条桌。桌数较多时，要摆放桌牌。

图 8-4　宴会席位

（1）桌次安排

由两桌组成的小型宴请，桌次可分为两桌横排和两桌竖排的形式。当两桌横排时，桌次以右为尊、以左为次，如图 8-5 所示。这里所说的右和左，是以进入房间、面对正门的位置来确定的。当两桌竖排时，桌次讲究以远为上、以近为下，如图 8-6 所示。这里所讲的远和近，是对距离正门的远近而言的。

在安排多桌宴请的桌次时，除了注意"面门定位""以右为尊""以远为上"的规则外，还应兼顾其他各桌与主桌之间的距离。通常，距离主桌越近，桌次越高；距离主桌越远，桌次越低。在安排桌次时，所用餐桌的大小、形状要基本一致。除主桌可以略大外，其他餐桌都不要过大或过小，如图 8-7 所示。

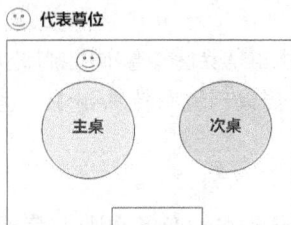

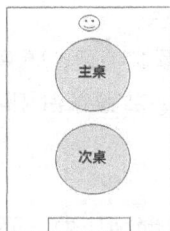

图 8-5　两桌横排　　　　　图 8-6　两桌竖排　　　　　图 8-7　三桌以上排列

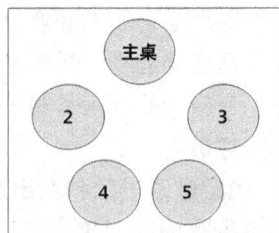

（2）座次排序

同一桌的座次以离主人座位距离而定。以右为尊，即地位最高的主宾坐在主人的右侧，如图 8-8 所示。如果有第二主人，通常安排坐在主人座位对面，作为副陪，如图 8-9 所示。主宾两方人员尽可能交叉而坐。

西式宴请时多采用长条桌，座次安排类似中式圆桌，但通常主人坐在长桌的两端，或者两端不安排坐人，如图 8-10 所示。需要注意的是，西方国家的习惯是男女穿插排列，以女主人为首，男主宾坐在女主人右侧，女主宾坐在男主人的右侧。

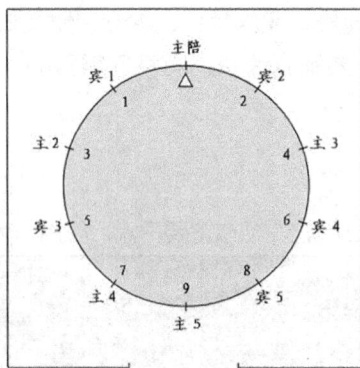

图 8-8　单主人餐桌的座次安排　　　　　图 8-9　双主人餐桌的座次安排

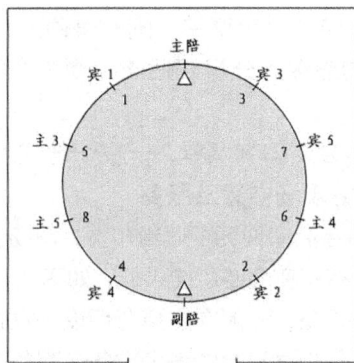

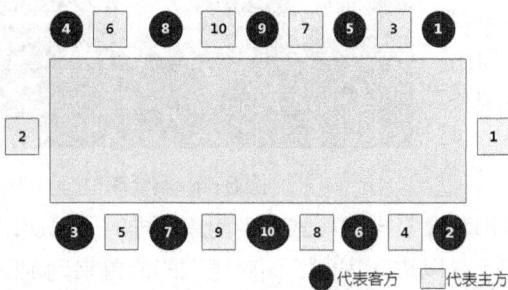

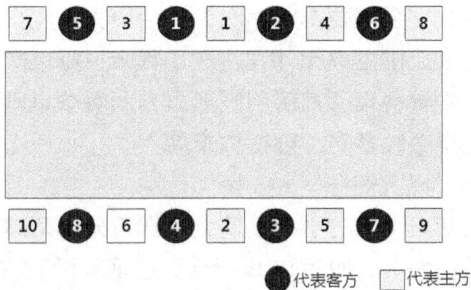

图 8-10　西式长条桌座次安排

8.2.2　宴会现场接待礼仪

作为主人，在宴会进行过程中应该注意礼仪，要表现得十分热情好客，以保持宴会的热烈气氛，达到预期的目的。具体地讲，在宴会进行过程中，应注意以下几个方面。

1. 引客入座

作为宴请者，在开宴前，应该准备妥当、衣冠整洁、精心打扮，当客人相继到来后，应面带微笑，站立于门前迎接客人。对客人态度应该热诚恳切、一视同仁，对所有的客人表示热烈欢迎，不能冷落任何一位客人。如果客人相互间有初次见面的，主人需要逐一介绍，使客人对彼此有所了解，以营造宴会的友好气氛。然后主人按预先排好的座位，依次引客入座。

2. 按时开席

客人落座后，应按时开席。不能因个别客人误时而影响整个宴会的进行。如果是主宾，到开席时尚未到达，应尽快弄清原因，根据情况采取应急措施，并向其他客人表示歉意。一般来说，宴会延迟开席的时间不该超过 15 分钟，万不得已时，也不能超过 30 分钟。等待过久，其他客人会不耐烦，同时也会破坏宴会气氛。

3. 致祝酒词

在宴席中，主人应是第一个敬酒的人。桌次多时，应按桌敬酒，不能顾此失彼，冷落一方。祝酒时，应由主人和主宾先碰杯，碰杯时应目视对方，以示敬意。人多时可同时举杯示意，但不一定碰杯。切忌交叉碰杯。当前流行的致辞祝酒礼仪是：主人在第一道菜上来后，即举杯邀请所有客人同饮，并致以简短的祝酒词。在祝酒词中，应该首先感谢各位客人的光临，并说明此次宴请的原因，最后请大家同饮。受传统"酒过三巡，菜过五味"说法的影响，一般由主人敬三杯酒，然后由第二主人敬酒或主人与各位客人及客人与客人之间相互敬酒。敬酒要适可而止，对于确实不会饮酒的人，是不宜劝其饮酒的。祝酒词是宴会敬酒的必要礼仪。好的祝酒词能够活跃宴会气氛，增进彼此友谊，加深感情，同时达到宴请的目的。

4. 亲切交谈

宴会进行过程中，主宾双方应就彼此都感兴趣的话题亲切交谈。交谈的范围不妨广一些，主要应从增进友谊、加深了解方面选择话题。谈话不要涉及一些彼此都避讳的话题。同时，参加有一定目的的宴会时，主宾应该"只叙友情，不谈工作"，切不可把餐桌当作办公室，以免陷入僵局，使双方都不愉快。交谈时，主人要能控制局面，不断提出大家共同关心的话题，注意引发每个人的谈话兴趣，不要只和熟悉的人交谈，要让每个人都有谈话的机会，要让大家保持精神饱满，使宴会的热烈气氛贯穿始终。

5. 热情送客

当客人进餐完毕后，应征求大家的意见，适时以委婉的方式提出结束宴会，并真诚地感谢各位宾客的光临和赏识。主人应热心过问并安排宾客返回住处，如亲自叫出租车，并详细叮嘱交通线路和车辆等。

8.2.3　赴宴礼仪

无论在国内还是在国外，赴宴都被视为一种仪式、一种社交。作为被邀请的客人，在宴会期间也有诸多应该注意的礼仪。因为一次宴会进行得是否顺利，不仅仅取决于主人是否热情好客、真诚待友，同时还取决于客人是否以诚相待、彬彬有礼。因此，在赴宴的时候，赴宴者应该时刻注意自己的举止和言谈，掌握赴宴礼仪。作为被宴请的客人，在礼仪上应做到以下几个方面。

1. 应邀

接到出席宴会的邀请后，应及时答复举办者，便于主人安排。客人一经答应赴宴，不能轻易改动。遇有特殊情况，不能如期赴宴，要及时通知主人，说明原因，诚致歉意。主宾如果不能如期赴

商务礼仪：理论、案例与实训（附视频指导）

宴，尽量亲自登门道歉。接到邀请后，既不答复，又不赴宴，是极不礼貌的。

2. 注重仪表仪容

仪容整洁，修饰边幅，是赴宴者应注意的礼仪之一。正式宴会的请柬上，多注有着装要求，赴宴时应按照要求穿着。如果请柬上没有注明着装要求，赴宴时应按照宴会性质和当地的习俗，选定例行服装。在欧美等国，参加正式宴会，男士应穿深色西服、白色衬衣，系上领带，配黑色皮鞋。一般来说，这套装扮可以出席任何隆重的宴会。女士赴宴时所穿礼服，若是长袖的，可戴短手套；若是短袖的，应戴长手套。赴晚宴的年轻女宾，可以穿着色彩艳丽的裙装。在我国，男士可以穿西服，也可以穿中山服赴宴。穿旗袍的女士，应以色调高雅为宜。女宾穿着过分华丽、花哨或衣冠不整，都是对主人和其他客人的不尊重，是非常失礼的。参加普通宴会，女宾衣着不必过分讲究，以整齐合体为宜，但也不宜太随意；太透、太短、衣领过低的服装就不宜赴宴时穿。

赴宴前，女宾应当修饰自己的仪容。女宾应认真梳理头发，适度化妆。出席晚宴的妆容可比白天浓艳，在灯光作用下，肤色会更加红润。发型可根据自己的身材、脸型和年龄选择，突出女性魅力。男宾赴宴前，要理发、修面，手要洗净，指甲修短，力求大方优雅，给人以沉着谨慎、仪容干净的印象。

3. 准时赴宴

掌握赴宴时间，按照请柬标明的宴会时间，准时到场。遵守宴会时间，适时抵达，这在一定程度上反映了赴宴者对主人的尊重，也反映了赴宴者自己的素质。所谓适时、准时，一般情况下，是指在宴会开始前3~5分钟到达。如因故不能准时赴宴，应提前电话通知主人，诚恳说明原因。同样，赴宴也不宜去得过早，去早了会给主人增添麻烦，使之尴尬。在国外，如果客人过早赴宴会遭人笑话：太急于进餐了！如果宴会已开始，迟到的客人应向其他客人致歉，适时招呼主人，表示已经到宴。

4. 按位落座

如约到达宴请地点后，赴宴者由服务人员引导，先到衣帽间寄存外衣和帽子，然后去迎宾处，主动向主人问好、签到。如带有礼物（如花束、花篮等），可恭敬献上，并和先到的客人相互致意。

从休息室步入宴会厅，按服务人员的指引和主人的安排，按位落座后，要注意自己的姿态，既不可过于拘谨，也不要散漫，可将身体轻靠在座椅背上。座椅距餐桌不要太近，也不宜过远，以与其他客人相协调、自己感觉舒适为好。攀谈时，双手自然摆放，忌手托下巴，给人以等候开宴的印象。不要有用手频频整理头发或拉扯台布等多余动作。

和同桌客人交谈时，要热情大方，同新朋友彼此介绍时应稳重诚恳，交换名片时注意应有礼节。上茶时，不要过多与服务人员说话，以免影响他们的正常工作，必要时说声"谢谢"即可。

5. 热情话别

宴会结束，赴宴者应起身离座，不可贪杯恋菜、拖延撤席，不能因余兴未尽而说笑不停。男宾应先起身，为年长者或女士移开座椅。主宾先向主人告辞，随后一般是客人向主人表示谢意。出于礼貌，客人感谢的重点不应是宴会之丰盛，而是主人让自己度过了愉快的时光。当然，如果宴席上有特别出色的菜肴，不妨赞美几句，但不可过度，更不要探听宴席价格，使主人产生误解。

作为应邀的赴宴者，如果可能，可向服务人员表示感谢，称赞他们服务优质、菜肴可口，感激他们的辛勤准备、周到服务。这实际上是人与人之间的基本礼貌。

6. 宴后致谢

从礼仪角度讲，宴会后再给主人打个电话致谢，或者在一个星期以内发一封感谢信去，也很有必要。除感谢主人盛情款待之外，赴宴者还要重申宴会上的友谊，以加深相互之间的良好印象，为今后的进一步合作打好基础。这虽属宴请余音，却也是赴宴者不应忽视的。

8.3　中餐礼仪

中华饮食文化源远流长。在礼仪之邦、讲究民以食为天的中国，饮食礼仪自然成为饮食文化的一个重要组成部分。

8.3.1　中餐上菜次序

一顿标准的中餐，不管什么风味，上菜的次序都大致相同。通常，中餐一般讲究：先凉后热，先炒后烧；咸鲜清淡的先上，甜的、味道浓郁的后上；最后是主食。有规格的宴席，热菜中的主菜如燕窝、海参、鱼翅，应该先上，即最贵的热菜先上，再上溜炒烧扒的菜。

中餐宴席上菜的大致顺序如下。

① 茶：在酒店里，因为要等待，所以先上清口茶，但不是必需的。

② 凉菜：分冷拼、花拼。

③ 热炒：视规模选用滑炒、软炒、干炸、爆、烩、烧、蒸、扒等组合。

④ 大菜：指整只、整块、整条的菜肴，如整头乳猪、全羊等，这不是必需的。

⑤ 甜菜：包括甜汤，如冰糖莲子、银耳甜汤等。

⑥ 点心：一般宴席不供米饭，而代之以糕、饼、团、粉，或者面条、包子、饺子等。

⑦ 饭：如果客人需要米饭，则可以上一些米饭。

⑧ 水果：要求爽口、消腻。

以上顺序并非一成不变，如水果有时可以算在凉菜里，点心可以算在热菜里。较浓的汤菜应该按热菜上，贵重的汤菜如燕窝等为热菜中的头道。

至于季节的考虑，则冬宜红焖、红烧、红扒、砂锅、火锅等，夏宜清蒸、清炒、白汁、凉拌等。此外，颜色搭配、原材料的多样化也应被考虑。

8.3.2　中餐的餐桌礼仪

1. 用餐行为礼仪

上桌后不要先拿筷，应等主人邀请、主宾动筷后再拿筷。

照顾他人时，要使用公共筷子和汤匙。

喝汤时不要将汤碗直接就口喝，要用汤匙舀汤，同时喝汤时不要发出响声。

嘴里有食物时，不张口与人交谈。嘴角和脸上不可留有残余食物。

剔牙时用手挡住嘴。咳嗽、打喷嚏或打哈欠时，应转身低头用手绢或餐巾纸捂着，转回身时说声"抱歉"。

不可高声谈话，影响他人。说话时不可喷出唾沫，嘴角不可留有白沫。

当其他客人还没吃完时，不要独自先离席。在宴会餐桌上，进餐速度快慢不要依个人习惯，而应适应宴会的节奏，等大家都吃完，主人起身，主宾离席时再致谢退席。用完餐离座时，将椅子往内紧靠桌边。

2. 餐具使用的礼仪

中餐餐具可以分为主餐具和辅餐具两类。中餐的主餐具是指进餐时主要使用的、必不可少的餐具，通常包括筷、勺、碗、盘、碟等。中餐的辅餐具是指进餐时可有可无、时有时无的餐具，主要在用餐时发挥辅助作用，如水杯、湿巾、餐巾、牙签等，如图8-11所示。使用中餐餐具时，应重点注意以下几点。

① 筷子使用的礼仪。不能一横一竖交叉摆放筷子，不能一根是大头，一根是小头；筷子要摆放在碗的旁边，不能搁在碗上；在夹菜时，不能拿筷子在菜盘里挥来挥去、上下乱翻，遇到别人也来夹菜时，要有意避让，谨防"筷子打架"；在用餐中途因故需暂时离开时，要把筷子轻轻搁在桌子上或餐碟边，不能插在饭碗里。

图 8-11　中餐餐具

② 碗使用的礼仪。食用碗内盛放的食物时，一般不要端起碗来进食，尤其不要用双手端起碗来进食。正确的做法是以筷、勺加以辅助。碗内若有食物剩余，不可将其直接倒入口中，也不能用舌头伸进去舔。

③ 餐碟使用的礼仪。餐碟在餐桌上一般应保持原位，不能被搬动，而且不宜多个摆放在一起。尤其要注意用餐者面前的餐碟是用来暂放从公用的菜盘里取来食用的菜肴，在使用时，要注意不要一次从菜盘里夹取过多的菜肴，否则使餐碟看起来既混乱不堪，又不雅观。不宜入口的残渣、骨、刺不要吐在地上或桌上，而应将其轻轻放在餐碟的前端，必要时再由服务员取走、换新碟。

④ 水杯使用的礼仪。水杯供盛放清水、汽水、果汁、可乐等时使用，不要用其去盛酒，盛酒有专用的酒杯。

⑤ 使用湿巾的礼仪。用餐前，通常服务员会为每位用餐者上一块湿毛巾。它只能用来擦手，绝对不可用以擦脸、擦嘴、擦汗。擦手之后，应将其放回盘中，由服务员取回。有时，在正式宴会结束前，会再上一块湿毛巾。与前者不同的是，它只能用来擦嘴，不能用来擦脸、擦汗。

⑥ 餐巾使用的礼仪。将餐巾放在膝盖上，不可用餐巾擦脸，可用餐巾角轻轻沾嘴唇与嘴角。用餐完毕后，将餐巾叠放在餐桌上，不可揉成团。

⑦ 洗手盅使用的礼仪。中餐中有些菜肴需要手持进食，所以餐桌上往往摆有一个洗手盅，专门用来洗手。在洗手盅里洗手时，可将两手手指轮流置于其中，轻拨水沾湿，然后将手放在餐桌下，用纸巾擦干。不可将两手完全置于洗手盅中搓洗、乱甩、乱抖。

⑧ 牙签使用的礼仪。用餐时，尽量不要当众剔牙；非剔不可时，应以另一只手掩住口部进行。剔出来的东西，切勿当众观赏，也不要随手乱弹、随口乱吐。剔牙之后，不要长时间叼着牙签。

8.3.3　中餐的酒水礼仪

"无酒不成宴"，饮酒可谓餐桌上的重要活动。商务人士要真正做到善用酒水，合乎礼仪，需要特别注意以下几点。

1. 菜肴搭配

酒水的主要功能是在用餐时开胃助兴。然而，欲使酒水正确地发挥这一作用，就应懂得酒菜搭配之道。唯有如此，二者才会相得益彰；不然，就有可能事倍功半，甚至坏人食欲。

若无特殊规定，正式的中餐宴会通常会上白酒与葡萄酒。因为饮食习惯方面的原因，中餐宴会中的葡萄酒多半是红葡萄酒，而且一般都是甜红葡萄酒。选用红葡萄酒是因为红色充满喜气；而选用甜红葡萄酒，是因为不少人对口感不甜、微酸的干红葡萄酒不太喜欢。

通常，在每位用餐者面前餐桌桌面的正前方，排列着大小不等的三只杯子，自左而右，它们依次是白酒杯、葡萄酒杯、水杯。具体来讲，在搭配菜肴方面，中餐所选的酒水讲究不多，爱喝什么酒就可以喝什么酒，想什么时候喝酒也可完全自便。通常，正规的中餐宴会不上啤酒，啤酒多见于便餐、大排档中。

2. 斟酒

通常，酒水应当在用餐前被斟入酒杯。有时，主人一方为表示对来宾的敬重、友好，还会亲自为其斟酒。若是服务员来斟酒，则不必拿起酒杯，但不要忘了向服务员致谢。但如果是主人亲自斟酒，则应端起酒杯致谢，甚至是起身站立或欠身点头致谢；也可以使用"叩指礼"，即用右手拇指、食指、中指捏在一起，指尖向下，轻叩几下桌面表示谢意。斟酒时，白酒和啤酒都可以斟满，其他酒不用斟满。在正式场合，除主人和服务员外，其他宾客一般不要自行给别人斟酒。

3. 敬酒

敬酒也就是祝酒，是指在正式宴会上，由男主人向来宾提议，提出某个事由而饮酒。在饮酒时，通常要讲一些祝愿、祝福类的话，甚至主人和主宾还可以发表一篇专门的祝酒词。祝酒词内容通常讲究越短越好，不宜连篇累牍、长篇大论，让他人等候良久。

敬酒可以随时在饮酒的过程中进行。若是致正式祝酒词，就应在特定的时间进行，不要影响来宾用餐。通常，致祝酒词适合在宾主入席后、用餐前开始，有时也可以在吃过主菜之后、上甜品之前进行。

在饮酒特别是祝酒、敬酒时进行干杯，需要有人率先提议，可以是主人、主宾，也可以是在场的其他人。提议干杯时，提议者应起身站立，右手端起酒杯，或者用右手拿起酒杯后，再以左手托扶杯底，面带微笑，目视他人，口诵祝颂之词。在主人或他人提议集体干杯时，所有人都应手拿酒杯起身站立响应。即使是滴酒不沾，也要拿起杯子示意。将酒杯举到眼睛高度，说完"干杯"后，将酒一饮而尽或适量饮酒。过去，在中餐中喝白酒，干杯必须一饮而尽，杯内不剩残酒，现在则不必非得如此。

在逐一敬酒时，应以年龄、职位、宾主身份为先后顺序，要充分考虑好敬酒的顺序，分清主次。即使和不熟悉的人在一起喝酒，也要先打听一下身份或是留意别人对他的称呼，避免出现尴尬。如果在场有更高身份或年长的人，则要先给尊、长者敬酒。干杯前，可以象征性地和对方碰一下酒杯。碰杯的时候，应该让自己的酒杯口低于对方的酒杯口，表示尊敬。

如果因为生活习惯或健康等不宜喝酒，则可以以饮料、茶水代替。作为敬酒人，要充分体谅对方，不要强行劝酒。需要注意的是，作为商务人士，不管是在哪一种场合饮酒，都要有自知之明，不可争强好胜，要努力保持风度，做到"饮酒不醉为君子"。

8.4　西餐礼仪

在国际商务宴请中，通常以西餐为主，如图 8-12 所示。吃西餐讲究"4M"：menu（精美的菜单）、mood（迷人的气氛）、music（动听的音乐）、manners（优雅的进餐礼仪）。西餐又分为法式、英美式和国际式，基本要领是一致的。

8.4.1　西餐上菜次序

西餐菜单上有几种分类，分别是开胃菜、汤、沙拉、海鲜、肉类、点心等。应先决定主菜，主菜如果

图 8-12　西餐礼仪

是鱼，开胃菜就选择肉类，这样在口味上就比较富有变化。如果不是很正式、大型的宴会，其实不必从菜单上的单品菜内配出全餐，只要开胃菜和主菜各一道，再加一份甜点就够了。可以不要汤，或者省去开胃菜，这也是很理想的组合。

正式的全套西餐的上菜次序如下。

1. 开胃菜

西餐的第一道菜是开胃菜，也称头盘。开胃菜的内容一般有冷头盘和热头盘之分，常见的品种有鱼子酱、鹅肝酱、熏鲑鱼、奶油鸡酥盒、焗蜗牛等。因为要开胃，所以开胃菜一般都有特色风味。它多以各种调味汁凉拌而成，色彩悦目，口味宜人，味道以咸和酸为主，而且数量少，质量较高。

2. 汤

和中餐不同的是，西餐的第二道菜就是汤。西餐的汤大致可分为蔬菜汤、清汤、奶油汤和冷汤等。热汤有各式奶油汤、牛尾清汤、海鲜汤、意式蔬菜汤、俄式罗宋汤、美式蛤蜊汤、法式葱头汤等。冷汤的品种较少，有俄式冷汤、德式冷汤等。

西餐中的汤，大都口感芬芳浓郁，具有很好的开胃作用。按照传统说法，汤是西餐的"开路先锋"。只有开始喝汤时，才算正式开始吃西餐了。

3. 副菜

鱼类菜肴一般作为西餐的第三道菜，也称副菜。品种包括各种淡水和海水的鱼类、贝类及软体动物类。通常，水产类菜肴与面包类、蛋类、酥盒类菜肴都称副菜。因为鱼类等菜肴的肉质鲜嫩，比较容易消化，所以放在肉类菜肴的前面，叫法上也和肉类菜肴有区别。

4. 主菜

肉、禽类菜肴是西餐的第四道菜，也称主菜。肉类菜肴的原料取自牛、羊、猪等动物的各个部位的肉，其中有代表性的是牛肉或牛排。牛排按其部位又可分为沙朗牛排（也称西冷牛排）、T骨牛排、菲力牛排、牛小排等。其烹调方法常用烤、煎、铁扒等。肉类菜肴配用的调味汁主要有西班牙汁、蘑菇汁、白尼斯汁等。

禽类菜肴的原料取自鸡、鸭、鹅，通常将兔肉等也归入禽类菜肴。禽类菜肴品种较多的是鸡，其原料有火鸡、山鸡、竹鸡等，可煮、炸、烤、焖，主要的调味汁有咖喱汁、奶油汁、黄汁等。

5. 蔬菜类菜肴

蔬菜类菜肴可以安排在肉类菜肴之后，也可以和肉类菜肴同时上桌，所以可以算为一道菜，或称为一种配菜。蔬菜类菜肴在西餐中称为沙拉。和主菜同时上的沙拉，称为生蔬菜沙拉，一般用生菜、西红柿、黄瓜、芦笋等制作。沙拉的主要调味汁有法国汁、油醋汁、奶酪沙拉汁、千岛汁等。

还有一些蔬菜是熟的，如炸土豆条、花椰菜、煮菠菜等。熟食的蔬菜通常和主菜的肉类菜肴一同摆放在餐盘中上桌，称为配菜。

6. 甜品

西餐的甜品是主菜后食用的，可以算作第六道菜。从真正意义上讲，它包括所有主菜后的食物，如布丁、冰激凌、奶酪等。

7. 果品

接下来，用餐者还可在力所能及的情况下，酌情享用干、鲜果品。常用的干果有核桃、杏仁、榛子、开心果、腰果等。菠萝、草莓、香蕉、苹果、葡萄、橙子等则是在西餐桌上常见的鲜果。

8. 热饮

在用餐结束之前，应当为用餐者提供热饮。正规的热饮是红茶或黑咖啡，二者只能选择其一，而不同时享用。它们的作用主要是帮助消化。西餐的热饮可以在餐桌上喝，也可以换一个地方，如离开餐桌去客厅或休息厅里喝。

8.4.2 西餐餐具的使用礼仪

西餐餐具较多，应了解和掌握其名称与用途，并正确地使用。西餐的餐具主要有刀、叉、匙、盘、碟、杯等。需要注意的是，吃不同的菜肴用不同的刀叉，饮不同的酒要用不同的酒杯。其摆法为：正面放汤盘，左手位放叉，右手位放刀，右前方放酒杯。餐巾放在汤盘上或插在水杯里，面包碟摆放在左前方。西餐餐具的摆放如图 8-13 所示。

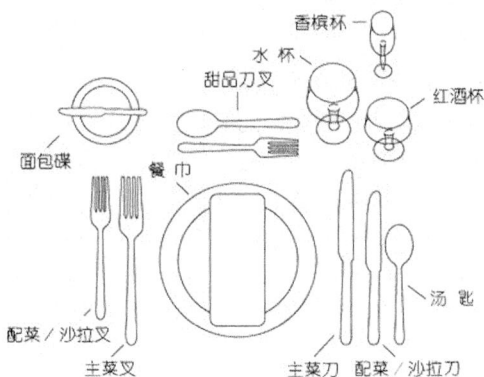

图 8-13　西餐餐具的摆放

以下对常用的刀叉、餐匙、餐巾的使用礼仪进行简述。至于西餐桌上出现的盘、碟、杯、牙签等餐具，其用法与中餐大同小异，在此不赘述。

1. 刀叉

刀叉是对餐刀和餐叉两种餐具的统称。多数情况下，刀叉同时配合使用。使用刀叉应注意以下几点。

一是正确识别刀叉。在正规的西餐宴会上，通常讲究每道菜都有专门的刀叉，要吃一道菜换一副刀叉，既不可乱用，也不可自始至终只用一副刀叉。

二是正确使用刀叉。刀叉用法分英国式和美国式两种。英国式用法是右手持刀，左手持叉，一边切一边叉而食之。美国式用法是先右刀左叉，把餐盘中要吃的食物切完，再把右手里的刀斜放在餐盘前方，将左手的叉换到右手里叉着吃。通常认为英国式吃法更加文雅。

拓展阅读

常见的刀叉的使用礼仪

西餐的刀叉相当于中餐的筷子，使用极广。比如，在吃牛排等肉类菜肴时，要用餐叉摁住食物，用餐刀切下一小块，吃完后再切第二块。吃鱼时，可用餐刀将其切开，将鱼刺、鱼骨剥出后，再切成小块，用餐叉取食。吃鸡时也是如此，应切下一块，用餐叉取食，直接用手去撕扯是失礼的。

在吃通心粉（又叫意大利面条）时，不能一根一根挑着吃或吸着吃，应该右手握餐叉，在左手所用汤匙的帮助下，把面条缠绕在餐叉上，然后送入口中。

西餐中水果的食用也要用到刀叉。比如，吃菠萝时，应当将其切割成小块，然后用餐叉进食，不要用手去抓食。食用整只香蕉时，应先剥除外皮，再用餐刀切成小段，逐段食之，一般不应当一边用手拿着皮，一边慢慢咬着吃。苹果，正规的吃法是切成大小相仿的四块，然后逐块去核去皮，再以餐叉食之。吃果盘内不成串的单粒葡萄时，宜以餐叉相助取食。

三是正确用手取食。西餐桌上的食物一般都是用刀叉进食，但有些食物是可以用手取食的。一般情况下，如果一定要用手吃，会附上洗手水，当饭菜与洗手水一起端上来时，即意味着"请用手吃"。在吃一般菜时，如果弄脏了手，可以请服务员端上洗手水。

四是知道刀叉的暗示语。通过刀叉的摆放可以向服务员暗示是否加菜、是否收走餐具等信号。刀右、叉左、刀口向内、叉齿向下，呈"八"字形放置在餐盘上，表示"我只是暂时不吃，但是我还没

有用餐完毕"，提示服务员不要把餐具收走；刀右、叉左、刀口向内、叉齿向上，并竖放在餐盘里，表示"吃完了或不想再吃"，提示服务员可以收走餐具了；刀叉呈十字形摆放在餐盘上，这就是提醒服务员"我第一盘菜已经吃完了，可以给我上第二盘菜啦"；刀叉的头往右横放在餐盘中央，表示"我觉得这道菜很好吃，很美味"；把刀和叉呈八字形交叉在一起，这就是差评的意思，表示"你这道菜味道不行，有待提高"。刀叉摆放的暗示语如图 8-14 所示。

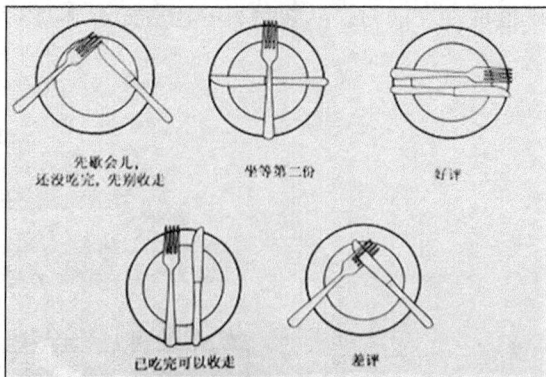

图 8-14　刀叉摆放的暗示语

2．餐匙

使用餐匙时，应主要注意两点。

一是要区分不同餐匙。汤匙通常放在餐盘右边。餐盘上方放的是吃甜食专用的匙和叉及咖啡匙。

二是要正确使用餐匙。餐匙除可以用于饮汤、吃甜品之外，不可直接舀取其他主食、菜肴。

3．餐巾

使用餐巾时要注意以下几个方面。

一是餐巾的铺放。宴会开始，主人拿起餐巾，这是准备进餐的信号，客人应跟着拿起餐巾。进餐时将餐巾平铺在双腿上，不要塞在脖子处或系在裤腰带上，不要用餐巾擦拭杯、盘，这是对主人或餐厅的不尊敬。

二是餐巾的用途。餐巾的第一个用途就是宴会开始、结束的标志，也就是说，主人拿起餐巾意味着宴会开始，而当主人把餐巾放到桌子上时，就表示宴会结束。此外，餐巾是用来擦嘴的，手洗过之后也可以用餐巾擦，但不能用来擦鼻子或擦脸。

三是餐巾有暗示作用。就餐期间离席，应把餐巾放在椅子上，表示自己还会回来吃。如果把餐巾放到桌子上，则表示自己不想再吃，示意服务员不必继续上菜。

8.4.3　西餐的酒水礼仪

在正式的西餐宴会里，酒水是主角。西餐宴会中所上的酒水可以分为餐前酒、进餐酒、餐后酒，它们各自又分出很多具体种类。

1．餐前酒

餐前酒在法语里叫开胃酒，意思是"增加食欲的东西"。显而易见，它是在正式用餐前饮用的，或在吃开胃菜时与之相配的。餐前酒的目的是刺激食欲，喝得太多反而没有食欲，所以不要多喝。

餐前酒因国而异，各国经常喝的酒分别如下：美国——鸡尾酒、威士忌和啤酒；法国——鸡尾酒、威士忌和葡萄酒；英国和日本——鸡尾酒、威士忌、啤酒和葡萄酒；俄罗斯——伏特加和葡萄酒。

2．进餐酒

进餐酒也称佐餐酒，是在正式用餐期间饮用的酒水。西餐里的进餐酒多为葡萄酒。

在正餐或宴会上选择进餐酒，应注意一个原则，即"白酒配白肉，红酒配红肉"。白肉即鱼肉、海鲜、鸡肉等，吃这类肉时须搭配白葡萄酒；红肉即牛肉、羊肉、猪肉等，吃这类肉时应配以红葡萄酒。鉴于西餐菜肴里的白肉多为鱼肉，故这一说法有时又被表述为："吃鱼喝白酒，吃肉喝红酒。"其实二者的本意相同。

3. 餐后酒

餐后酒在法语、英语里叫消化酒，是帮助消化的意思。常见的餐后酒是利久酒，较有名的餐后酒则是有"洋酒之王"美称的白兰地。

上述区分也不是十分严格的，往往不太容易区分出一种酒是餐前酒、进餐酒或餐后酒的，因为有时候它既有可能是餐前酒，也有可能是进餐酒。

在一般情况下，饮不同的酒水要用不同的专用酒杯。在每位用餐者桌面上右边餐刀的上方，大都会横排放置三四只酒杯，如香槟杯、红葡萄酒杯、白葡萄酒杯以及水杯等。取用它们时，可依次由外侧向内侧进行。

拓展阅读

中西方宴客礼仪的差异

中国人在餐桌上以劝菜劝酒为礼貌，劝客人多吃多喝，才显示出主人的热情好客；而西方人一般不会勉强客人。在西方人宴客时，主人一般询问客人是否想喝点什么，客人应该如实回答，如果客人谢绝，主人便不会再勉强。中国人则会主动倒酒倒，并且不断加酒。西方人以喝完为礼貌，如果主人不断加酒，那么客人往往会不知所措。中国人的习惯是不能让杯子空着，如果客人杯子空着，那就说明主人没有招待好。

练习测试题

一、单选题

1. 在宴请客人的时候，可以优先考虑的菜肴有（　　　）。

A. 当地特色的菜肴　　　B. 贵的菜　　　　　C. 主人的拿手菜　　　D. 自己爱吃的菜

2. 确定菜谱时，要充分考虑宴请主宾的情况，下面要特别注意的是（　　　）。

A. 年龄　　　　　　　　B. 性别　　　　　　C. 喜好　　　　　　　D. 饮食忌讳或宗教习俗

3. 喝汤时，发现汤太烫，应该（　　　）。

A. 不喝　　　　　　　　B. 用勺子搅动　　　　C. 用嘴吹凉　　　　　D. 边吹边喝

4. 吃西餐的时候，英国式拿刀叉的方式是（　　　）。

A. 左叉右刀　　　　　　B. 右叉左刀

C. 根据个人的喜好　　　D. 只用叉不用刀或只用刀不用叉

5. 你参加西餐宴会，当女主人将餐巾放到桌上时，你应该（　　　）。

A. 致辞　　　　　　　　B. 喝汤　　　　　　　C. 举杯　　　　　　　D. 停止用餐

6. 某外宾在用餐时，把刀叉呈"八"字放置在餐盘上，具体摆法是刀右、叉左、刀口向内、叉齿向下，这可能是表示（　　　）。

A. 我吃完了或不想再吃，提示服务员可以收走餐具了

B. 我只是暂时不吃，但是我还没有用餐完毕，提示服务员不要把餐具收走

C. 我觉得这道菜很好吃，很美味

D. 给餐厅一个差评，表示这道菜味道不行，有待提高

二、多选题

1. 招待会的宴请方式包括（　　　）。

A. 自助餐　　　　　　　B. 酒会　　　　　　　C. 工作餐　　　　　　D. 家宴

2. 在中餐用餐前，如果比较讲究，服务员会为每位用餐者上一块湿毛巾，不可以用它来（　　　）。

A. 擦脸　　　　　　　　B. 抹汗　　　　　　　C. 擦手指　　　　　　　D. 擦桌子

3. 在用餐时，要注意（　　　　）。

A. 不吸烟　　　　　　　　　　　　　　　　B. 不要擅自做主为他人夹菜

C. 不梳理头发、化妆、补妆　　　　　　　　D. 不酗酒、不灌酒

4. 在安排宴请的桌次、座次时，下面表述正确的是（　　　　）。

A. 桌次面门定位，以右为尊，以远为上

B. 距离主桌越近，桌次越高

C. 同一桌的座次以离主人座位距离而定

D. 座次以左为尊，主宾应该坐在主人的右侧

5. 关于中餐的餐桌礼仪，下面表述正确的是（　　　　）。

A. 喝汤时不要将汤碗直接就口喝，要用汤匙舀汤，同时喝汤时不要发出响声

B. 嘴里有食物时，不张口与人交谈

C. 不可高声谈话，影响他人

D. 自己提前用完餐了，主动向主人致谢退席

三、判断题

1. 享用自助餐时，多吃是允许的，用餐者在选取某一种菜肴时最好是一次取够。（　　　　）

2. 自助餐多以冷食为主，也可用热食，但不提供高档的菜肴、酒水。（　　　　）

3. 参加鸡尾酒会时应该准时出席，如果晚到，应该向主人表示歉意。（　　　　）

4. 参加鸡尾酒会时应该坐在固定的座位上，保持安静用餐，不宜主动招呼其他客人。（　　　　）

5. 宴会菜单应根据宴会的规格而定，做到"突出特色，客随主便"。（　　　　）

6. 中餐宴请的座次安排是主人面对正门，当有两位主人时，两人可相向而坐，一人面对门，一人背对门。（　　　　）

7. 中餐宴会上菜的次序，讲究先凉后热、先炒后烧。（　　　　）

8. 与客户吃饭时用筷子叉馒头。（　　　　）

9. 与客户用餐时，不自觉地将食物残渣、骨头吐在饭桌上。（　　　　）

10. 在和客户吃饭时，长时间与他人通电话。（　　　　）

11. 同事聚餐时，遇到自己喜欢吃的菜就一个劲地吃，吃后当众剔牙。（　　　　）

12. 吃西餐时用餐巾擦拭餐具。（　　　　）

13. 按西餐礼仪，在吃通心粉时，应该右手握餐叉，在左手所用汤匙的帮助下，把面条缠绕在餐叉上，然后送入口中。（　　　　）

14. 某女士在西餐厅跟客户用餐，用餐途中想去洗手间一趟，这时她应该把餐巾折叠起来放在桌子上。（　　　　）

15. 某先生与客户吃西餐，看到端上来的水果中有香蕉，他就直接拿起来剥皮吃。（　　　　）

16. 西餐桌子上有一个小玻璃碗，里面装了撒着花瓣的水，这碗水不是用来喝的，而是用来洗手的。（　　　　）

四、简答题

1. 商务宴请包括哪些形式？

2. 自助餐有哪些特点和礼仪？

3. 酒会有哪些特点和礼仪？

4. 简述商务宴请准备工作的主要内容。

5. 出席正式宴会应注意哪些礼仪？

6. 简述中、西餐的座次礼仪有什么相同点和不同点。

7. 简述中餐餐巾及洗手盅的使用方法。

8. 西餐正餐的上菜次序是怎么安排的？

9. 用西餐时如何正确使用刀叉？

10. 中餐和西餐在酒水礼仪上有什么区别？

11. 在宴席上给人斟酒和敬酒应注意哪些礼仪？

案例分析题

【案例 8-1】 西餐礼仪

老张的儿子留学归国，还带了位洋媳妇回来。为了讨好未来的公公，这位洋媳妇一回国就诚惶诚恐地张罗着请老张一家到当地最好的四星级饭店吃西餐。

用餐开始了，老张为在洋媳妇面前显示出自己也很讲究，就用桌上一块"很精致的布"仔细地擦了自己的刀、叉。吃的时候，学着他们的样子使用刀叉，既费劲又辛苦，但他觉得自己挺得体的，总算没丢脸。用餐快结束了，吃饭时喝惯了汤的老张盛了几勺精致小盆里的"汤"放到自己碗里，然后喝下。洋媳妇先一愣，紧跟着也盛着喝了，而他的儿子早已是满脸通红。

问题： 请找出此案例中不符合西餐礼仪的地方。

【案例 8-2】 一次成功的宴请

南茜在一家知名跨国公司的北京总部任总经理秘书，晚上公司要正式宴请国内最大的客户张总裁等一行人，答谢他们一年来给予的支持，她已经提前安排好了酒店和菜单。

算了算宾主双方共有8位，南茜安排了桌卡，因为是熟人，又只有几个客人，所以没有送请柬。可是她还是不放心，就又拿起了电话，找到对方公关部李经理，详细说明了晚宴的地点和时间，又认真地询问了张总裁的饮食习惯。李经理说张总裁是山西人，不太喜欢海鲜，非常爱吃面食。南茜听后，又给酒店打电话，重新调整了晚宴的菜单。

南茜还决定提前半个小时到酒店，看看晚宴安排的情况并在现场做点准备工作。到了酒店，南茜找到领班经理，再次讲了重点事项，又和他共同检查了宴会的准备。宴会厅分内外两间，外边是会客室，是主人接待客人小坐的地方，已经准备好了鲜花和茶点，里边是宴会的房间，中餐式宴会的圆桌上已经摆放好了各种餐具。

南茜知道对着门口桌子上方的位置是主人位，但为了慎重起见，还是征求了领班经理的意见，从带来的桌卡中先挑出写着自己公司总经理名字的桌卡放在主人位上，再将张总裁的桌卡放在主人位子的右边。想到客户公司的二把手也很重要，就将他放在主人位子的左边。南茜又将自己公司市场总监的桌卡放在桌子的主人位对面的位置上，再将客户公司的两位业务主管分放在他的左右两边。为了便于沟通，南茜就将自己的位子与公关部李经理放在了同一方向的位置。

晚宴的一切准备工作就绪了。南茜看了看时间还差一刻钟，就来到酒店的大堂等候。提前10分钟就看到了总经理一行到了酒店门口，南茜就在送他们到宴会厅时简单地汇报了安排。南茜随即又返身回到了酒店大堂，等待着张总裁一行人的到来。几乎分秒不差，她迎接的客人准时到达。

晚宴按照南茜精心的安排顺利进行着，宾主双方笑逐颜开，客户不断夸奖菜的味道不错，正合他们的胃口。这时，领班经理带领服务员像表演节目一样端上了山西刀削面。客人看到后立即哈哈大笑起来，高兴地说道，你们的工作做得真细致。南茜的总经理也很高兴地说，这是南茜的功劳。

看到宾主满意，南茜心里暗自总结着经验，下午根据客人的口味调整菜单，去掉了鲍鱼等名贵菜，不仅节省了钱，还获得了客人的好感。

问题：

1. 你如何评价南茜的宴请筹划准备工作？
2. 根据案例描述，请画出宴请的座次图。

【案例 8-3】　　　　　　　　　　**李嘉诚请客**

万通控股创始人冯仑曾经在《新闻世界》（2007 年第 8 期）发表了一篇题为《与李嘉诚一起吃饭》的文章，主要内容摘要如下。

一个月前我去香港，和李嘉诚吃了一次饭，感触非常大。李先生 76 岁，是华人世界的财富状元，也是我的偶像。大家可以想象，这样的人会怎么样。一般的大人物都会等到大家坐好，然后才会缓缓过来，讲几句话。如果要吃饭，他一定坐在主桌。然后我们企业界 20 多人中有名望的人坐在他边上，其余人坐在其他桌，饭还没有吃完，李先生就该走了。如果他是这样，我们也不会怪他，因为他是个伟大的人。

但是让我非常感动的是，我们走到电梯口，开电梯门的时候，李先生在门口等着，然后给我们发名片，这已经出乎我们的意料——李先生的身家和地位已经不用名片了！但是他像做小买卖一样给我们发名片。发完名片后我们一人抽了一个签，这个签就是一个号码，就是我们照相时站的位置，是随机抽的。我当时想为什么照相还要抽签，后来猜测，这是用心良苦，为了大家都舒服，否则怎么站呢？

抽号照相后又抽一个号，说是吃饭的位置，又是为了让大家感到舒服。最后让李先生说几句，他说没有什么要讲的，主要是和大家见面。后来大家让他讲，他就说把生活中的一些体会与大家分享。然后他看着几个外国人，用英语讲了几句，又用粤语讲了几句，把全场的人都照顾到了。他讲的是"建立自我，追求无我"，就是让自己强大起来，要建立自我、追求无我，把自己融入生活和社会当中，不要给大家压力，让大家感觉不到他的存在，自发地来接纳他、欢迎他。

之后我们就吃饭。我抽到的座位正好与他隔一个人，我以为可以就近聊天，但吃了一会儿，李先生站起来了，说："抱歉，我要到那个桌上坐一会儿。"后来，我发现他们安排李先生在每一张桌子上坐 15 分钟，总共 4 桌，每桌 15 分钟，正好一个小时。临走的时候他说一定要与大家握手告别，每个人都要握到，包括边上的服务人员，然后送大家到电梯口，直到电梯门关上才走。这就是他追求的无我，在整个过程中得到了充分体现。

问题：

1. 请从商务礼仪视角评析李嘉诚请客的礼仪之道。
2. 评析李嘉诚的"建立自我，追求无我"，你从中收获了哪些感悟？
3. 李嘉诚的请客给你带来哪些启示？

实训

1. 假设你是某公司的公关部经理，公司将举办一次有规格的宴会，请列出一份宴会注意事项表。
2. 将学生分成两组，每组设计一个情景，分别扮演主人和来宾，并为学生分别分派不同的职位，演练中、西餐宴会接待和赴宴就餐。
3. 在条件许可的情况下，约上几个好友去西餐厅就餐，感受环境氛围，品尝美味佳肴，并观察他人的就餐习惯，寻找不符合西餐就餐礼仪的地方，并进行总结。

商务仪式礼仪 | 第9章 Chapter 9

本章内容

◎ 开业庆典仪式的筹备和程序
◎ 剪彩仪式的礼仪要点
◎ 签约仪式的筹备和程序
◎ 签约仪式的礼仪要求
◎ 新闻发布会的筹备和程序
◎ 新闻发布会的礼仪要求

引例

开业庆典仪式的筹划

天悦国际旅行社有限公司是经省、市旅游局审批并正式成立的旅行社。该旅行社是一家以先进的管理、销售系统及强大的数据库为支撑的现代化企业。为庆祝开业，也为更好地宣传该旅行社的经营理念，让更多的消费者了解现代旅游的快捷和方便，该旅行社计划20××年9月9日上午于天悦大酒店举行开业庆典，准备邀请××市旅游局、××市旅游行业协会代表，以及本市多家旅行社、媒体等参加当天的开业仪式。同时该旅行社还将提供丰盛的晚宴款待各位嘉宾，并设有内容丰富的娱乐活动请大家共享欢乐。

该旅行社应该如何策划和举办这个开业庆典仪式呢？这是许多企业在成立之初首先要面临的问题。

商务仪式是企业为了庆祝或纪念某个重要日子、重大事件而举行的气氛热烈而隆重的仪式。举办商务仪式，既可以表明企业对此项活动庄重、严肃的态度，又可以借此扩大企业的社会影响，树立企业良好的形象。商务仪式的形式有很多种，如开业庆典仪式、周年庆典仪式、重大业绩庆典仪式、商务签约仪式、新闻发布会仪式、展览会仪式、赞助会仪式等，举办流程和仪式要求大同小异。本章选取开业庆典、商务签约、新闻发布会3种商务仪式进行具体阐述。

9.1　开业庆典仪式礼仪

开业庆典仪式，是指在单位创建、开业，项目完工、落成，某一建筑物正式启用或是某项工程正式开始之际，为了表示庆贺或纪念，而按照一定的程序所隆重举行的专门的仪式。有时，开业庆典仪式亦称作开业典礼。

开业庆典仪式其实是一个统称。在不同的适用场合，它往往会采用其他名称，如开幕仪式、剪彩仪式、下水仪式、开工仪式、奠基仪式、破土仪式、竣工仪式、通车仪式等。它们的共性，是都要以热烈而隆重的仪式，来为本单位的发展创造一个良好的开端。开业庆典仪式如图9-1所示。

图 9-1　开业庆典仪式

开业庆典仪式在商界一直颇受人们的青睐。究其原因，并不仅仅是因为商家要给自己讨上一个吉利，而是因为通过它可以因势利导，对商家自身事业的发展裨益良多。一般认为，举行开业庆典仪式，至少可以起到下述五个方面的作用：第一，它有助于塑造本单位的良好形象，提高自己的知名度与美誉度；第二，它有助于扩大本单位的社会影响，吸引社会各界的重视与关心；第三，它有助于将本单位的建立或成就广而告之，借以为自己招徕顾客；第四，它有助于让支持过自己的社会各界与自己一同分享成功的喜悦，进而为日后的进一步合作奠定良好的基础；第五，它有助于增强本单位全体员工的自豪感与责任心，从而为自己创造一个良好的开端，或是开创一个新的起点。

9.1.1　开业庆典仪式的筹备

开业庆典仪式尽管进行的时间短暂，但要营造出现场的热烈气氛，取得成功，绝非一桩易事。由于它牵涉面甚广，影响面巨大，不能不对其进行认真的筹备。筹备工作认真与否、充分与否，往往影响一次开业庆典仪式能否真正取得成功。具体而论，筹备开业庆典仪式时，对于舆论宣传、来宾邀请、场地布置、接待服务、礼品馈赠等几个方面的工作，尤其需要事先认真安排。

1. 做好舆论宣传工作

既然举办开业庆典仪式的主旨在于塑造本单位的良好形象，那么就要对其进行必不可少的舆论宣传，以吸引社会各界对自己的注意，争取社会公众对自己的认可或接受。开业单位为此要做的常规工作有两部分。一是开业单位选择有效的大众传播媒介，进行集中性的广告宣传。其内容多为：开业庆典仪式举行的日期、开业庆典仪式举行的地点、开业之际对顾客的优惠、开业单位的经营特色等。要把广告设计得美观、大方、有特色，发布的时间宜在开业前的 3～5 天。二是开业单位邀请有关的大众传媒界人士在开业庆典仪式举行之时到场进行采访、报道，以便对本单位进行进一步的正面宣传。

2. 做好来宾邀请工作

开业庆典仪式的影响，实际上往往取决于来宾的身份和其数量。在力所能及的条件下，要力争多邀请一些来宾参加开业庆典仪式。地方领导、上级主管部门与地方职能管理部门的领导、合作单位与同行单位的领导、社会团体的负责人、社会贤达、媒体人员，都是邀请时应予以考虑的重点。一旦确定出席开业庆典仪式的人员，应提前一周发出请柬，便于被邀请者及早安排和准备。请柬可以快递邮寄，也可以派人送达。重要人士或主要领导的请柬尽量直接派人送达，以表示诚意和尊重。

3. 做好场地布置工作

开业庆典仪式多在开业现场举行，其场地可以是正门之外的广场，也可以是正门之内的大厅。按惯例，举行开业庆典仪式时宾主一律站立，故一般不布置主席台或座椅。为显示隆重与敬客，开业单位可在来宾尤其是贵宾站立之处铺设红色地毯，并在场地四周悬挂横幅、标语、气球、彩带等。

此外，开业单位还应当在醒目之处摆放来宾赠送的花篮、牌匾。来宾的签到簿、本单位的宣传材料、待客的饮料等，亦须提前备好。对于音响、照明设备以及开业庆典仪式举行之时所需使用的用具，应事先认真进行检查、调试，以防其在使用时出现差错。

4．做好接待服务工作

在举行开业庆典仪式的现场，要有专人负责来宾的接待服务工作。除了要求本单位的全体员工都要以主人翁的身份热情待客，有求必应，主动相助之外，更重要的是分工负责，各尽其职。在接待贵宾时，本单位主要负责人要亲自出面。在接待其他来宾时，则可由本单位的礼仪小姐负责此事。有时，还须为来宾准备好专用的停车场、休息室，并应为其安排饮食。

5．做好礼品馈赠工作

举行开业庆典仪式时赠予来宾的礼品，一般属于宣传性传播媒介的范畴。若能选择得当，会产生良好的效果。根据常规，向来宾赠送的礼品，应具有如下三大特征。其一，宣传性。可选用本单位的产品，也可在礼品及其包装上印有本单位的企业标志、广告用语、产品图案、开业日期等。其二，荣誉性。要使之具有一定的纪念意义，并且使拥有者对其珍惜、重视，并为之感到光荣和自豪。其三，独特性。它应当与众不同，具有本单位的鲜明特色，使人一目了然，并且可以令人过目不忘。

9.1.2　开业庆典仪式的程序

开业庆典仪式的程序是指仪式的进程。仪式的效果主要由程序决定，因此，拟定程序要完整、协调，符合相关礼仪的要求。开业庆典礼仪程序一般包括以下几个方面。

① 迎宾。接待人员在会场门口接待来宾，请来宾签到后，引导来宾就位。

② 典礼开始。主持人宣布开业典礼正式开始，全体起立，奏乐，宣读重要嘉宾名单。

③ 致贺词。由上级领导和来宾代表致贺词，主要表达对开业单位的祝贺，并寄予厚望。由谁来致贺词事先要定好，以免当众推来推去。对外来的贺电、贺信不必一一宣读，但对其署名的单位或个人应予以公布。

④ 致答词。由本单位负责人致答词。致答词的主要内容是向来宾及祝贺单位表示感谢，并简要介绍本单位的经营特色和经营目标等。

⑤ 揭幕或剪彩。由本单位负责人和一位上级领导或嘉宾代表揭去盖在牌匾上的红布（或者剪彩），宣告企业的正式成立。参加典礼的全部人员应鼓掌祝贺，在非限制燃放鞭炮的地区还可燃放鞭炮庆贺。

⑥ 参观。如有必要，可引导来宾参观，向来宾介绍本单位的主要设施、特色商品及经营策略等。

⑦ 迎接首批顾客。可采取让利销售或赠送纪念品的方式吸引顾客，也可以邀请一些有代表性的顾客参加座谈，虚心听取顾客的意见，拉近与顾客的距离。

实例

开业典礼方案——天悦国际旅行社开业庆典

庆典时间：20××年9月9日上午10：00。

地点：天悦国际旅行社。

名称：天悦国际旅行社开业庆典活动。

9：00～10：00 礼仪小姐迎宾。

10：00～10：30 开业典礼正式开始。

商务礼仪：理论、案例与实训（附视频指导）

全体起立，唱国歌。

主持人介绍到场嘉宾。

嘉宾代表发言祝贺。

主人致答词。

邀请嘉宾揭幕。

10:30～11:00 参观天悦国际旅行社。

11:00～12:30 公司在合作大酒店设宴，请嘉宾共进午餐。

17:30～18:00 在度假村酒店星光厅迎宾。

18:00 晚宴正式开始入席。

18:10 司仪邀请旅行社总经理致辞。

致辞完毕，晚宴正式开始。

19:00～20:30 精彩节目表演及抽奖活动。

9.1.3 剪彩仪式的礼仪要点

剪彩作为一种比较有特色的庆典仪式，可以在开业典礼中举行，也可举行专门的剪彩仪式，以期引起社会各界的重视。剪彩仪式的运用较广泛，如某单位成立开业、大型建筑物落成、新造的车船和飞机出厂、道路桥梁落成首次通车、大型展销会和展览会的开幕等，都可以采用剪彩仪式。因其主要活动内容是邀请专人使用剪刀剪断被称为"彩"的红色缎带，故被人们称为"剪彩"，剪彩仪式如图 9-2 所示。

图 9-2 剪彩仪式

剪彩仪式的前期准备和基本程序与一般的开业庆典仪式相似，不赘述。本节仅针对其剪彩环节的礼仪要点进行一些说明。

1. 准备剪彩用品

剪彩仪式需使用的某些特殊用具，诸如红色缎带、剪刀、白色薄纱手套、托盘以及红色地毯等，都应仔细地进行选择与准备。

2. 确定剪彩者

剪彩者，即在剪彩仪式上持剪刀剪彩之人。根据惯例，剪彩者可以是一个人，也可以是几个人，但是一般不应多于 5 人。通常，剪彩者多由上级领导、合作伙伴、社会名流、员工代表或客户代表所担任。按照常规，剪彩者应着正装，并在剪彩时戴上白色薄纱手套。

3. 培训助剪者

助剪者是指在剪彩的一系列过程中为剪彩者提供帮助的人员。助剪者多由东道主一方经过礼仪训练的女职员或礼仪公司的礼仪小姐担任。

助剪者可分为迎宾者、引导者、服务者、拉彩者、捧花者、托盘者。迎宾者的任务是在活动现场负责迎来送往；引导者的任务是在进行剪彩时负责带领剪彩者登台或退场；服务者的任务是为来宾尤其是剪彩者提供饮料和安排休息之处；拉彩者的任务是在剪彩时展开、拉直红色缎带；捧花者的任务是在剪彩时手托花团；托盘者的任务则是为剪彩者提供剪刀、白色薄纱手套等剪彩用品。

通常，迎宾者与服务者不止一人。引导者既可以是一个人，也可以为每位剪彩者各配一人。拉彩者通常应为两人。捧花者的人数则需要视花团的具体数目而定，一般应为一花一人。托盘者可以为一人，也可以为每位剪彩者各配一人。有时，助剪者也可身兼数职。

4. 剪彩仪式站位准确，配合默契

当主持人宣告进行剪彩后，助剪者应率先登场。在上场时，助剪者排成一行行进，从两侧同时登台，或是从右侧登台均可。登台后，拉彩者与捧花者应当站成一行，拉彩者处于两端拉直红色缎带，捧花者各自双手捧一朵花团。托盘者须站立在拉彩者与捧花者身后 1 米左右，并且自成一行。

在剪彩者登台时，引导者应在其左前方进行引导，使之各就各位。如有多名剪彩者，站位规矩是：中间高于两侧，右侧高于左侧，距离中间站立者越远则位次便越低，即主剪者应居于中央的位置。

剪彩者登台时，宜从右侧入场。剪彩者若不止一人，登台时也应列成一行，并且使主剪者行进在前。当剪彩者均已到达既定位置之后，托盘者应前行一步，到达前者的右后侧，以便为其递上剪刀、白色薄纱手套。

在主持人向全体到场者介绍剪彩者时，剪彩者应面含微笑地向大家欠身或点头致意。剪彩者行至既定位置之后，应向拉彩者、捧花者含笑致意。当托盘者递上剪刀、手套时，也应微笑着向对方道谢。

在正式剪彩前，剪彩者应首先向拉彩者、捧花者示意，待其有所准备后，右手手持剪刀，表情庄重地将红色缎带一刀剪断。若多名剪彩者同时剪彩时，其他剪彩者应注意主剪者动作，与其主动协调一致，力争大家同时将红色缎带剪断。

按照惯例，剪彩后，红色花团应准确无误地落入托盘者手中的托盘里，切勿使之坠地。剪彩者在剪彩成功后，可以右手举起剪刀，面向全体到场者致意。然后放下剪刀、脱下白色薄纱手套放在托盘之内，举手鼓掌。接下来，可依次与主人握手道喜，并列队在引导者的引导下从右侧退场。待剪彩者退场后，助剪者方可列队由右侧退场。

9.2　商务签约仪式礼仪

商务签约仪式是政府、组织、企业间通过谈判，在经济、文化、科技等领域缔结商务条约、协定时举行的仪式。国际上约定俗成的签约仪式有比较严格的程序及礼节规范。这既显示了签约仪式的正式性，也表明双方对缔结条约的重视及相互间的尊重。商务签约仪式如图 9-3 所示。

图 9-3　商务签约仪式

9.2.1　签约仪式的筹备

签约仪式的整个过程所需时间不长，其程序较简单。由于签约仪式涉及行业间、地区间、国家间的关系，且商务签约仪式往往是访谈、谈判成功的标志，有时具有历史转折的意义，因此，签约仪式要认真筹办。

1. 签约厅布置和物品准备

由于签约仪式的种类不同以及各地、各国的风俗习惯不同，因而签约仪式的安排和签约厅的布置也不尽相同。签约厅有常设专用的，也有临时以会议厅、会客室来代替的，但一般都选择较有影响的、宽敞明亮的、适宜于签约的厅室。

签约厅的布置应整洁庄重，将长方形签约桌（或会议桌）横放在签约厅内，桌后并列设置签约人的座位，座位之间可以保持 1.5 米左右的距离。桌面上覆盖桌布，桌布颜色的选择要考虑各方的习惯与忌讳。桌后面对正门放两把椅子，作为双方签约人的座位（主左客右）。座前桌上摆放各方保存的文本，文本前方分别放置签约用的用具。若是商务涉外签约仪式，签约桌中间摆放一个旗架，悬挂签约双方的国旗，主方国与客方国旗帜悬挂的方位是面对正门、主左客右，即各方的国旗须插放在该方签约人座椅的正前方。

准备好座席卡、茶水、矿泉水、签字笔、鲜花、无线话筒、签约文具、国旗、馈赠来宾的纪念宣传性礼品以及场地设备等物品。

2. 签约文本的准备

负责为签约仪式提供待签合同文本的主方，要与有关各方一同指定专人负责合同的定稿、校对、印刷、装订、盖章等工作。按常规，主方应为在合同上正式签字的有关各方均提供一份待签的合同文本，必要时还可再向各方提供副本。

签署涉外商务合同时，按照国际惯例，待签的合同文本应同时使用有关各方法定的官方语言，或是使用国际上通行的英文、法文等。待签的合同文本应以精美的白纸印制而成，按 A4 的规格装订成册，并以高档材料作为签约合同的封面。

3. 签约仪式人员的确定

（1）签约人

签约人是指代表政府或企业等组织进行签约的人员。根据文件性质由缔约各方确定签约人，一般由主谈人或更高一级负责人签字，双方签约人的身份大体相当。

（2）助签人

助签人的职能是洽谈有关签约仪式的细节，并在签约仪式上帮助翻阅与传递文本、指明签字处。双方的助签人由缔约双方共同商定。

（3）出席签约仪式的人员

出席签约仪式的人员应基本上是参加会谈或谈判的全体人员。如一方要求让某些未参加会谈或谈判的人员出席签约仪式，应事先取得对方的同意，另一方应予以认可，但应注意双方人数应大体相等。有些政府、企业等组织为了表示对签约仪式的重视，往往让更高级别或更多的领导人或高层管理者出席签约仪式。

9.2.2 签约仪式的程序

签约仪式是签署合同的高潮，它的时间不长，但程序规范、庄严、隆重而热烈。签约仪式的正式程序有以下几项。

1. 签约仪式正式开始

各国签约仪式的程序大同小异，以中国为例：双方参加签约仪式的人员步入签约厅，签约人入座后，双方的助签人员分别站立于签约人的外侧，协助翻揭文本及指明签字处。其他人员分主方、客方按身份顺序站立于后排，客方人员按身份由高到低从中间向右边排，主方人员按身份高低由中间向左边排。当一行站不完时，可以按照以上顺序并遵照"前高后低"的惯例，排成两行、三行或四行。

2. 签约人正式签署合同文本

签约人正式签署合同文本通常的做法是：先签署己方保存的合同文本，再接着签署他方保存的合同文本。每个签约人在由己方保留的合同文本上签字时，按惯例应当名列首位。因此，每个签约人均应首先签署己方保存的合同文本，然后再交由他方签约人签字（由助签人交换），其作用是签名在合同上的位次轮流排列，使有关各方均有机会居于首位一次，以显示机会均等和各方平等。

3. 签约人交换各方正式签署的合同文本

签约人交换正式签署的合同文本时，各方签约人热烈握手，互致祝贺，并可相互交换各自使用过的签字笔，以示纪念。

4. 饮香槟酒庆贺

交换已签的合同文本后，有关人员应当场喝上一杯香槟酒，这是国际上约定俗成的用以增添喜庆色彩的做法。商务合同正式签署后，应提交有关方面进行公证，才能正式生效。

9.2.3　签约仪式的礼仪要求

1. 着装正式

签约人、助签人以及随员在出席签约仪式时，应当穿着深色西装套装、西装套裙，并配以白色衬衫与深色皮鞋。签约仪式上的其他工作人员和礼宾人员，可穿工作制服或旗袍等礼仪性服装。

2. 仪态端庄

商务签约仪式是正式的商务活动。参加签约仪式的人员言谈举止要友好、大方得体，微笑示人，要遵循握手致意、名片交换、鼓掌等礼仪。

服务人员端上祝贺的香槟时，签约人员应以职务高低、先客后主的顺序依次各取一杯，双方人员依次碰杯祝贺。碰杯只是用于表示庆祝的形式，每次碰杯后可使杯口与嘴唇相触，也可饮一点，但不可大口饮用，更不可一饮而尽，最后由服务人员端走酒杯。

3. 座次正确

举行签约仪式时，座次排列的具体方式有 3 种基本形式，分别适用于不同的具体情况，如图 9-4 所示。

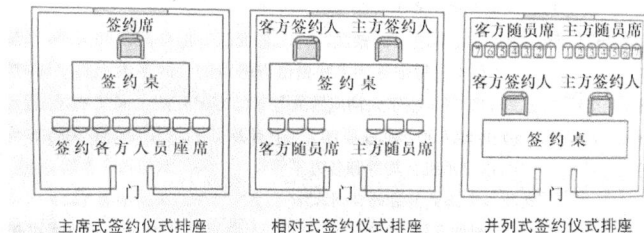

图 9-4　签约仪式的座次排列

（1）主席式

主席式签约仪式排座主要适用于多边签约仪式。其特点是签约桌仍须在室内横放，签约席仍须设在桌后面对正门，但只设一个，并且不固定其就座者。举行仪式时，所有各方人员，包括签约人在内，皆应背对正门、面向签约席就座。签约时，各方签约人应以规定的先后顺序依次走上签约席就座签字，然后退回原处就座。

（2）相对式

相对式签约仪式的排座与并列式签约仪式的排座方法基本相同，只是相对式签约仪式的排座将双方参加签约仪式的随员席移至签约人的对面。

（3）并列式

并列式签约仪式排座是举行双边签约仪式时常见的形式。它的基本做法是在室内面门横放签约桌，双方出席仪式的全体人员在签约桌之后并排排列，双方签约人员居中面门而坐，客方居右，主方居左。

4. 遵时守信

出席签约仪式时，应遵守约定的出席时间和发言时间。

签订的合同与协议中，要把双方的权利、义务写清楚，必要时还应加上附件说明，写清容易在将来产生歧义之处。合同或协议一经签订，双方就要认真守信履行。

9.3 新闻发布会礼仪

新闻发布会又称记者招待会，是一个社会组织直接向新闻界发布有关组织的信息、解释组织重大事件而举办的活动。新闻发布会是一种对外沟通的重要方式，当企业做出了某项重要决策、研制生产了某种新产品、推出了某项对社会有重要影响的革新项目或者遇到法律纠纷、顾客批评、舆论谴责、诬告等问题时，企业会主动把相关信息告知媒体，通过媒体客观而公正的报道，从而广泛传播给公众，新闻发布会如图9-5所示。

商务新闻发布会形式正规，地点确定，人物、事件都比较集中，除了邀请记者、新闻界（媒体）负责人、行业部门

图9-5 新闻发布会

主管之外，还有各合作企业的代表及政府官员等。对于媒体而言，新闻发布会时效性强，媒体参加发布会免去了预约采访对象和采访时间的困扰。因此，参加新闻发布会是媒体获得新闻最重要的途径之一。对于企业来说，报刊、电视广播、网站等媒体集中发布（时间集中、人员集中、媒体集中），能使信息迅速扩散。因此，举办新闻发布会是企业自身联络、协调与新闻媒体之间关系的一种重要的手段。

9.3.1 新闻发布会的筹备

1. 确定新闻发布会的主题

新闻发布会一般针对企业意义重大、媒体感兴趣的事件而举办。新闻发布会的主题应有较大的新闻价值，否则会出现新闻发布会少有记者到场的尴尬局面。

新闻主题要单一，内容要简明扼要，否则会给记者留下不好的印象，导致此后再召开类似的新闻发布会时，记者的到会率会减小。

一个新闻发布会不能同时发布几个主题新闻。每个新闻发布会都应有一个主题名称，此主题名称会体现在新闻发布会的表现形式上，包括请柬、会议资料、会场布置、纪念品等方面。

新闻发布会的名称也可以避免使用"新闻发布会"的字样。因为我国对新闻发布会有着严格的申报和审批程序，对企业而言，一般将新闻发布会的主题名称定义为"××信息发布会"或"××媒体沟通会"，就会免去许多的烦琐程序。

2. 确定新闻发布会的时间

确定新闻发布会主题后，就要选择恰当的召开时间。在时间选择上要避开重要的政治事件和社会事件，以免媒体对这些事件的大篇幅报道冲淡了企业新闻发布会的宣传效果。

新闻发布会一般选在周一、周二或周三的上午10时或下午3时召开为佳，这样做有利于提高

记者的到会率。新闻发布会是双向的沟通互动，先由企业发布新闻，后由记者提问。企业发布新闻的正式发言时间不超过 1 小时，应留有时间让记者发问。新闻发布会后，一般要为记者准备工作餐，而自助餐的形式有利于记者与企业充分地交流和记者向企业进行深入的采访。

3. 媒体邀请

邀请参加者的范围主要根据公布事件、消息发生的范围和影响而定。如事件或消息只涉及某一城市，一般就请当地新闻单位的记者参加。但是，究竟邀请哪些媒体记者，应根据实际需要而定。重点邀请哪一类媒体，是电视台、报社还是网络媒体，重点邀请哪些栏目或版面的记者，重点邀请负责人还是一般记者，这些都必须要有所选择，有所侧重。只有遴选出合适的媒体记者，才能确保新闻发布会的优质高效，让新闻发布会真正取得成功。

确定邀请的媒体记者宜提前 1～2 周通知记者，以便记者能充分安排好时间。不是所有被邀请的媒体记者都能出席新闻发布会的，在新闻发布会前一天，企业应再用电话与被邀请的记者联系一次，确定其能否出席。

4. 会场选择和布置

根据规模的大小，新闻发布会可以安排在企业的办公场所或者在酒店、新闻中心等场所举行。酒店有不同的星级，从企业形象的角度而言，重要的新闻发布会宜在五星级或四星级酒店举行。

新闻发布会会场的布置能体现出一个企业的文化。因此，企业既要注意会场的环境布置，也要考虑气温、灯光、噪声等问题。会场要设有记者或来宾签到处，签到处应设在入口或入场通道处。会场座次安排要分清主次，特别是在有贵宾到会的情况下。在每位记者席上要摆放相关的资料，以便记者能深入地了解新闻发布会的内容。

5. 确定新闻发布会的工作人员

（1）新闻发布会主持人

新闻发布会的主持人一般由企业的宣传负责人担任。主持人的作用在于把握主题范围，掌握会议进程，控制会场气氛，促成会议的顺利进行。此外，主持人在必要时还要承担消除过分紧张的气氛、化解对立情绪、打破僵局等任务。

（2）新闻发布会发言人

新闻发布会发言人一般由企业主要负责人或部门负责人担任。发言人要透彻地掌握本企业的总体状况及各项方针政策，面对新闻记者的各种提问，发言人需要头脑冷静、思维清晰、反应灵敏，具有很强的语言表达能力，措辞精确，语言精练、流畅，发表的意见具有权威性。

举办新闻发布会的企业要为发言人配设助理人员，协助发言人准备主题材料、发言稿、新闻稿、宣传材料、记者提问的提纲等。此外，还要准备新闻统发稿以及背景材料、照片、录音、录像等，以便开会前分发给记者，供他们提问和写新闻稿时参考。

（3）新闻发布会服务人员

新闻发布会服务人员要做适当的挑选，从外貌到自身的修养均要合格。服务人员的主要工作有：①安排与会者签到；②引导与会者入座；③准备必要的视听设备；④分发宣传材料和礼品；⑤安排餐饮工作；⑥安排摄影师专门拍摄会场情况，以备将来宣传和纪念之用。

9.3.2 新闻发布会的程序

1. 迎宾签到，分发资料

新闻发布会现场的背景布置和外围布置需要提前安排。一般在大堂、电梯口、转弯处有礼宾人员做引导。如果新闻发布会在企业内部举行，要酌情安排人员做记者以及来宾的引导工作。

在签到接待处，由举办方管理人员出面迎宾，以示对新闻发布会的重视。参加新闻发布会的人员应在签到簿上签上自己的姓名、单位、联系方式等。来宾签到后，礼宾人员应按事先的安排将其引到会场就座。

主办方提供给媒体的资料，可以以广告手提袋或文件袋的形式在新闻发布会前发放给记者。袋中资料的摆放顺序依次为会议议程、新闻通稿、演讲发言稿、发言人的背景资料（应包括头衔、主要经历、取得成就等）、企业的宣传册、产品说明资料（如果是新产品新闻发布）、有关图片、纪念品（或纪念品领用券）、企业新闻负责人名片（供新闻发布后进一步采访、联络）、空白信笺、笔（便于记者记录）。

2. 发布新闻，记者提问

发言人、来宾和记者按时就座后，主持人宣布会议开始，介绍到场嘉宾。然后由发言人发布新闻、介绍情况，要求措辞准确、重点突出、详略得当。之后由记者提问，发言人逐一回答。新闻发布会的时间要控制在一个半小时左右。当主持人宣布新闻发布会结束后，应按新闻发布会的预先安排，由相关人员引领记者和来宾进行参观企业或使用产品等其他活动。

3. 归类分析，效果评估

新闻发布会结束之后，主办方人员要及时对新闻发布会的效果进行评估，以确定是否达到了新闻发布会预定的目标，为今后再次举行新闻发布会提供借鉴。

新闻发布会后，主办方人员要全面收集与会记者在媒体上发表的文章，计算发稿率并归类分析，作为今后邀请记者的参考数据。对已发稿的记者，主办方人员要给予特别的致谢，加强同他们的联系。

9.3.3 新闻发布会的礼仪要求

1. 服饰得体

参加新闻发布会的主办方人员应着装正式，男士着深色西装套装，配以白色衬衫与深色皮鞋；女士着西装套裙，配以肉色长筒袜与有跟的黑皮鞋，化淡妆。服饰要简洁大方，显示出稳重、优雅的气质。

2. 座次规范

新闻发布会的台上一般需摆放座席卡，以方便记者记录发言人姓名。摆放原则是"职位高者靠前靠中，自己人靠边靠后"。主办方人员要注意台下席位的预留，一般要多准备一些座席。

3. 严格遵守会议程序

要严格遵守会议程序，主持人要充分发挥主持者和组织者的作用，宣布会议的主要内容、提问范围及会议进行的时间，并注意言谈举止和引导会场的气氛。主持人、发言人讲话时间不宜过长，否则会影响记者提问。

发言人对记者所提的问题应逐一予以回答，不可与记者发生冲突。主持人要始终把握会议主题，维护好会场秩序。在发言人冷场时，主持人应适时引导记者提问，而在记者争相提问时，要注意提问媒体之间的平衡。

主持人和发言人会前不要单独会见记者或提供任何信息。

4. 注意相互配合

在新闻发布会上，主持人和发言人要相互配合。为此，首先主持人和发言人要明确分工，各司其职，不允许越俎代庖。在新闻发布会进行期间，主持人和发言人通常要保持一致的口径，不允许公开分歧、相互拆台。当记者提出的某些问题过于尖锐、难以回答时，主持人要想方设法转移话题，不使发言人难堪。而当主持人邀请某位记者提问时，发言人一般要进行适当回答，否则对记者和主持人都是不礼貌的。

5. 态度要真诚主动

在新闻发布会中，接待人员自始至终都要注意对待记者的态度，因为接待记者的质量直接关系到新闻媒体发布消息的质量。记者希望接待人员对其尊重、热情，了解其所在的新闻媒体，并希望主办方能支持其工作，如提供一条有发表价值的消息、一个有利于拍到照片的角度等。主办方对记者的合理要求要尽量满足，对待记者不能趾高气扬、态度傲慢，要温文尔雅、彬彬有礼。

练习测试题

一、不定项选择题

1. 参加开业典礼的来宾席位安排一般按（　　）确定主席台座次及贵宾席位。

A. 时间顺序　　　　B. 贺礼多少　　　　C. 身份与职务高低　　　　D. 关系亲疏

2. 若剪彩者不止一人，则对其上场剪彩的位次应予以重视。一般的规矩是主剪者应居于（　　）位置。

A. 最右方　　　　B. 最左方　　　　C. 中央　　　　D. 突出站在其他人前方

3. 剪彩仪式中，剪彩者可以是一个人，也可以是几个人，但是一般不应多于（　　）人。

A. 3　　　　B. 4　　　　C. 5　　　　D. 6

4. 签字仪式上，助签人的主要职责是（　　）。

A. 翻揭文本，指明签字之处　　　　B. 端茶递水
C. 引导入场　　　　D. 现场指挥

5. 交换已签订的合同文本后，签约人当场喝上一杯（　　），这是国际通用的旨在增添喜庆气氛的做法。

A. 啤酒　　　　B. 白开水　　　　C. 香槟酒　　　　D. 白酒

6. 在新闻发布会上，主持人与发言人应做到（　　）。

A. 坦率　　　　B. 诚实　　　　C. 随机应变　　　　D. 避重就轻

7. 新闻发布会一般选在（　　）召开是较好的选择。

A. 周一上午 10 时　　　　B. 周二下午 3 时
C. 周五的下午 3 时　　　　D. 周六上午 10 时

8. 举行签约仪式时，座次排列的具体方式有（　　）。

A. 并列式　　　　B. 随机式　　　　C. 相对式　　　　D. 主席式

二、判断题

1. 为了让开业庆典活动吸引人，可以故意搞怪或土洋结合，这样效果会更好。（　　）

2. 开业庆典仪式中，对外来的贺电、贺信不必一一宣读，但对其署名的单位或个人应予以公布。（　　）

3. 开业庆典活动邀请来宾的请柬，应该提前 1 至 2 天发出。（　　）

4. 剪彩者位序的一般规则是：中间高于两侧，右侧高于左侧，距离中间站立者越远，则位次越低。（　　）

5. 新闻发布会活动重在突出主题，只能围绕一个主题展开。（　　）

6. 签约人签署合同文本时的通常做法是：先签署己方保存的合同文本，再签署他方保存的合同文本。（　　　）

7. 每个签约人在由己方保留的合同文本上签字时，按惯例应当名列首位。（　　　）

8. 签约仪式的排座方式中，并列式排座将双边参加签约仪式的随员席移至签约人的对面。（　　　）

9. 筹备新闻发布会时，确定邀请记者后，应提前一星期发出通知，会前还应用电话提醒。（　　　）

10. 主持人和发言人在新闻发布会前可以单独会见记者或提供任何信息。（　　　）

三、简答题

1. 筹备开业庆典仪式，应做好哪些准备工作？

2. 开业庆典仪式一般包括哪些程序？

3. 在剪彩仪式上，有哪些必备的物品？

4. 对助剪者有哪些礼仪要求？

5. 签约仪式的座次排列有哪些具体方式？这些方式有何区别？

6. 举办新闻发布会要做哪些筹备工作？

7. 新闻发布会上，主持人和发言人应该如何做好相互配合？

8. 为什么主持人和发言人在新闻发布会前不宜单独会见记者或提供任何信息？

案例分析题

"FB 品牌不锈钢炊具锰超标"事件新闻发布会

20××年 2 月 16 日，央视《焦点访谈》报道，经 HRB 市工商部门检测，知名品牌 FB 公司有多达 81 个规格的炊具不合格，不锈钢炊具锰含量超出国家标准近 4 倍，可引发帕金森病等危险疾病。该公司 20××年 2 月 20 日在官方网站再次声明，该公司委托某检测机构的上海实验室对相关产品进行了检验，首批被检产品锰析出量符合 YDL 标准。

有业内人士表示，该公司所谓的"YDL 标准"，只是不锈钢炊具中的"锰析出量"，与我国相关规定中的"锰含量"不是同一个概念。而且该公司声称的相关产品符合 YDL 标准，只是其单独委托相关机构进行检测的结果，没有公正的第三者参与，检测结果难以服众。

目前，国家食品安全风险评估中心的权威说法是，锰的迁移水平不会损害健康，更不会引起帕金森病。这让争论数日的"不锈钢炊具含锰是否会对人体造成危害"一事真相大白。

据了解，不锈钢中的铬、镍、锰等价格相差悬殊。为了控制成本，用价格便宜的锰替代镍，已经成为行业潜规则。有色金属业内人士透露："这完全是利益使然。"

国标《食品安全国家标准不锈钢制品》（GB 9684—2011）对不锈钢食具容器所用不锈钢中铬、镍、镉、砷等重金属的迁移量（或称"析出量"）做出了明确限定，但放宽了对不锈钢用材的限制，而且没有对锰的析出量进行限定。

FB 公司产品质量问题发酵后，除了中国特钢企业协会一再强调其产品锰含量超标，FB 公司方面予以否认外，公众最期望听到的权威声音——有关检测部门的鉴定结果，却迟迟没有出现。

问题:召开新闻发布会时应注意哪些要点？

实训

一、开业庆典方案设计训练

在预算既定的情况下，为某连锁超市分店开张设计开业庆典方案。

二、新闻发布会训练

1. 情境设置

就 "A 茶油" 事件某省市场监督管理局召开了一场新闻发布会（见表 9-1）。

表 9-1　新闻发布会情境设置

演练同学	同学一	同学二	同学三	同学四
模拟角色	A 公司 负责人	某省市场监督管理局 负责人	某省市场监督管理局 质量监督和执法处负责人	新闻发布会 主持人
新闻背景	自 20××年 8 月下旬以来，A 茶油被曝出苯并芘超标，国内最大的茶油生产企业——A 茶油股份有限公司（以下简称 "A 公司"）受到公众的强烈质疑。与 A 公司一起站在舆论风口浪尖上的，还有某省市场监督管理局。实际上，早在 20××年 2 月 18 日，某省市场监督管理局就已通过抽检，查出 A 茶油的 9 个批次的产品存在苯并芘超标，却在长达半年之内未将其公之于众。 20××年 9 月 1 日，在事件曝光的压力之下，A 公司终于做出了道歉，并承认今年 3 月，A 茶油等一批公司生产的茶油被查出含有超国家标准 6 倍的强致癌物质。A 公司的道歉还透露，尚有近 10 吨含致癌物质的茶油未被召回。A 公司承诺将按照相关规定进行退款和补偿。20××年 9 月 2 日，某省市场监督管理局也开始发声，就该事件进行说明，并随后采取了一系列处理措施，包括责令 A 公司停产整顿、召回问题产品等。 同时，记者就 A 茶油被传致癌物质苯并芘超标 6 倍一事前往某省市场监督管理局采访时，被要求填写 "新闻媒体采访申请表"，并等待相关处室负责人、分管局领导等各级层审批			

2. 训练组织

从全班挑选 4 名同学组成一个团队，分别扮演 A 公司负责人、某省市场监督管理局负责人、某省市场监督管理局质量监督和执法处负责人，以及新闻发布会主持人（事先准备好几份材料，发放给记者）。就 A 茶油事件回答记者提出的问题或与记者互动（全班其他同学扮演记者、听众和评委）。一次问答的时间尽量控制在 3～5 分钟。

演练程序：主持人介绍出席新闻发布会的人员（指定相应的领导发布新闻）→主要负责人发布新闻，时间 3～5 分钟→主持人请记者提问→记者提问（5～10 名）→发言人回答记者问题→主持人适时宣布新闻发布会结束→教师点评→教师和学生互动讨论。

3. 训练评价

按照事先制定的评分标准，由教师与同学代表共同打分，教师进行综合点评。评分标准包括：会前材料的准备、团队团结协作表现、新闻发布会程序的掌握、主持人与发言人的配合程度、主持人与发言人的表达能力、成员的应变能力等。

三、签约仪式训练

阅读下面签约仪式主持词，根据该主持词的内容进行模拟训练。

校企合作签约仪式主持词

尊敬的各位领导、各位来宾、媒体界的各位朋友：

今天很高兴我们在×市职业技术学院建校 20 周年之际，在这里隆重举行 "校企合作" 签约仪式。此次推介对接项目，必将成为我们扩大交流、加强合作的坚实平台，成为双方互惠互赢、共谋发展的一次盛会。在这喜悦、欢乐的好时节，我们心怀美好的祝愿，共同迎来了×市职业技术学院与创新实业公司合作协议的签约仪式，这标志着×市职业技术学院与创新实业公司将再度诚心携手，共谱华章。

首先，请允许我隆重介绍出席本次签约仪式的各级领导和嘉宾，他们是……

出席签约仪式的×市职业技术学院代表有……

光临签约仪式的新闻媒体有××日报、××电视台。××市电视台的各位朋友们，让我们一起用热烈

的掌声对出席签约仪式的各级领导、各位来宾和各位朋友表示诚挚的欢迎和衷心的感谢！（停顿）

今天的签约仪式共有六个项目，下面进行第一项，有请创新实业公司王总致辞，大家欢迎。

现在，仪式进行第二项，有请×市职业技术学院张院长致辞，大家欢迎。

各位领导、各位来宾、朋友们，创新实业公司王总向我们介绍了"校企合作"项目规划情况以及发展前景，×市职业技术学院张院长向我们介绍了他们的师资力量、教学设备、教育水平以及今后的发展方向，双方都表达了战略合作的良好愿望和信心。我们坚信，×市职业技术学院与创新实业公司这两家强强联手，"校企合作"项目必将取得圆满成功！

下面，仪式将进行第三项，合作双方代表签署合作协议。有请×市职业技术学院张院长与创新实业公司王总到主席台签字，请大家用热烈的掌声欢迎他们。

（签字、合影）

各位领导、各位来宾、朋友们，刚刚我们很荣幸地见证了一个激动人心的时刻，它将永载创新实业公司史册，永载×市职业技术学院史册，合作双方将会全面实现双赢。让我们再次用热烈的掌声预祝项目合作取得圆满成功。

尊敬的各位领导、各位来宾、朋友们，今天我们共同见证了×市职业技术学院与创新实业公司合作协议签约仪式，感谢大家从百忙之中抽出时间来参加今天的签约仪式。今天以后，合作双方将在王总、张院长的带领下，励精图治，奋勇拼搏，开拓创新，为圆满实施项目而努力奋斗。现在，我宣布，×市职业技术学院与创新实业公司合作协议签约仪式至此结束！

再一次衷心感谢大家的光临，谢谢！

完成以下训练项目：

1. 从全班挑选若干名同学组成一个团队，分别扮演材料中的角色，并模拟校企合作签约仪式。

2. 安排一张签约桌，双方列席人员面对签约桌就座，双方各有一个助签人，请根据所学知识画出签约仪式座位图。

3. 为×市职业技术学院建校 20 周年的庆典仪式做一份策划方案。

第10章

Chapter 10

本章内容

◎ 涉外礼仪的基本原则
◎ 不同礼仪背后的文化差异
◎ 外国人的姓名及称谓
◎ 国外常用敬称的用法
◎ 常用的见面问候礼节
◎ 亚洲国家的礼仪风俗与禁忌
◎ 欧美国家的礼仪风俗与禁忌
◎ 阿拉伯国家、非洲国家的礼仪风俗

引例

外事礼仪

一位厂长天天忙于工作。有一次，一位外商应邀前来洽谈合作事宜，这位厂长正在车间检查工作而没有做好充分准备。当秘书告诉他外宾已经到了的时候，他连工作服都没来得及更换，就去迎接外宾了。外商一看他的衣服很随便，认为对方的合作态度不诚恳，加之受其他一些因素的影响，最终决定不再与这个厂合作了，而与另外一家工厂签订了合作协议书。

从案例可以看出，这位厂长在涉外交往中由于没有注意礼仪细节，而失去了一次合作机会。在涉外交往中由于不同文化背景的差异性，礼仪的规范、协调和信息传递作用尤显重要。那么，在对外商务活动中，涉外礼仪应遵守哪些基本原则？如何解读不同礼仪背后的文化差异？国际交往中的称谓和见面礼节有哪些讲究？不同国家的礼仪风俗与禁忌又是怎样的？本章将予以阐述。

10.1　涉外礼仪的基本原则与文化差异

10.1.1　涉外礼仪的基本原则

涉外礼仪是人们在涉外交往中，用以维护自身形象，向交往对象表示尊敬、友好与礼貌的约定俗成的各种礼节、仪式及其惯例，是在长期国际交往中形成的国际通用行为准则和礼仪规范。与外国人交往，应了解和掌握涉外礼仪的基本原则及其形成的文化背景。涉外礼仪的基本原则既是对国际交往惯例的基本概括，又对参与涉外交往的商务人员具有普遍的指导意义。

1. 尊重对方，不卑不亢

尊重对方就是不论对方的国家、民族、企业实力强弱，或者风俗习惯、宗教、法律等是否和我们相同，都不能歧视对方，要做到在人格上平等相待。尊重对方往往是通过言谈举止、服饰、仪表表现出来的，因此，一些生活小细节也是很重要的。生活小细节上的疏忽会带来不良后果，即让他人觉得不受尊重。

不卑不亢，就是涉外交往中对对方表现出一种适度的礼节，热情时不谄媚，冷淡时不失礼，愤怒时不失控。对任何交往对象都要给予平等的尊重与友好，做到"上交不谄，下交不骄"。在言谈举止方面做到热情友好、从容得体，使对方感到亲切自然。否则，过分热情就会给人一种卑躬屈膝、低三下四的感觉；不够热情又可能给人留下狂妄自大、放肆嚣张的印象。

尤其要注意自评不必过谦。在涉外交往中涉及自我评价时，虽然不应该自吹自擂、自我标榜，一味地抬高自己，但也没有必要妄自菲薄、自我贬低、自轻自贱，过度谦虚、客套。中国人一向视谦虚为一种美德，"满招损，谦受益"被视为千古不变的规律。"动于心，发于情，止于礼"被视为有良好道德修养的表现。多数西方人则与之相反，他们不喜欢过分谦虚，也不提倡过分客套，不认同自谦、自贬。同时，他们大都性格豪爽，热情奔放，拥抱礼、亲吻礼、吻手礼这些礼仪形式，都淋漓尽致地表现了他们民族的性格特征和文化心理。

2. 捍卫尊严，维护形象

涉外交往要注意捍卫国家尊严，维护国家和政府形象。国家尊严是一个国家在国际社会上和国际交往中理应表现出来的自身的庄严与尊贵。每一名涉外人员都有责任和义务自觉维护政府的政策、维护政府的尊严，不能发表与国家政策有悖的言论，保守国家机密，不做与国家利益相悖的事情。

要时刻意识到在外国人眼里，我们每个人都是国家、民族、单位的代表，要自觉维护个人形象，特别是要注意维护自己在正式场合留给初次见面的外国友人的第一印象。个人形象体现一个人的教养、素质、生活态度与精神面貌，影响着社会公众对个人的印象、看法和评价。在涉外交往中，个人形象直观地反映出其所在国家、民族或单位的整体形象，同时也间接地反映了其对交往对象的重视程度。个人形象在构成上主要包括仪容、表情、举止、服饰、谈吐等。

3. 信守约定，言出必行

在国际社会里，人们十分重视交往对象的信誉，讲究"言必信，行必果"，信守约定就是与此相关的一条重要的国际惯例。它的含义是：人们在国际交往中，必须严肃而认真地遵守自己的所有正式承诺，说话必须算数，许诺必须兑现，约会必须如约而至。比如，在一切与时间有关的约定中，必须准时赴约，唯有如此，方能取信于人。通常，在社交场合有两种人是不受欢迎的：第一种是失约并且未事先打招呼的人，这种人不大可能被再次邀请；第二种是那些不守时的人，尤其是常常迟到的人，他们不尊重他人的时间，没有礼貌，所以也不受欢迎。

这就要求我们在涉外交往中，许诺必须谨慎；对于自己已经给出的约定，务必认真地遵守。万一由于难以抗拒的因素，自己单方面失约，或是有约难行，需要尽早向有关各方进行通报，如实地解释，并且还要郑重地向对方致以歉意，按照规定和惯例，主动承担因此给对方所造成的损失。

4. 女士优先，以右为尊

女士优先是目前国际社会所公认的一条重要礼仪原则，它主要适用于成年的异性进行社交活动之时。"女士优先"的含义是在一切社交场合，每名成年男士都有义务主动、自觉地以自己的实际行动，去尊重、照顾、保护女士，要想方设法为女士排忧解难。倘若男士不慎使女士陷于尴尬或处于困难境地，就意味着男士在这一方面的失职。

在国外的社交场合中，尤其是在西方国家，女士优先作为一条礼仪的基本原则，早已逐渐演化成一系列具体的、可操作的做法，不仅已是世人皆知，而且在社会舆论的督促下，每名成年男士均须将其认认真真地付诸实践。比如，与女士交谈时，一律要使用尊称，涉及具体内容时，谈话也不应令在场的女士难堪；排定礼仪序列时，应将女士列在男士之前；在社交活动中，男士均应细心地照顾女士。例如，就座时应请其选择上座，用餐时应优先考虑其口味；外出之际，男士要为女士携带重物；出入房间时，男士要为女士开门、关门；通过危险路段时，男士应走在前列，在马路上行走时，男士则应行走于外侧。而且，这些做法不仅适用于与相识的女性朋友相处，也适用于与素不相识的女士相处，这是评价男士是否具有良好教养和绅士风度的重要标准。

在国际交往中，一般应遵循"以右为尊"的原则，这是一种约定俗成的国际惯例。无论是悬挂国旗、会见会谈的座次安排、国宴的席位安排，还是坐车行走，凡涉及位次排列时，都讲究以右为大、为长、为尊。在并排站立、行走或就座时，正确的做法是客人居右、女士居右、长辈居右、职位身份较高者居右。

5. 求同存异，入乡随俗

由于世界各国的社会制度、文化背景各不相同，礼仪习俗存在着一定程度的差异，我们在涉外交往时，应理解对方、尊重对方。特别是对那些并无恶意，但观点、立场、态度与自己不同的人，要做到和平共处、求同存异，做到"不伤主人之雅，不损客人之尊"，有宽广的胸怀和外交家的风度。我们既要遵守国际通行的礼仪惯例（即各国礼仪的"共性"），也要尊重交往对象所在国的特殊礼仪与习俗（即各国礼仪的"个性"），尤其要尊重宗教礼仪。在涉外交往中经常会接触到外国宗教信仰者，我们对他们表达信仰所举行的活动和仪式，以及特殊的讲究和禁忌，都要给予尊重并正确对待。

入乡随俗是涉外礼仪的基本原则之一，也是求同存异的体现。它的含义主要是：在涉外交往中，要真正做到尊重交往对象，首先就必须尊重对方所独有的风俗习惯。当自己身为东道主的时候，应尽量设法满足对方的愿望和要求，通常讲究"主随客便"；而当自己充当客人时，则又讲究"客随主便"，尊重东道主的风俗习惯。当然"随"不是没有原则，不是言听计从，更不是卑躬屈膝，而是建立在平等、友好、相互尊重基础之上的豁达大度。因此，每到一个国家或接待来自某一国的客人，都要事先了解该国的礼俗，而不要对其礼俗评判是非、优劣，即使对待相当熟悉的友人，也应注意基本礼仪。

📚 拓展阅读

涉外礼仪中的行为禁忌

在与新加坡人交谈时，不要谈论有关宗教和政治方面的话题。如果要与日本友人合影，忌三人一排，因为他们认为夹在中间的人将会有厄运。印度教教徒最忌讳众人在同一盘中取食，也不吃别人接触过的食物。与英国人站着谈话时，不可以把手插入口袋中，不能当着英国人的面耳语或拍打其肩部。对意大利人不要谈政治、经济等敏感话题。看见美国老人上楼或者爬山时，不要随便上前搀扶，他们可不希望别人认为自己已经年迈无用了。

6. 尊重隐私，言辞谨慎

国际礼仪强调以人为本，要求尊重个人隐私，维护人格尊严，并将其视作一个人有教养、尊重和体谅交往对象的重要标志之一。对于西方人来讲，个人经历、个人经济状况、年龄、恋爱婚姻、健康状况、政治见解、宗教信仰、生活习惯等均属于个人隐私的话题，他人不应查问，应自觉地回避。如果谈及对方反感的问题，应表示歉意并立即转移话题。同陌生人开始交谈时，可选择诸如天气、体育、音乐等安全且适宜的话题。

📚 拓展阅读

个人隐私问题的"八不问"

一般而言，在涉外交往中，有些私人问题被外国人视为个人隐私问题。下面将其总结为"八不问"。

（1）不问收入支出

在国外，个人的收入与支出是不宜直接打听的。因为人们的普遍看法是收入与支出通常与其个人能力、社会地位存在着一定的因果关系，事关人的脸面。交谈时一旦涉及此点，交谈之人会觉得不受尊重。

（2）不问年龄

我国的传统向来对年龄比较随意，不仅如此，社会交往中还习惯于拔高对方的辈分，以示尊重。比如年轻男子相聚，彼此之间有时也以"老李""老张"相称。外国人普遍将自己的实际年龄当作秘密，不会轻易告诉别人。因为外国人都希望自己永远年轻，对于"老"字绝口不提，特别是西方国家的女士，特别不希望别人了解自己的实际年龄。

（3）不问恋爱婚姻

中国人的习惯，是对亲友、晚辈的恋爱、婚姻和家庭生活时时牵挂于心，但是绝大多数外国人却对此不以为然。西方人将恋爱和婚姻状况视为纯粹的个人隐私，认为随意向外人打探此类家庭问题，极有可能触及对方的伤心之处，伤害其自尊、自信，令对方感到难堪。有些西方人甚至认为询问此类问题是对交谈对象进行性骚扰。

（4）不问身体情况

中国人彼此相见，会问候对方"身体好吗"。如果已知对方身体一度欠安，还会问"病好了没有"，甚至会询问"吃了些什么药""怎么治疗的"，还会向对方推荐名医。但在国外，人们闲聊时忌讳谈到疾病，比较反感其他人对自己的健康状况关注过多。

（5）不问家庭住址

绝大多数外国人都将私人居所看作自己神圣不可侵犯的个人领地，非常忌讳别人无端干扰其宁静。一般情况下，若非亲属、至交、知己，外国人都不会邀请外人到自己家中做客。即使是私宅电话的号码，他们也通常不会对外界公开。

（6）不问个人经历

"英雄莫问出处"一说在国外普遍流行。若是对他人经历刨根问底，往往给人居心叵测之感。特别是籍贯、学历、技术职称、行政职务以及职业经历，更不宜打听。

（7）不问信仰政见

在国际社会里，交往对象之间的信仰和政见不应冒昧地打探。

（8）不问所忙何事

在我国，人们相见会询问对方"您正在忙些什么""上哪里去""怎么好久不见你了"等问题。但"所忙何事"在外国人心中属于个人隐私，向其询问此点是不妥的。

7. 尚礼好客，热情有度

涉外交往中，迎宾待客要把握好分寸。对待外宾既要热情大方，又不能轻浮谄谀。具体要把握好下列五个方面的"度"。

（1）关心有度

外国人大都崇尚个性独立。因此，外国人一般都不希望外人对其过于关心，否则可能会视之为碍手碍脚、多管闲事。

（2）批评有度

简单地讲，批评有度就是不提倡对外国人"犯言直谏"，亦即对其日常行为"不纠正"。外国人大都讲究独善其身，反对外人干涉自己的私生活。加之各国习俗不同，对同一事物的判断便大相径庭，所以在涉外活动中没有必要对外国人的所作所为加以判断，并当面指出其对错。只要对方的所作所为不危及自己和他人的人身安全，不触犯法律，不悖伦理道德，不辱我方的国格、人格，一般均可听其自便。

（3）交往有度

国外崇尚自由民主，外国人大都认为"君子之交淡如水"，不习惯与交往对象走动过勤、过多。在涉及钱财之时，尤其讲究划清界限，即便家人、至交也概莫能外。

（4）距离有度

要根据实际情境和交往对象，把握好亲密关系、私人交往、一般社交、公共场合社交 4 种不同情境下人与人之间的距离。

（5）举止有度

要在涉外交往中真正做到举止有度，应注意两点：一是不要随便采用某些意在显示热情的动作，二是不要采用不文明、不礼貌的动作。

10.1.2　不同礼仪背后的文化差异

礼仪是文化的组成部分，或者说是某种文化的具体表现之一，有什么样的文化就会呈现出什么样的礼仪。中外礼仪的差异性，可以说是不同文化差异性的表现。

文化是人类所创造的一切物质财富和精神财富的总和，是受到物质条件和环境条件影响的特定群体的共同价值观念与行为准则体系。文化差异是指不同文化之间的差别，是不同国家、不同地区、不同民族在历史、政治、经济、传统及风俗习惯等方面的差异。其主要体现在以下几个方面。

1. 价值观的差异

文化是人们的一种认知和感知。在涉外交往和沟通中，这些隐藏在文化背后的认知会不知不觉地影响人们，使人们下意识地用本民族的文化标准和价值观念指导自己的思想与言行，并以此为标准评判他人的言行与思想，从而对交流产生影响。

2. 信仰或习俗的差异

每一个国家都有自己的信仰和习俗，且不同国家之间存在很大差异性。例如，日本人忌讳荷花、狐狸和獾，而喜欢樱花、鸭子；英国人不喜欢大象，但喜欢猫和狗；意大利人和西班牙人喜欢玫瑰花，但不喜欢菊花等。

📖 拓展阅读

被错送的礼物

国内某家专门接待外国游客的旅行社，有一次准备在接待来华的法国游客时送每人一件小礼品。于是，该旅行社为法国女性游客订购了一批当地有名的香水，为法国男性游客订购了一批核桃挂件。小礼品全都是名厂生产，每瓶香水都是使用当地鲜花酿成，每个核桃挂件都是当地有名的核桃品种，十分美观大方。香水和核桃挂件装在特制的纸盒内，盒内又有旅行社社徽，是很像样的小礼品，料想其会受到客人的喜欢。

旅游接待人员带着盒装的香水和核桃挂件，到机场迎接来自法国的游客。欢迎词热情、得体，但当他在车上代表旅行社赠送给每位游客一盒包装精美的小礼品时，没想到车上一片哗然，议论纷纷，游客显出很不高兴的样子。特别是一位夫人大声叫喊，表情极为气愤，还有些伤感。旅游接待人员心慌了，好心好意送人家礼物，不但得不到感谢，还出现这般景象。中国人总以为"送礼人不怪"，这些外国人为什么"怪"起来了？

后来，旅游接待人员才了解到，在法国是忌讳送香水给女性的，因为在法国人看来，送香水给女人意味着求爱；法国人还认为核桃是不吉利的东西。

商务礼仪：理论、案例与实训（附视频指导）

3. 语言符号与非语言符号体系的差异

语言符号包括书面语言和口头语言，非语言符号包括肢体语言（又称"动作语言"）、时间语言和空间语言等。不同文化中的人们沟通需借助于特定的符号来实现。然而，不同文化之间的符号体系是各不相同的，所以容易导致跨文化沟通中的分歧、误会。

书面语言、口头语言和肢体语言在不同国家的差异是显而易见的，这里我们来讨论一下时间语言和空间语言的差异。例如，美国人的时间语言通常非常强调准时，如几点几分开始、多长时间；而中国人的时间语言则是相对模糊的，如一袋烟的工夫、一顿饭的时间、我明天上午去找你等，时间是有一定弹性的。

拓展阅读

有空来坐坐

一位美国教师在中国任教，中国同事总是对她说："有空来坐坐。"可是，半年过去了，美国同事从来没有上过门。中国同事又对她说："我真心欢迎你来家里坐坐。如果没空，随时打电话来聊聊也行。"一年下来，美国同事既没有来电话，也没有来访。奇怪的是，这位美国人常为没人邀请她而苦恼。

出现这种情形，就是因为双方对时间语言的理解存在着差异。中国人之间的串门很随便。美国人则没有串门的习惯，一年内遇到大节日，亲朋好友才到家里聚一聚；平时如果有事上门，事先要有确切的时间预约。

在美国没有得到对方的应允，随便上门是不礼貌的行为。因此，美国同事对"有空来坐坐"这句话只当作客套，不当作正式邀请。无事打电话闲聊被美国人视为打乱别人私人时间和活动安排的行为。若想邀请美国人上门，应当与对方商定一个互相都方便的确切时间。

大量研究表明，在不同国家，人们的时间概念有着明显的差异。就谈判而言，有些国家或地区的谈判者时间概念很强，将严格遵守时间约定视为一种起码的行为准则，认为这是尊重他人的表现。如在美国，人们将遵守时间约定看成商业活动及日常生活中的基本准则之一。比预定时间更早到达经常被视为急于成交的表现，而迟到则会被看成不尊重对方或不急于成交的表现。但在一些拉丁美洲和阿拉伯国家，如果这样去理解对方在谈判桌上的行为，则可能很难达成任何交易。因为这些国家或地区的谈判者有着完全不同的时间概念。

空间概念是与时间概念完全不同的问题。在不同的文化环境中，人们形成了不同的心理安全距离。在与一般人的交往中，如果对方突破这种距离，自己就会产生心理不适。有关研究表明，在某些国家，如法国、巴西等国家，在正常情况下人们相互之间的心理安全距离较短。而一般美国人的心理安全距离则比法国人长。如果谈判者对这一点缺乏足够的认识，就可能使双方都感到不适。

4. 沟通方式的差异

不同文化的人群有其所偏好和习惯的沟通方式。一般来说，国际交流和谈判中的双方有不同的文化背景、有各自习惯的沟通方式。习惯于不同沟通方式的双方要进行较为深入的沟通，往往就会产生各种各样的问题。在东亚国家，如中国、日本等，人们的表达通常较为委婉、间接；而在美洲国家，如美国、巴西等，直截了当的表达则较为常见。高内涵文化的谈判者比较注重发现和理解对方没有通过口头表达出的意思，而低内涵文化的谈判者则偏爱较多地运用口头表达，直接发出或接收明确的信息。来自这两种不同文化的谈判者在进行谈判时，很容易想象的结果是一方认为对方过于粗鲁，而另一方则可能认为对方缺乏谈判的诚意，或将对方的沉默误解为对其所提条件的认可。

　　沟通的差异不仅表现为表达方式的直接或间接，还表现为不同国家或地区的人们在表达过程中动作语言运用上的巨大差异。有些国家或地区的人们在进行口头表达的同时，伴随以大量的动作语言；而另一些国家或地区的人们则不习惯在较为正式的场合运用过多的动作语言，特别是身体动作幅度较大的动作语言。值得注意的是，与口头和书面语言一样，动作语言同样也表现出一定的地域性。同样的动作在不同的国家或地区可能会有截然相反的含义。对动作语言认识和运用的差异，同样会给谈判中的沟通带来许多问题。

5. 传统文化的差异

　　西方文化重视竞争，鼓励个人奋斗，倡导民众不断开拓进取，通常在取得成就后会充分肯定自己的能力，表现自信心和荣誉感。而东方文化鼓励民众遵规守纪，流行中庸主义，主张含蓄地表达和谦虚的态度。比如，在交流上，性格直爽的美国人总是直接简洁，而谨慎又重礼仪的日本人通常不明确说"不"，尽可能含蓄地推脱。东西方文化的差异如表 10-1 所示。

表 10-1　东西方文化的差异

区域	对血缘亲情	表达形式	礼品馈赠	对"老"的态度	对待隐私权
东方	重视	谦逊和含蓄	名目繁多	老者、尊者优先	不太强
西方	不太重视	率直和坦诚	简洁便利	不服老	很强

10.2　国际交往中的称谓和见面问候礼节

　　涉外商务交往中，合理运用对他人的敬称和问候礼节，既是对外国友人的尊重，又能体现涉外商务人员的礼仪修养。为此，我们有必要了解不同国家和民族的姓名知识，掌握国际交往中的称谓和见面问候礼节。

10.2.1　外国人的姓名及称谓

1. 姓在前名在后

　　东亚及东南亚国家（泰国除外）、匈牙利等国家的人，大多姓在前名在后。只有日本人的姓以两个字居多，且与地名有关，如田中、岗村等，对日本人一般可以只称姓，熟人之间可称名。对男士表示尊敬，可在姓后加上"君"，如田中一郎，称为"田中君"。在正式隆重的场合应该用全称，在正式场合书写时，在名和姓之间应有一个字的空格，如"田中　一郎"。

2. 名在前姓在后

　　在泰国、新西兰、澳大利亚、阿拉伯国家及讲英语的欧美国家，都是名在前姓在后。比如，约翰·肯尼迪，约翰是名，肯尼迪是姓。有的欧美人的姓名是由三节构成的，中间一节是母亲或与家庭关系密切者的名字，如约翰·威廉姆·肯尼迪。对于这些国家的人士，掌握称谓关键要记住第一节本人名和最后一节的姓。称呼欧美人，在一般场合只称姓，正式场合要称呼其姓名的全称，关系十分密切时，可以称其名字，只有家人与至亲好友方可使用其爱称。书写欧美人姓名时，可以缩写名字，但不能缩写姓，如 William Shakespeare 可以缩写为 W. Shakespeare。

　　姓名比较特殊的是西班牙人、阿拉伯人和讲俄语的人。西班牙人的姓名有三节至四节，第一、第二节是本人名，倒数第二节是父姓，最后一节是母姓，简称时多用第一节和倒数第二节的父姓。阿拉伯人的姓名较长，依次为：本名—父名—祖父名—姓。平时主要记住第一节本人名和最后一节的姓，其余从略。俄罗斯民族历史和文化的发展使得其人名系统由三部分构成，首先出现名字，然后是父名，最后是姓氏；在正式和隆重的场合，用姓名全称，一般场合称其本名和父名；书写时，本名和父名都可以缩写，分别大写其中的第一个字母，但姓不能缩写。

3. 英美人父子、祖孙的姓名

英美人常有父子、祖孙同名，人们为了加以区别，常常在称呼他们的后辈时冠一个"小"字，如"小约翰"。

4. 未婚与已婚妇女的姓名

日本、西方女性婚前用父姓，婚后改为夫姓。例如，一个叫丽丝·亨利的姑娘与约翰·肯尼迪先生结婚了，那么，就应该称她为丽丝·肯尼迪。但在中国、韩国，女性婚后是保留本姓的。

10.2.2　国外常用敬称的用法

在了解了有关世界各国的姓名知识后，还应该遵从各国、各地区的习俗，对不同的对象使用不同的敬称才算合乎礼节。

1. 对君主制国家王室和贵族的称谓

对于这类人士，称呼上应尊重对方国家的习惯。例如，称国王和王后为"陛下"，如"西哈努克国王陛下"；称王子、公主、亲王为"殿下"，如"茜茜公主殿下"；在英国，对有爵位者，均可称"某某勋爵"：对有爵位者的夫人及公、侯、伯爵的女儿以及新封的女伯爵等，则可以称"某某贵夫人"。

2. 对于地位高的官方人士称谓

部长以上的高级官员按国家情况称阁下、职衔或先生。如"大使阁下"，也可以简称"阁下"。但在德国、美国、墨西哥等国家，习惯称"先生"，如称美国总统应该为"总统先生"。

3. 对有学位、军衔、神职、技术职称的人士称谓

可以直接称呼他们的头衔，如"博士""上校""神父""法官"等，也可以在头衔前面加上对方的姓，后面加上"先生"等。如"将军""史密斯将军""史密斯将军先生"。应注意的是，外国人一般不用行政职务称呼别人，如"某某校长"，只是在介绍时说明被介绍人的职务，如"这位是××××大学校长怀特·哈里森先生"。

10.2.3　常用的见面问候礼节

国际上通行的见面问候礼节是握手礼，本书第 3 章中已做了重点介绍。下面对其他几种常见的问候礼节做一些阐述。

1. 拥抱礼

在西方，特别是欧美国家，拥抱礼是十分常见的见面礼与道别礼。在人们表示慰问、祝贺、欣喜时，拥抱礼也十分常用。拥抱礼同握手礼一样，互相拥抱也是向对方保证：我所穿的宽大的袍子下面没有暗藏武器。

拥抱礼分两种情况。

正规的拥抱礼：两个人相对而立，各自举起右臂，把右手搭在对方左肩后面，左肩下垂，左手扶住对方右腰后侧；先向各自的右侧拥抱，再向各自的左侧拥抱，最后向各自的右侧拥抱，拥抱三次后礼毕；在施拥抱礼时，双方身体不可贴得很紧，拥抱的时间不宜长，也不能用嘴去亲吻对方的面颊。

非正式场合的拥抱礼则显得比较随意：握住右手，用你的左臂环抱对方肩膀，然后把上身倾向对方，转动头部，使你的嘴不碰触对方的面颊、领口；双方都不要碰触对方骨盆；不必拥抱三次，

持续 2～3 秒后，放开对方、微笑、后退一步。

行拥抱礼前，应了解对方有没有这种礼节，不要贸然行事。对没有这种习惯的交往对象，则要慎用。

2. 鞠躬礼

鞠躬礼在日本、韩国、朝鲜等东亚和东南亚国家比较常用，在我国鞠躬礼主要适用于演员谢幕、结婚典礼、悼念活动、商务人员迎宾送客等场合。鞠躬的度数越大，表示的尊敬程度越大。普通打招呼时弯成 15°；迎送客人时弯成 30°；表示感谢时可以弯成 45°或以上；90°的鞠躬常用在表示悔过谢罪或悼念他人等特殊场合。

行鞠躬礼时，男士双手贴放于两腿外侧的裤缝处，女士两手相握自然下垂置于身前，保持上身、颈部、头部正直，以胯为轴前倾身体，如图 10-1 所示。身体前倾的同时目光移至前方地面约 1.5 米处，略停顿后仍然保持上身、颈部、头部正直，以胯为轴使身体恢复原位，同时目光亦回复原位。在行 15°鞠躬礼时，目光可以一直看着对方，注意保持微笑。

行鞠躬礼时，位卑者先鞠躬，且鞠躬角度比位尊者大，持续时间也比较长。受礼者一般应以鞠躬礼还礼，若是长辈、女士或上级，还礼可以不鞠躬，而用欠身、微笑、点头致意以示还礼。

图 10-1　鞠躬礼

3. 合十礼

合十礼，是佛教徒的一种敬礼方式，后盛行于印度和东南亚信奉佛教的国家和地区。这个动作除了表示敬意和问候外，还可表示"谢谢你""对不起"。当别人向我们行合十礼时，我们也应以合十礼还礼。

行合十礼时，身体直立，双目注视对方，面带微笑，两手掌在胸前约 20 厘米处对合，呈祈祷状，五指并拢向上，身体向外前倾，然后欠身低头，如图 10-2 所示。行合十礼时，手掌的高度应当在胸部至眼睛之间，通常双手举得越高，表示对对方的尊敬程度就越高。向一般人行合十礼，指尖与胸部持平即可；若是平辈相见，指尖应举至鼻尖；若是晚辈向长辈施礼，指尖应至前额。需要注意的是，切不可把合着的手掌举过头顶，否则会被误解为侮辱对方。

图 10-2　合十礼

4. 吻手礼

吻手礼是流行于欧美上层社会的一种礼节，起源于中世纪的欧洲。吻手礼是中世纪的骑士向已婚的贵妇人表示敬意的做法。它的做法是：男士行至已婚妇女面前，首先垂手立正致意，如果女士先伸出手作下垂式，男士则可将其指尖轻轻托起，俯首以自己微闭的嘴唇去象征性地轻吻一下其手背；若女士不伸手，表示不可行吻手礼。行吻手礼的地点，应在社交场合且以室内为佳。需要注意的是，吻手礼适合于已婚女士；男士吻女士的手，舌头不能出动，而且只能接触对方的手背。

5. 亲吻礼

亲吻礼，也是西方国家常用的见面礼，有时它会与拥抱礼同时使用。在行礼时，双方关系不同，亲吻的部位也有所不同。长辈吻晚辈，应当吻额头；晚辈吻长辈，应当吻下颌或面颊；同辈之间，同性应当贴面颊，异性应当吻面颊。接吻，即吻嘴唇，仅限于夫妻与恋人之间，而不宜滥用，不宜当众进行。行礼时，通常忌讳发出亲吻的声音，而且不应将唾液弄到对方脸上。

亲吻礼在西方国家广为盛行。法国人不仅在男女间，而且在男子间也多行此礼。法国男子亲吻时，常常行两次，即左右脸颊各吻一次。在当代，欧美许多国家的迎宾场合，宾主往往使用握手、拥抱、左右吻面或贴面的联动性礼节，以示敬意。

6. 拱手礼

拱手礼又叫长揖，是我国古代一种重要的礼节，已沿用两千多年，主要用于春节团拜、感谢、祝贺等场合。拱手礼的行礼方法：行礼者首先立正，右手半握拳，然后用左手在胸前扶住右手，在双目注视对方的同时，如图 10-3 所示，拱手齐眉，弯腰自上而下，双手向前朝对方向轻轻晃动。行礼时，可向受礼者致以祝福或祈求，如"恭喜发财""请多关照"等。

图 10-3　拱手礼

10.3　外国礼仪风俗与禁忌

10.3.1　亚洲国家的礼仪风俗与禁忌

1. 日本的礼仪风俗与禁忌

（1）社交礼仪

日本人社交礼仪的主要特点是：待人彬彬有礼，微笑相迎；见面问好鞠躬行礼，谦让礼貌，讲究规矩；语言文明，说话客气，交谈乐于轻声细语。"请多关照""粗茶淡饭，照顾不周"等，是他们经常使用的客套话。

日本人无论在正式场合还是在非正式场所，都很注重自己的衣着。在正式场合，男子和大多数中青年妇女都着西服。男子穿西服通常都系领带。和服是日本的传统服装，但现在男性已很少在公共场所穿和服了。日本妇女喜欢描眉，她们普遍爱画略有弯度的细眉，认为这样具有现代女性的气质。

日本人的等级观念很强，上、下级之间，长、晚辈之间的界限分得很清楚。妇女一般对男子极为尊重。

他们在社会交往中喜好送礼，而且注意实惠，讲究礼品的颜色。一般在遇吉事送礼中喜用黄白色或红白色，在遇不幸事送礼时，惯用黑色、白色或灰色。

（2）餐饮礼仪

日本人自古以来就以大米为主食，他们爱吃鱼，一般不吃肥肉和猪内脏。不论在家中或餐馆内，座位都有等级，一般听从主人的安排即可。他们以筷子为主要餐具，但忌用同一双筷子给宴席上所有人夹取食物。他们饮酒时，喜欢主客间相互斟酒，不习惯自斟自饮，即客人在主人为其斟酒后，马上接过酒瓶给主人斟酒。他们认为这样相互斟酒能表示主客之间的平等与友谊。

（3）习俗禁忌

日本人有崇拜、敬仰"7"的风俗，据说这与太阳、月亮、水星、金星、火星、木星、土星给人间带来了光明、温暖和生命有关。他们忌 9、4 等数字，因在日文中与"苦""死"同音。所以日本人住饭店或进餐厅，一般不安排 4 号楼、第 4 层或 4 号餐桌。

日本人大多数信奉神道教和佛教。他们不喜欢紫色，认为这是悲伤的色调；忌讳绿色，认为绿色是不祥之色。他们对白色感情较深，视其为纯洁的色彩；他们偏爱黄色，认为黄色是阳光的颜色，给人以生存的喜悦和安全感。

日本人讨厌金银色的猫，他们认为看到这种猫的人要倒霉；他们也不喜欢狐狸。他们喜欢乌龟和鹤类等动物，认为这些动物有吉祥和长寿的寓意。

2. 韩国的礼仪风俗与禁忌

（1）社交礼仪

在人际交往礼仪上，韩国人既保留了自己的民族特点，又受到了西方文化与中国儒家文化的双重影响。在正规的交际场合，韩国人一般都采用握手礼作为见面礼节。在行握手礼时，他们讲究使用双手，或单独使用右手。有时也采用先鞠躬、后握手的方式作为与他人相见时的礼节。一般情况下，韩国人在称呼他人时爱用尊称和敬语，很少会直接叫出对方的名字。

韩国人在交际应酬中通常都穿着西式服装，讲求朴素整洁并较为庄重保守。在某些特定的场合中，尤其在逢年过节的时候，韩国人都会穿着本民族的传统服装——韩服。

韩国人的民族自尊心很强，反对崇洋媚外，倡导使用国货。在赠送礼品时，可选择送鲜花、酒类和工艺品。如果受邀去韩国人家里做客，客人按习惯要带一束鲜花或一份小礼物，用双手奉上。不要当着赠送者的面把礼物打开。进到室内，客人要把鞋子脱掉留在门口。

韩国人不轻易流露自己的感情，公共场所不大声说笑。

（2）餐饮礼仪

韩国人以米饭为主食，还喜欢吃辣椒、泡菜。他们在吃饭的时候用不同的碗来装饭、汤和菜。

用餐时，韩国人用筷子，而且讲究与长辈同桌就餐时，晚辈不许先动筷子，不可用筷子对别人指指点点，用餐完毕将筷子整齐地放在餐桌上。韩国人在自己家中设宴招待来宾时，宾主都是围在一张矮腿方桌周围，盘腿席地而坐。

韩国人讲究礼貌，待客热情。见面时，一般用咖啡、不含酒精的饮料或大麦茶招待客人，有时候还加上适量的糖和蛋奶。这些茶点客人必须接受。

（3）习俗禁忌

韩国的农历节日和我国差不多，也有春节、清明节、端午节、中秋节。韩国人以木槿花为国花，以松树为国树，以喜鹊为国鸟，以老虎为国兽，大多数韩国人珍爱白色。他们忌讳"4"这个数字，因其音与"死"相同。

3. 南亚、东南亚国家的礼仪风俗与禁忌

南亚和东南亚包括许多国家，主要有印度、巴基斯坦、印度尼西亚、马来西亚、新加坡、泰国、越南、菲律宾等十几个国家。这些国家与我国地理距离较近，贸易十分频繁，交往范围非常广阔。

印度人大约83%是印度教教徒，不吃牛肉，一般人不用牛皮制品。印度教寺庙不允许牛皮制品入内，应赤脚入内。请勿触摸寺庙内的任何供品和前往神龛的信徒，并按顺时针方向参观寺庙。妇女要穿着适宜，上衣不能过短，下身需穿长裤或长裙。在印度"头"被认为是非常高贵而神圣的，所以不要去摸小孩的头；印度人用左手处理不洁之物，右手用来抓饭，所以在印度应尽量避免以左手和他人接触。不要随便给陌生人拍照，应事先征得其同意。

印度尼西亚人有一个突出的特点，那就是喜欢有人到家里来访问，而且无论什么时候访问都很欢迎。因此，在印度尼西亚，随时都可以敲门访问以加深交情，使商谈得以顺利进行。

新加坡经济发达，其种族构成中华裔占绝大多数。中国传统文化礼仪对新加坡人的影响较深，比如讲礼貌、讲面子、注重信义、珍惜朋友之间关系等。另外，新加坡人非常强调对社会公共秩序

的管理，如公共场所不能吃口香糖，坐巴士要主动买票，坐地铁不能吃东西，不能带榴莲上公共交通工具，乱扔烟头、吐痰、横穿马路会被罚款。

泰国人注重礼节，讲话很有礼貌，见面时要行合十礼。在泰国尽量避免对王室成员做出不利的评价，禁止以泰国王室成员作为玩笑谈资；泰国是佛教国家，所以避免在公众场合进行打牌等活动。不可以摸和尚的头、不可以摸小孩的头，放国歌时不管在干什么都要停下来，不许踩门槛，进佛堂要从左到右走过去。在泰国凌晨两点后不允许买酒。

进入尼泊尔寺庙、住宅之前要脱掉鞋子；不要用自己使用过的刀、叉、勺子或用手去接触别人的食品或餐具；不要用脚去碰尼泊尔人的物品，这被认为是一种不严肃的冒犯行为；注重着装，尤其是女性旅行者不要穿着暴露；皮毛物品严禁带入寺庙范围内；围绕寺庙或佛塔行走应依顺时针方向；为陌生人或物品照相之前应取得当事人许可；男女之间的公开亲昵行为是不被允许的。

10.3.2 欧美国家的礼仪风俗与禁忌

1. 美国的礼仪风俗与禁忌

（1）社交礼仪

在交际场合，美国人喜欢主动跟别人打招呼，并且乐于主动找人攀谈。美国人的见面礼十分简单。同外人见面时，美国人往往以点头、微笑为礼，或者只是向对方"嗨"一声作罢。不是特别正式的场合，美国人甚至连国际上通行的握手礼也略去不用了。

美国人平时的穿着打扮不太讲究。他们崇尚自然，偏爱宽松，讲究着装体现个性，这是他们穿着打扮的基本特征。同时，他们喜欢 T 恤装、运动装以及其他风格的休闲装。要想从服装看出一个美国人的身份地位是很不容易的。要想见到身穿礼服或套装的美国人，大多是在音乐厅、宴会厅或者公司的写字楼内。也就是说，美国人在正式社交场合和商务场合，还是十分重视正式着装的。

与美国人洽谈交易时，不必过多地握手与客套，可直截了当地进入正题，甚至从吃早点时即可开始。他们在与互不相识的人交际时，惯于实事求是、坦率直言。即使是自我介绍时，他们也喜欢将自己的情况据实说出，对那些谦虚客套的表白是看不习惯的。

在公共场所就座时，一般让长者和妇女坐在右边；走路时要让长者和妇女走在右边。

（2）餐饮礼仪

在餐桌上，美国有许多习惯都和我们不同。中国人请客吃饭时，往往自谦地表示"饭菜做得不好，请客人多多包涵"；而美国人要说"这是我最拿手的菜，希望你们喜欢吃"一类的话。所以，在美国人家中做客，听到主人自夸饭菜做得好，不必奇怪，而且应对女主人的手艺夸赞几句。中国的主人为客人夹菜时，客人总是尽力推让，表示客气。在美国这样做是行不通的。主人第一次为你夹菜，你不必客气推让，否则女主人会以为你是嫌她的菜做得不好。在美国，上菜之后，客人一般要待女主人动手吃后才开始吃。饭后，女主人领头离席，客人才离席。

在饮食方面，要注意应先使用最外面的一副刀叉，要用叉子压紧食物，切成小块才放入口中；吃食物及喝汤时不可出声，喝咖啡的小汤勺是用来搅拌奶品及糖的；切记不可用汤勺来喝咖啡，并避免在餐厅中喧哗。

（3）习俗禁忌

美国人所忌讳的体态是：盯视他人，冲着别人伸舌头，用食指指点交往对象。跟美国人相处要与之保持适当的距离，一般保持 50～100 厘米的距离是比较适当的。因为美国人认为，个人空间是不容冒犯的。因此，碰到别人要及时道歉，坐在他人身边先要征得对方认可。谈话时，距对方太近则是失敬于人。

美国人认为"胖人穷，瘦人富"，所以在美国不要随便说别人长胖了。美国人还忌讳别人问他的年龄、收入、婚恋等个人情况。

大部分美国人认为，狗是人类最忠实的朋友，因此不喜欢爱吃狗肉的人。

美国人喜爱白色，认为白色是纯洁的象征；偏爱黄色，认为黄色是和谐的象征；喜欢蓝色和红色，认为蓝色和红色是吉祥如意的象征。他们喜欢白猫，认为白猫可以给人带来运气；他们欣赏白头鹰，认为它威武强悍，并以它作为国徽的图案。

拓展阅读

与美国人进行涉外交际时的注意事项

1. 守时很重要。

2. 商务交往初次见面一般用握手致意。

3. 与美国人第一次见面，以先生、小姐、女士或者博士称呼对方。许多美国人在第一次见面后会建议你直呼其名。

4. 人们在交往中往往以互相恭维作为谈话的开始。

5. 在正式谈判前，双方往往进行寒暄，但话题有限。

6. 美国人不赠送商务礼品。

7. 谈判和生意一般在较短的时间内完成。

8. 谈话间双腿交叉、跷腿很常见，可以接受，不属于失礼行为。

9. 做客时带上礼物，主人会很高兴，但礼物不是必不可少的。美国人收到礼物后一般会立刻打开。

10. 在社交场合用餐，你可以按需要自取适量食物，主人一般不主动招呼你。

2. 英国的礼仪风俗与禁忌

（1）社交礼仪

在交际活动中，握手礼是英国人经常使用的见面礼。英国人待人十分礼貌，礼貌用语不离口，交谈时喜欢称呼对方世袭的爵位或荣誉头衔。英国人在正式场合十分注意衣着，非常注意体现其绅士、淑女之风。一般男士要穿三件套的深色西服，女士则要穿深色套裙，或者素色的连衣裙。庄重、肃穆的黑色服装，往往是英国人的优先选择。

（2）餐饮礼仪

英国人的饮食具有"轻食重饮"的特点，在菜肴上没有多大特色，日常伙食基本没有多大变化。与绝大多数欧美人不同的是，英国人嗜红茶。在饮茶时，他们首先要在茶杯里倒入一些牛奶，然后才依次冲茶、加糖。

英国人早上醒来要赖在床上喝一杯"被窝茶"，上班时间专门挤出时间来喝"下午茶"。英国人的下午茶是午餐与晚餐之间的一顿小吃，也是以茶会友的一种社交方式。

英国人的饮食禁忌，主要是不吃狗肉，不吃过咸、过辣或带有黏汁的菜肴。

（3）习俗禁忌

英国人在正式场合的着装，一般有四条禁忌：一是忌打条纹领带；二是忌不系长袖衬衫袖口的扣子；三是忌在正式场合穿凉鞋；四是忌以浅色皮鞋配西服套装。

英国人认为 13 和星期五是不吉利的，尤其是 13 日与星期五相遇时。这个时候，许多人宁愿待在家里不出门。与英国人谈话，若坐着谈应避免两腿张得过宽，更不能跷起二郎腿；若站着谈不可把手插入衣袋。

英国人忌用人像作商品装潢，忌用大象图案，因为他们认为大象是蠢笨的象征。英国人讨厌孔雀，认为它是祸鸟，把孔雀开屏视为自我炫耀和吹嘘。他们忌送百合花、菊花，他们认为百合花和菊花意味着死亡。

3. 法国的礼仪风俗与禁忌

（1）社交礼仪

法国人在待人接物上与英国人相比是大不相同的。其主要有以下特点。

第一，爱好社交，善于交际。对于法国人来说，社交是人生的重要内容，没有社交活动的生活是难以想象的。他们在人际交往中大都爽朗热情，善于雄辩，好开玩笑，讨厌不爱讲话的人。

第二，渴求自由，纪律较差。在世界上，法国人是有名的自由主义者。"自由、平等、博爱"被法国宪法定为本国的国家箴言。他们虽然讲究法制，但是一般纪律较差，不大喜欢集体行动。与法国人约会必须事先约定，并且准时赴约，但是也要对他们可能的姗姗来迟有所准备。

第三，自尊心强，偏爱国货。法国的时装、美食和艺术是世人有口皆碑的，在此影响之下，法国人拥有极强的民族自尊心和民族自豪感。在他们看来，世间的一切都是法国最棒。与法国人交谈时，如能讲几句法语，会使对方热情有加。

第四，骑士风度，尊重妇女。在人际交往中，法国人所采取的礼节主要有握手礼、拥抱礼和吻面礼。

第五，讲究服饰礼仪，有"时装王国"之称。法国人对于衣饰的讲究，在世界上是十分有名的。所谓巴黎式样，在世人耳中即与时尚、流行含义相同。法国人在正式场合通常要穿西装、套裙或连衣裙，颜色多为蓝色、灰色或黑色，质地则多为纯毛。

（2）餐饮礼仪

作为举世皆知的世界烹饪王国之一，法国人十分讲究饮食。在西餐之中，法国菜可以说是最讲究的。

法国人爱吃面包，面包的种类很多；他们大都爱吃奶酪；在肉食方面，他们爱吃牛肉、猪肉、鸡肉、鱼子酱、鹅肝，不吃肥肉、宠物、肝脏之外的动物内脏、无鳞鱼和带刺骨的鱼。

法国人善饮，他们几乎餐餐必喝，而且讲究在餐桌上要以不同品种的酒水搭配不同的菜肴；除酒水之外，法国人平时还爱喝生水和咖啡。

在正式宴会上，则有"交谈重于一切"之说，他们认为用餐时只吃不谈，是不礼貌的。

（3）习俗禁忌

在人际交往之中，法国人对礼物十分看重，但有其特别的讲究。宜选具有艺术品位和纪念意义的物品，不宜选择刀、剑、剪刀、餐具或是带有明显的广告标志的物品。男士向一般关系的女士赠送香水，也是不合适的。在接受礼品时若不当着送礼者的面打开其包装，则是一种无礼的表现。

法国的国花是鸢尾花。菊花、牡丹、玫瑰、杜鹃、水仙、金盏花和纸花，一般不宜随意送给法国人。法国人大多喜爱蓝色、白色与红色，他们所忌讳的色彩主要是黄色与墨绿色。另外，法国人十分厌恶核桃，对黑桃图案也极为反感。法国人所忌讳的数字是"13""星期五""666"。给法国妇女送花的时候，宜送单数，但要避开"1"和"13"这两个数字。

4. 德国的礼仪风俗与禁忌

（1）社交礼仪

与欧洲其他国家的人们相比，德国人在待人接物上所表现出来的独特风格，往往会给人留下极为深刻的印象。一般而言，德国人在人际交往中通常会表现出如下几个特点。

第一，纪律严明，法制意识极强。在世界上，德国人讲纪律、守法律是出了名的。在德国，事无巨细，皆由法律规范。在日常生活里，德国人不仅讲究有法可依，而且更为注重有法必依。即使是生活琐事，往往也有规章、制度可循。遵法守纪，在德国被视为做人的一种美德。

第二，讲究信誉，信守约定。在人际交往中，特别是在经济往来中，德国人非常讲究信誉。他们虽然在谈判时会斤斤计较，精于讨价还价，但是正式的合同订立后，则必定会严格遵守，依约而行。

第三，待人诚恳，注重感情。刚刚接触德国人时，外国人一般都会觉得他们过于拘谨、严肃，在待人接物上往往固执己见、缺少灵活性、表现刻板。要想让一位刚刚结识的德国人像美国人一样谈笑风生，似乎不太可能。但大多数德国人很重视人与人之间的感情，非常看重老朋友和老关系。与德国人交朋友虽说存在一定难度，但一旦与之成了朋友，双方通常就不易分手或反目。另外，德国人家庭观念极强，把亲人之间的团聚视为幸福的时光。他们具有很强的群体意识，酷爱集会和结社，并以此作为人际交往的渠道与纽带。

第四，穿着打扮上庄重、朴素、整洁。德国人不太容易接受过分前卫的服装，不喜欢穿着过分鲜艳、花哨的服装，并且对衣冠不整、服装不洁者难以容忍。在一般情况下，德国人的衣着较为简朴，在正式场合露面时，则穿戴得很正式，衣着一般多为深色。

（2）餐饮礼仪

德国人十分讲究饮食，食品制作及就餐程序都有严格的规定。在一般情况下，德国人的餐桌上主要是肉食。面包、土豆、禽蛋等虽然也受欢迎，但是它们基本上属于配角。在口味方面，德国人爱吃冷菜和偏甜、偏酸的菜肴，对于辣和过咸的菜肴则大多不太欣赏。在饮料方面，德国人偏爱啤酒，对咖啡、红茶、矿泉水也很喜欢。

（3）习俗禁忌

在德国，不得随意以玫瑰或蔷薇送人，前者表示求爱，后者则用于悼亡。在颜色方面，他们对黑色、灰色、红色以及渗入有红色或红黑相间之色都不感兴趣。德国人对纳粹党党徽的图案十分忌讳，与德国人交谈时，不宜提及纳粹、宗教、党派之争。

他们极度厌恶数字"13""666"与"星期五"。向他们赠送礼品时，不宜选择刀、剑、剪刀、餐刀和餐叉。以褐色、白色、黑色的包装纸盒和彩带包装来捆扎礼品，也是不允许的。

10.3.3　阿拉伯国家、非洲国家的礼仪风俗

1. 阿拉伯国家的礼仪风俗

（1）阿拉伯人的社交礼仪

阿拉伯国家通用阿拉伯语。阿拉伯人见面时通常行握手礼，同性亲朋好友见面时行亲吻礼，关系特别要好的男子见面时要互相贴面。

阿拉伯人比较注重友情，与其谈判应注意先交朋友、后谈生意。当你想向他们推销某种商品时，应多次拜访他们。第一次、第二次访问时是不可以谈生意的，第三次可以稍微提一下，再访问几次后，方可以进入商谈。与他们打交道，应先争取他们的好感和信任，建立朋友关系，营造良好氛围，只有这样，下一步的交易才会进展顺利。虽然他们比较好客，但缺乏时间观念，表现在对来访者不管自己当时在干什么，都一律停下来热情招待客人。

阿拉伯人做生意喜欢讨价还价。没有讨价还价就不是一场严肃的谈判。无论小店、大店均可以讨价还价。标价只是卖主的报价。不还价即买走东西的人，还不如讨价还价后什么也未买的人受卖主的尊重，他们的逻辑是：前者小看卖主，后者尊重卖主。

商务礼仪：理论、案例与实训（附视频指导）

在礼物馈赠方面，阿拉伯人钟爱骆驼和马，喜爱绿色和蓝色。如果赠送他们一两件造型生动逼真的木雕或石雕的骆驼或马，必受欢迎；一幅花卉或山水画也是极受珍视的礼品。他们喜欢中国、美国、德国的产品，但禁用六角星做图案。

（2）阿拉伯人的餐饮礼仪

阿拉伯人善于烹调，主食为面饼，以西红柿沙拉、洋葱拌辣椒、煮豆、酱等为佐餐，肉类主要是牛、羊肉。其饭菜的特点是甜、香、油腻。咖啡和茶是每天不可缺少的饮料。

阿拉伯人抓饭为传统进食方式，多用右手抓饭，忌用左手。招待客人时多用西餐具。

名贵的菜肴有油炸鸽子、烘鱼、烤全羊等。烤全羊是把一只肥嫩的羔羊除去头脚，掏空内脏，塞满大米饭、葡萄干、杏仁、橄榄、松子等干果和调料，然后放大火上烤。其特色是又嫩又香，味道鲜美。阿拉伯人用手抓饭的技术十分熟练，一是不怕烫，二是能用手指迅速地撕下一小块肉条、菜肴送入口内，手指还不允许碰着嘴。

（3）阿拉伯人的习俗禁忌

阿拉伯人反感别人用贬损和开玩笑的口气，谈论他们的信仰和习惯，嘲弄他们在生活中的不寻常的举动。

他们对人际交往的禁忌较多。比如，不可主动和女性握手，不可对当地女士拍照；女士穿着不宜暴露，男士在公众场合不要佩戴首饰；在公众场合不能拥抱、亲吻、跳舞，甚至牵手等。他们待人接物都是用右手，用左手递送食物是非常不敬的。

与阿拉伯人初次见面时不能送礼，否则会被视为行贿；除非私人朋友之间，否则送礼应在有第三者时进行，不要私下送礼；不要把酒作为礼品送给阿拉伯人，因为绝大多数阿拉伯国家明令禁酒；要求与当地人合影须谨慎。

2. 非洲国家的礼仪风俗

非洲北部国家如埃及、利比亚、摩洛哥等国，礼仪风俗与阿拉伯人有很多相似之处。非洲中南部国家由于经济落后，许多原始部落痕迹犹存，不同国家、不同地区的人民在种族、历史、文化等方面的差异大，因而他们的生活、风俗、思想等方面也各具特色。南非的经济实力最强，相对而言，南非商人的商业意识较强。尼日利亚的经济实力也较强，虽以农业为主，但石油储量丰富，工商业发展很快。但总体来看，大多数非洲国家的社会制度、商务礼仪不够规范和完善，随意性较强。

以上介绍的只是部分与我国交往的国家的礼仪风俗，随着经济全球化和各国人民之间频繁的往来接触，他们相互影响、取长补短，有些国家的传统礼仪风俗特色已不是十分明显了。因此，我们既应了解不同国家礼仪风俗的差异，在实际的商务交往中更应根据临时出现的情况而随机应变，适当地调整自己的交际方式，以取得商务活动的成功。

📖 练习测试题

一、不定项选择题

1. 当和不同国籍的友人意见发生分歧时，你应该（　　）。

A. 彼此尊重，求同存异

B. 坚持己见，不改立场

C. 改变立场，配合对方

D. 犯言直谏，纠正行为

2. 在涉外交往中, (　　) 行为是犯了忌讳的。

A. 与日本友人合影时, 三人站一排

B. 与英国人站着谈话时, 把手插入口袋中

C. 男士和女士在马路上行走时, 男士行走于外侧

D. 看见一位美国老人上楼或者爬山时, 立即上前搀扶

3. 同欧美人交谈时, (　　) 通常来说是不可以谈论的。

A. 收入支出　　　　　　B. 信仰、政见　　　　　C. 体育赛事　　　　　D. 身体情况

4. 在涉外人际交往中, 通常比较重视遵守时间约定的人有 (　　)。

A. 英国人　　　　　　　B. 德国人　　　　　　　C. 非洲人　　　　　　D. 阿拉伯人

5. 属于高内涵文化的国家主要有 (　　)。

A. 美国　　　　　　　　B. 巴西　　　　　　　　C. 中国　　　　　　　D. 日本

6. (　　) 等国家或地区的人们在进行口头表达的同时, 伴随以大量的动作语言。

A. 美国　　　　　　　　B. 巴西　　　　　　　　C. 中国　　　　　　　D. 日本

7. (　　) 等国家或地区的人们在取名时通常都是名在前、姓在后。

A. 日本　　　　　　　　B. 泰国　　　　　　　　C. 阿拉伯国家　　　　D. 讲英语的欧美国家

8. 日本和韩国在礼仪习俗方面的共同点有 (　　)。

A. 等级观念强, 长、晚辈之间的界限分得很清楚

B. 传统习俗讲究男尊女卑

C. 以筷子为主要餐具

D. 忌讳 "4" 这个数字

9. 关于阿拉伯人的礼仪风俗, 下面描述正确的有 (　　)。

A. 阿拉伯人见面时通常行握手礼, 关系特别要好的男子见面时要互相贴面

B. 比较注重友情, 与其谈判应注意先交朋友、后谈生意

C. 对来访者, 不管自己当时在干什么, 通常都会停下来热情招待客人

D. 做生意不喜欢讨价还价

二、判断题

1. 通常来说, 中国、韩国、日本的女性, 在婚后是保留本姓的。(　　)

2. 合十礼, 是佛教徒的一种敬礼方式, 后盛行于印度和东南亚信奉佛教的国家和地区。(　　)

3. 吻手礼是流行于欧美上层社会的一种礼节, 一般只适合于未婚女士。(　　)

4. 在行亲吻礼时, 长辈吻晚辈应当吻额头, 晚辈吻长辈应当吻下颌或面颊。(　　)

5. 印度人用左手来抓饭, 右手处理不洁之物, 所以应尽量避免以右手和他人接触。(　　)

6. 在美国人的餐桌上, 客人一般要待女主人动手吃后才开始吃。(　　)

7. 美国人在日常谈话时常常双腿交叉、跷腿, 他们可以接受, 并认为这不属于失礼行为。(　　)

8. 法国人忌用人像作商品装潢, 忌用大象图案。(　　)

9. 英国人在人际交往中大都爽朗热情, 善于雄辩。(　　)

10. 德国人为人处世讲究有法可依、有法必依, 即使是生活琐事, 往往也有规章、制度可循。(　　)

11. 不要把酒作为礼品送给阿拉伯人, 因为绝大多数阿拉伯国家明令禁酒。(　　)

三、简答题

1. 涉外礼仪应遵循哪些基本原则?

2. 涉外交往中如何才能做到不卑不亢?

商务礼仪：理论、案例与实训（附视频指导）

3. 涉外交往中如何做到"求同存异，入乡随俗"？

4. 涉外交往中哪些问题属于个人隐私，是不适宜谈论的？

5. 不同礼仪背后的文化差异有哪些？

6. 常用的见面问候礼节有哪些，各适用于哪些国家或地区？

7. 简述日本、韩国国家的礼仪风俗与禁忌有何共同点。

8. 简述美国、英国、法国、德国的礼仪风俗与禁忌。

9. 简述阿拉伯人的礼仪风俗与禁忌。

案例分析题

【案例10-1】   谈话风波

一天，刚参加工作不久的李莉被派到外地出差。在卧铺车厢内，她碰到了一位来华旅游的美国姑娘。由于对方首先向李莉打了个招呼，李莉觉得不与人家寒暄几句实在显得不够友善，便操着一口流利的英语，大大方方地与对方聊了起来。

在交谈中，李莉有点没话找话地询问对方："你今年多大岁数了？"不料人家搪塞："你猜猜看？"李莉觉得没趣，转而又问："我想你一定结婚了吧？"这一次，那位美国姑娘的反应更加令李莉出乎意料：对方居然转过头去，再也不搭理她。一直到分开，她们两人都没说过一句话。

问题： 分析李莉的沟通在哪里出错了。

【案例10-2】   "不被重视"的客商

安瑞是在城市交通管制工程方面颇有名气的专家，一家沙特阿拉伯工程公司邀他到当地做简单交流。该公司负责营建部分政府工程。安瑞从来没在中东工作过，大部分的工作经验是在欧洲和北美洲。当安瑞到达该公司总经理的办公室时，他被告知坐在地板上的一个坐垫上等。总经理忙着招呼其他来访的人，当时他也清楚地看到安瑞。安瑞坐在靠墙的大垫上耐心地等。这一批客人中，安瑞是最后一位，他前面还有7位——这就是典型阿拉伯人接待客人的方式。半个小时过去了，安瑞忍不住问秘书什么时候才能轮到他，秘书也弄不清楚。这期间，有许多人进进出出打断总经理接见的工作，安瑞开始感到不耐烦。很显然，总经理一点也不在乎被他人打扰。

一个小时过去了，秘书才领着安瑞坐上总经理对面的那张椅子。他们用英文交谈，一番客套后，总经理把安瑞介绍给公司里的一个工程师小组，其中包括总经理的表弟——公司的副总经理，同时也是美国麻省理工学院的毕业生。被引见之后，安瑞就热心地简单报告，用的是英文，主题当然是道路规划问题。不久，安瑞发觉许多听众都表情茫然，这时他才想到，许多的专有技术名词和概念必须经过翻译才能使听众听懂。这一组人当中，似乎只有总经理的表弟听懂了报告。

安瑞晚上回饭店休息，想起今天一连串的新鲜事儿，到底错在哪里？

问题： 你如何理解案例中安瑞遇到的情景？

【案例10-3】   跨文化冲突案例：午休床的风波

在一家中德合资公司里，中德双方员工因为作息时间差异发生了冲突。德方出勤作息时间与中方有很大不同。德方午餐时间短，工作午餐非常简单，通常是一杯咖啡加一个三明治就可以解决了。德国人认为白天工作紧凑，应该更加高效，不应在午餐等时间段浪费过多的时间。正因为午餐观念淡漠，德方经常午间召集项目会议，其中涉及很多中方人员，这一点引起中方人员的不满。中方人员不仅认为午餐非常重要，而且午休也很重要，对下午的工作效率提升非常有帮助。因此在中方人员的办公室，每人配备一张折叠午休床，供员工午后休息。中方人员认为，午间开会不仅扰乱了正常的午休，而且午间（中午 12 点到下午 2 点之间）经常有电话打到办公室，不仅对自己，也对办公室的其他成员造成了干扰，让自己在办公室很难同其他同事相处。

这种工作方式的差异引起了双方极大的冲突。在项目初始阶段，德方人员经常不定时召集项目会议，随时更新项目进展。在召集中方人员开会的时候，大部分人员缺勤，理由是要午休。德方感到非常愤怒，会议的重要性竟然抵不上午休重要。另外，德方人员觉得中方人员的午休习惯是一种文化陋习，尤其是对午休床感到不可思议，当看到办公室中方人员同时躺在办公区域午休的场景，德方人员对此嘲笑不止。

有一次，矛盾的集中爆发点终于出现了。一位德方人员趁中方人员午休时间，悄悄地拿出相机，拍下了中方人员午休的场景。照片不仅在德方内部社交群里广泛传播，甚至还在传播过程中不知道被谁上传到了国外社交媒体，造成了极坏的影响。中方人员对此非常愤怒，要求德方人员立即删除所有照片，并向中方人员道歉。德方人员却认为这不是一件大事，删除照片没有问题，但是拒绝道歉。双方的矛盾愈演愈烈，中方人员甚至拒绝再与德方人员接触，要求撤换德方工作人员，消极怠工，对项目工作的开展造成了极大的影响。

午休床风波持续发酵后，矛盾从白热化阶段到了冷暴力阶段。最终公司管理层出面，对双方进行耐心疏导。同时，公司组织相关培训，聘请外部咨询公司经验丰富的咨询顾问，结合理论基础，指出公司针对这一事件双方做法不妥当的地方，并提出改进方案。

"外来的和尚好念经"，经过外脑的助力，德方人员主动向中方人员道歉，并主动提出了如下解决建议：第一，尊重中方人员的午休习惯，尽量不在午休时间安排会议；第二，不在午休时间打电话给中方相关人员，还对方一个安静的午休环境；第三，尊重文化差异，以后再遇到类似的文化差异现象，不急着自己下结论，尊重对方，并学会欣赏文化差异，不懂的地方可以请教外部咨询顾问。

而中方人员也做了如下妥协：第一，午休时间可以不必两个小时那么长时间，半个小时到一个小时足够了，节省下来的时间可以同德方人员探讨业务，会议安排也可以进行；第二，午餐后抓紧时间休息，减少时间浪费。中方人员承认，午餐后总会等娱乐一段时间再午休，这段时间可以利用起来，减少无谓的时间浪费。

至此，午休床风波的冲突终于得到了解决。

问题：

结合涉外礼仪的原则和文化差异相关观点，对案例中中德双方员工的表现进行评价。

【案例 10-4】　　　　　王先生的环球商务旅行

王先生是京达进出口公司的业务经理，由于工作关系经常与外商接触。今年夏天，王先生又完成了一次商务旅行，由印度、沙特阿拉伯抵欧洲，在英国逗留数日，越大西洋抵美国、巴西，后经日本回国。这次环球之旅给王先生印象最深的是各国交流习惯的巨大差异。

在日本，人们通常聚集在一起；在巴西，商人之间的身体距离很近，连对方的呼气都能感觉到；而在英国和美国，人与人之间的身体距离很远，一旦某人闯入其身体附近，通常对方都会说"对不起"。

在阿拉伯国家，商人的时间观念弹性很大，迟到一两个小时或推迟几天是常见的事；而在欧美，商人的时间观念通常很强。

在印度，商人在业务谈判之前总是花很长时间做一些社交性的讨论，迟迟不肯转入正题；而在美国，商人谈判时往往喜欢单刀直入、直奔主题。

在巴西，即使是夏天，商人也大多着深色服装；而在美国，商人着装则随便得多。

在印度，点头往往意味着"不"或"不同意"，令外国人一时难以适应。

在日本，电话交谈时一般是打电话者先讲；而在美国，通常是接电话者首先报出部门、职务、姓名。

......

王先生回到公司后，在公司的内部通信工具上将自己的上述发现整理并发表了出来，同事读了都感到很有收获。

问题：

1. 在涉外交往和沟通中，时间和空间的使用通常可能传达哪些不同的信息?试各举两个例子加以说明。

2. 举出非语言交流的 6 个例子并说明其含义。

实训

1. 小张医生作为我国援非医疗队的一员，被派往中非某国，在一次巡回医疗中，他来到一个土著部落。该部落酋长以隆重的仪式欢迎他的到来，请他用鲜牛粪洗手，喝直接从牛身上取下来的鲜血，小张为难了，你认为他该怎么办?

2. 你所在公司与一外商谈妥了一项进出口协议，你是此次谈判的主谈人，就在当晚你赴庆祝酒会的途中，发生了严重堵车，按时到达已不可能，此时你应该怎么办?

3. 今年即将过去，公司的外贸业务在这一年又有了长足进步，还新结识了许多贸易伙伴。领导打算给几位新客户送点礼品，请你提出建议。他们分别是泰国、韩国、法国和沙特阿拉伯的客人。

4. 假如你已毕业 10 年，成为一个跨国公司的部门经理，有几位来自法国的重要客户将在半个月后拜访你的公司，公司委派你做接待工作，你应该做哪些安排?请结合所学知识，拟订一份迎接贵宾的接待方案。

附录A 模拟试卷（一）

一、选择题（24分，共12题，每题2分。选择一项或多项正确答案）

1. 在商务交往中，关注地域文化差异，了解并尊重各自的禁忌，这符合礼仪的（　　）原则。
   A. 诚信
   B. 尊重
   C. 从俗
   D. 宽容

2. 男士在正式的交际场合穿西装时应打领带，在领带颜色的选择上，单色西装则应配（　　）。
   A. 同一颜色的单色领带
   B. 花纹领带
   C. 颜色鲜艳的领带
   D. 任何颜色的领带

3. 关于女士饰品的佩戴，以下表述正确的有（　　）。
   A. 一只手一般只戴一枚戒指，戴两枚或两枚以上的戒指都是不适宜的
   B. 一只手可以戴两只或两只以上的手镯、手链
   C. 戒指通常要戴于左手，戴无名指表示已经结婚或订婚
   D. 一般领口较低的服饰应配项链，而竖领上装可以不戴项链

4. 关于商务社交场合的握手的顺序，（　　）是错的。
   A. 宾主之间，主人应向客人先伸手
   B. 上下级之间，上级要等下级先伸手
   C. 男女之间，男方要等女方先伸手后才能握手
   D. 长幼之间，年幼的要等年长的先伸手

5. 小刘是总经理秘书，一次陪总经理去机场送一位客户。司机开的是一辆双排5人座轿车，小刘应该选择坐在（　　）。
   A. 副驾驶位
   B. 后排左侧
   C. 后排中间
   D. 后排右侧

6. 美国心理学家霍尔在他的《无声的空间》一书中，将人们所处的空间划分为4个层次，其中，社交空间的距离是指（　　）。
   A. 15～46cm
   B. 47～120cm
   C. 1.3～3.6m

商务礼仪：理论、案例与实训（附视频指导）

D. 大于3.6m

7. 关于商函写作的礼仪，下面表述正确的是（　　　）。

A. 一事一段，把意思相似的信息分为一小段

B. 如果在正文中有太多内容需要说明补充，可以将冗长的内容部分以附件的形式与正文分开

C. 为避免对方看不懂，商函中不宜出现文言词语

D. 尽量用正面语言阐述观点，避免使用粗鲁、命令式的否定语气

8. 撰写求职信和个人简历时，（　　　）做法是错误的。

A. 对不同的企业，求职信的内容不能一样，要针对用人单位的要求修改自己的求职信

B. 写求职信应该理性客观地表达自己的求职要求，不宜带有感情色彩

C. 向大型企业及互联网企业求职时，个人简历的作用远大于求职信

D. 撰写个人简历时，如果在学校没有获奖，获奖情况一栏不要填"无"，可以把这一栏删掉

9. 下级在进行具体工作汇报时，通常应做到（　　　）。

A. 做好相关数据资料的收集，列举事实、数字要准确无误，尽量避免"大概""估计""可能"之类的词语

B. 在汇报工作时通常应先说结果，再谈过程和程序

C. 注意场合，切忌在路上、餐桌上、家里汇报工作

D. 即使工作没有结束，还在进行过程中，也应及时向领导汇报和请教

10. 关于中餐的餐桌礼仪，下面表述正确的是（　　　）。

A. 喝汤时不要将汤碗直接就口喝，要用汤匙舀汤，同时喝汤时不要发出响声

B. 嘴里有食物时，不张口与人交谈

C. 不可高声谈话，影响他人

D. 自己提前用餐完了，主动向主人致谢退席

11. 参加开业典礼的来宾席位安排一般按（　　　）确定主席台座次及贵宾席位。

A. 时间顺序

B. 贺礼多少

C. 身份与职务高低

D. 关系亲疏

12. （　　　）等国家或地区的人们在取名时通常都是名在前、姓在后。

A. 日本

B. 泰国

C. 阿拉伯国家

D. 讲英语的欧美国家

二、判断题（12分，共12题，每题1分）

1. 我国古代有了成文的礼仪制度，形成了"五礼"，即吉礼、嘉礼、宾礼、军礼和凶礼。（　　　）

2. 女性在正式场合中要化妆，且只能化淡妆。（　　　）

3. 客户来访，应当先把客户介绍给自己公司的同事，然后再把同事介绍给客户。（　　　）

4. 会客、会谈的座次礼仪遵循"面门为上，以右为上，离远为上"的原则。（　　）

5. 在言谈中，我们应该有意识使用积极正面的字词来取代消极负面的字词。（　　）

6. 一封电子邮件只针对一个主题，不要在一封电子邮件里谈及多件事情。（　　）

7. 准备面试过程中，由于招聘单位不同、招聘职位不同、面试官不同，提出的问题肯定不同。应试者试图对面试中可能遇到的问题做好回答的准备，是徒劳无功的。（　　）

8. 面试中提到自己的能力时，恰当地引用生活、工作中的实例，可以起到事半功倍的效果。（　　）

9. 在上行沟通中，上级倾向于发现下级在工作中的不足，通常会更多关注工作的过程，而较少关注工作的结果。（　　）

10. 表扬下级时，含糊其词的表扬相比翔实具体的表扬的效果更好。（　　）

11. 自助餐多以冷食为主，也可用热食，但不提供高档的菜肴、酒水。（　　）

12. 美国人在日常谈话时常常双腿交叉、跷腿，他们可以接受，并认为这不属于失礼行为。（　　）

三、简答题（36 分，共 6 题，每题 6 分）

1. 礼仪修养包括哪些内容和方法？

2. 有人说下级在向上级请示、汇报工作时，应该多出"选择题"，少出"问答题"，你如何理解？

3. 何为同理心原则？举例说明在人际沟通中如何遵守同理心原则。

4. 求职面试前需要做好哪些准备工作？

5. 简述中、西餐的座次礼仪有什么相同点和不同点。

6. 涉外礼仪应遵循哪些基本原则？

四、案例题（28 分，共 4 题，第 1、2 题各 6 分，第 3、4 题各 8 分）

【案例 1】　　　　　　　　　　　**王秘书的失礼**

正大公司的王秘书在一次隆重的公司庆典活动上，担任介绍领导的工作。

王秘书用右手的食指指着正大公司的总经理说："这位是我们公司的总经理。"接着，他又用手指指其他几位嘉宾说："那位是天达公司的总裁，坐在他旁边的是天达公司的副总裁。还有这位，这位是市工商行政管理局局长。"说完这些，王秘书接着说道："下面，让我们以热烈的掌声欢迎各位领导的光临！"

会议结束后，公司领导通知王秘书，让他回去好好学习介绍礼仪。

问题：请分析王秘书的表现有何不妥之处。

【案例 2】　　　　　　　　　　　**久别的同学**

小赵和小关是大学同学，大学毕业后各奔东西。如今，小赵在 A 公司当业务员，小关在 B 公司当经理。A 公司正好准备和 B 公司做一笔生意（第一次），而小赵得知此事后自告奋勇，一来想去探望一下十多年没见的同学，二来也想提升一下自己在公司的地位。

这天下午小赵便去 B 公司的经理办公室，结果在门口被秘书拦下。经过一番解释，秘书告诉他经理有事不在，并将公司的电话留给他。隔了几天，小赵打电话给 B 公司，预约成功，定于星期三下午 3：30 见面。由于堵车，小赵晚去了半个小时。到了以后，小关还在，小赵于是推门进去。老朋友相见，十分欢喜。小赵冒出一句："小关，这几年过得不错啊！"小关感到有些尴尬，接着两人寒暄了几句。小赵便往沙发上一坐，跷起二郎腿，掏出一支烟递给小关，小关不抽，小赵便大口大口地抽了起来，整个经理办公室顿时烟雾笼罩。小关实在觉得不适，就打开窗户，说："我这几天咽喉发炎，闻不得烟味。请原谅！"小赵也就不抽了，接着两人聊起了大学生活……临走之际，小赵说明来意，并将一块××品牌手表送给小关。小关死活不接，并解释公司有规定：对 500 元以上的礼品概不接受。

问题：请指出小赵的失礼之处。

【案例3】 电话礼仪

新加坡利达公司销售部文员刘小姐要结婚了，为了不影响公司的工作，在征得上司的同意后，她请自己最好的朋友陈小姐暂时代理她的工作，时间为一个月。陈小姐大专刚毕业，比较单纯，刘小姐把工作交代给她，并鼓励她努力干，准备在蜜月回来后推荐陈小姐顶替自己。某一天，上司外出了，陈小姐正在公司打字，电话铃响了，陈小姐与来电者的对话如下。

来电者："是利达公司吗？"

陈小姐："是。"

来电者："你们上司在吗？"

陈小姐："不在。"

来电者："你们是生产塑胶手套的吗？"

陈小姐："是。"

来电者："你们的塑胶手套多少钱一打？"

陈小姐："18 美元。"

来电者："16 美元一打行不行？"

陈小姐："不行的。"

说完，"啪"地挂上了电话。

上司回来后，陈小姐也没有把来电的事告知上司。过了一个星期，上司提起他刚谈成一笔大生意，以 14 美元一打卖出了塑胶手套。陈小姐脱口而出："哎呀，上星期有人问 16 美元一打行不行，我说不行的。"上司当即脸色一变说："你不适合这个工作。"陈小姐哭丧着脸说："为什么？"

问题：陈小姐在电话礼仪方面犯了哪些错误？

【案例4】 时逢圣诞巧接待

美华公司李总的日程表上清晰地写着：12 月 23 日接待英国的亚当斯先生。22 日下午，李总正在安排具体接待工作时，办公桌上的电话响了，打电话的正是亚当斯先生。他说因在伦敦的业务遇到了麻烦，要 12 月 25 日才能抵达美华公司，问李总是否可以，并再三因改期表示歉意。尽管李总 25 日需到省城参加一个会议，时间已经做了安排，但他还是很干脆地答复对方，25 日一定安排专人接待，26 日同亚当斯会面。因为李总知道，亚当斯先生拥有众多的国外客户，同他合作，有望使本公司的商品打入国外市场。于是，李总把接待亚当斯的任务交给了公关部经理孙小姐。

接受任务后，孙小姐立即着手收集有关资料，并制订了详尽的接待方案。

12 月 25 日下午 4 时，亚当斯乘坐的班机准时到达。当亚当斯走出出口后，孙小姐便热情地迎了上去，并用一口纯正的英语做了自我介绍，使正在茫然四顾的亚当斯先生立即有了一种踏实的感觉。

孙小姐陪同亚当斯先生乘轿车离开机场向城市中心的宾馆驶去。一路上，孙小姐不时向亚当斯介绍沿途的风光及特色建筑，亚当斯对孙小姐的介绍很感兴趣。

天色渐暗，华灯初上，望着窗外的景色，亚当斯富有感情地说："在我们国家，今天是个非常快乐的日子，亲人团聚，尽情享受生活的乐趣。"话语中透着几分骄傲，又似乎有几分遗憾，孙小姐认真地倾听并不断地点头。

车子抵达宾馆，由服务人员将亚当斯先生引入房间稍事整理后，孙小姐请亚当斯先生一同共进晚餐。走进餐厅，亚当斯先生被眼前的景色惊呆了：圣诞树被五彩缤纷的灯饰装饰得格外绚丽，餐桌上布满了丰盛的圣诞食品。亚当斯先生非常兴奋。进餐中，服务人员手捧鲜花和生日贺卡走进来送给他，亚当斯先生更是激动不已。原来，这天正是亚当斯先生 55 岁生日。孙小姐举起手中的酒杯，对他说："我代表我们公司及李总，祝您生日快乐、圣诞节快乐！"亚当斯动情地说："谢谢你们为我举行这么隆重的生日晚宴及圣诞宴会，你们珍贵的友情和良好的祝愿，我将终生难忘。"

26 日李总由省城返回，双方就有关合作业务洽谈得非常顺利。亚当斯先生回国时，再三向孙小姐及公司对他的接待表示感谢。

问题：结合案例分析，你认为美华公司在商务接待工作方面做得怎么样？

附录 B 模拟试卷（二）

一、选择题（24分，共12题，每题2分。选择一项或多项正确答案）

1. 在仪态方面要求"步从容，立端正，揖深圆，拜恭敬"，出自（　　　　）。

A.《仪礼》

B.《周礼》

C.《三字经》

D.《弟子规》

2. 关于女士在正式场合穿着的西装套裙，以下表述正确的有（　　　　）。

A. 面料应是天然材料，质地比较上乘，而且上衣、裙子、背心等应选用一种面料

B. 以暖色调为主，以体现着装者的热情、端庄气质

C. 正式场合所穿的西装套裙可以不带图案，朴素简洁

D. 西装套裙上不宜有花卉、宠物、人物、文字等图案

3. 关于女士化妆，下列属于禁忌的行为有（　　　　）。

A. 在办公室当众化妆

B. 在异性面前化妆

C. 借用他人的口红

D. 出现残缺妆容

4. 关于方位礼仪规范的表述，（　　　　）是错的。

A. 中国历史上的各朝代都以左为尊，到了现代则与国际惯例相同，以右为尊

B. 在商务场合，上下级之间原则上没有年龄、性别之分，以上级为尊

C. 同级之间通常遵循长者、女士、客人为尊的原则

D. 四人或四人以上同行时，不能并行，应分为两排或多排，前排为尊

5. 因公赠礼时，可以选择（　　　　）作为赠予交往对象的礼品。

A. 白酒

B. 工艺品

C. 卷烟

D. 奢侈品

6. 一般认为建设性反馈有三个特征，包括（　　　　）。

A. 解决了实际问题

B. 恰当运用肢体语言

C. 保持了积极的人际关系

D. 实现了信息的准确传递

7. 关于接电话的礼仪，下面表述正确的是（　　　　）。

A. 完美的接电话时机是在电话铃响的第一声接起来

B. 做好记录准备，专心致志地听对方讲话

C. 转接电话的过程中，要捂住话筒，使对方听不到这边的其他声音

D. 通话中提及的金额、日期、数字、人名、地址等信息是要重复和确认的

8. 面试时，如果遇到不理解面试官提问内容和意图的情况，你认为正确的应对措施是（　　）。

A. 尽管对于问题不太确定，还是要给出一个可能正确的回答

B. 请求面试官给予更加明确具体的提示

C. 答非所问，巧妙地转换话题

D. 保持沉默，暗示不会回答

9. 处理好同事之间的关系需要掌握一些原则和技巧，下列表述不恰当的是（　　）。

A. 工作中学会互谅互让

B. 懂得相互欣赏

C. 对同事既要热诚合作，又要敢于竞争

D. 与同事真诚相处，做到无话不谈、亲密无间

10. 你参加西餐宴会，当女主人将餐巾放到桌上时，你应该（　　）。

A. 致辞

B. 喝汤

C. 举杯

D. 停止用餐

11. 举行签约仪式时，座次排列的具体方式有（　　）。

A. 并列式

B. 随机式

C. 相对式

D. 主席式

12. 同欧美人交谈时，（　　）话题通常来说是不可以谈论的。

A. 收入支出

B. 信仰、政见

C. 体育赛事

D. 身体情况

二、判断题（12分，共12题，每题1分）

1. 我国封建社会的礼仪内容包括国家政治的礼制和家庭伦理两类。（　　）

2. 通过语言信号所传递的信息往往比身体语言信号所传递的信息更为真实。（　　）

3. 见到客户单位总经理时，要等对方给自己递出名片以后，自己再向对方递出名片。（　　）

4. 引导客人上楼时，应该让客人走在前面，接待人员走在后面；若是下楼，接待人员应该走在前面，客人走在后面。（　　）

5. 在给对方提意见时，先给出一个明确、积极的沟通意图，将使对方更容易听取你的反馈。（　　）

6. 商务沟通中的电子邮件要按照规范的商函格式来写。（　　）

7. 应试者进入面试室后，应该积极主动与面试官握手。（　　）

8. 只有简历出彩，才能得到面试机会，因此在简历中提及自己的成绩和优点时，可以适当地夸大其词。（　　）

9. 有智慧的管理者会多听少说、先听后说、三思而后说。（　　）

10. 下级就某个问题请求上级批示时，不宜提出自己的解决方案，只需要认真倾听上级主张和

要求。（　　）

11. 西餐桌子上有一个小玻璃碗，里面装了撒着花瓣的水，这碗水不是用来喝的，而是用来洗手的。（　　）

12. 德国人讲究有法可依、有法必依，即使是生活琐事，往往也有规章、制度可循。（　　）

三、简答题（36分，共6题，每题6分）

1. 仪表、仪容、仪态各自的含义是什么，有何联系和区别？

2. 商务拜访前需要准备什么？预约时间要注意哪些问题？

3. 倾听的障碍有哪些？如何才能做到有效倾听？

4. 求职信和个人简历的撰写要注意哪些技巧？

5. 中餐和西餐在酒水礼仪上有什么区别？

6. 开业庆典仪式一般包括哪些程序？

四、案例题（28分，共4题，第1、2题各6分，第3、4题各8分）

【案例1】　　　　　　　　吴刚的失礼

蔡洪是吴刚的上司，两人私交甚好。一次吴刚出差到外地，发现了一套非常漂亮的茶具。吴刚知道蔡洪一直对茶道有所研究，所以就给蔡洪购买了这套茶具。出差回来的第一天，吴刚就兴高采烈地直奔蔡洪的办公室把礼物送给了蔡洪。而当时蔡洪的办公室里还有好几位同事，吴刚当时就发现蔡洪的脸色不太自然，而且对吴刚所送的茶具也没有表现出特别的兴趣。这让吴刚百思不得其解。

问题：请分析吴刚的表现有哪些不合礼仪的地方。

【案例2】　　　　　　　　面试不妥之处

大学毕业生宋梓涵，各方面条件都很不错，在一次求职面试中，面试官让她做自我介绍时，她是这样介绍的："我在大学期间，是院学生会副主席，组织能力强，交际广泛，有好奇心，协调能力强，善社交，朋友多，有韧性。"最终，她并没有被面试单位录用。

问题：她在面试中这样介绍自己有什么不妥的地方吗？

【案例3】　　　　　　　　金先生失礼

风景秀丽的某海滨城市的朝阳大街上耸立着一座高楼，楼顶上"远东贸易公司"六个大字格外醒目。某照明器材公司的业务员金先生按照原计划，带着公司新设计的照明器材样品，兴冲冲地登上六楼，脸上的汗珠都未擦一下，便直接走进了业务部张经理的办公室，正在处理业务的张经理被吓了一跳。

"对不起，这是我们公司新设计的产品，请您过目。"金先生说。

张经理停下手中的工作，接过产品，随口赞道："好漂亮啊！"他请金先生坐下，倒了一杯茶递给他，然后拿起产品仔细研究起来。

金先生看到张经理对新产品如此感兴趣，如释重负，便往沙发上一靠，跷起二郎腿，一边吸烟，一边悠闲地环视着张经理的办公室。当张经理问他电源开关为什么装在下方时，金先生习惯性地用手挠了挠头皮。好多年了，别人一问他问题，他就会不自觉地用手去挠头皮。尽管金先生解释详尽，张经理还是半信半疑。

谈到价格时，张经理强调："这个价格比我们的预算高很多，能否再降低一些？"金先生回答："我们经理说了，这是最低价格，一分也不能降了。"张经理沉默了半天。金先生却有点沉不住气，不由自主地拉松领带，盯着张经理。张经理皱了皱眉，问："这种新产品的先进体现在什么地方？"金先生又挠了挠头皮，反反复复地说："造型新、寿命长、节电。"

张经理托词暂时离开了办公室，只剩下金先生一个人。金先生等了一会儿，感到十分无聊，便非常随意地拿起办公桌上的电话，同一个朋友闲谈起来。这时，门被推开了，进来的却不是张经理，而是他的秘书。

问题： 金先生失礼具体表现在哪些地方？

【案例4】　　　　　　　　被请到家里谈判

中国某公司（以下简称"中方"）与阿拉伯某国的公司（以下简称"阿方"）谈判出口纺织品的合同。中方给阿方提供了报价条件，阿方说需研究，约定次日早9：30到某饭店咖啡厅谈判。9：20中方到了阿方指定的饭店，等到10点钟还未见阿方人员，咖啡已喝了好几杯了。这时有人建议，"走吧！"有人抱怨道："太过分了。"中方组长说："既按约到此，就等下去吧。"一直等到10：30，阿方人员才晃晃悠悠地来了，一见中方人员就高兴地握手致敬，但未讲一句道歉的话。

在咖啡厅双方谈了一个钟头，没有结果，阿方要求中方降价。中方组长让阿语翻译告诉对方：按约定9：20来此地，我们已等了一个小时，桌上的咖啡杯的数量可以作证，我们诚心与对方做生意，价格没有下降空间。对方笑了笑说，我昨天睡得太晚了，谈判条件仍难以接受。中方建议阿方认真考虑后再谈。阿方代表沉思了一下，提出下午3：30到他家来谈。

下午3：30中方组长准时到了他家，并带了几件高档丝绸衣料作为礼品，在对方西式的客厅坐下后，对方招来他的三个妻子与客人见面。三个妻子年岁不等，脸上没有平日阿拉伯妇女戴的面纱。中方组长让阿语翻译表示问候，并送上礼品。三位妻子很高兴，见过面后，就退下去了。这时，阿方代表说："我让她们见你们，是把你们当朋友。不过，你们别见怪，我知道在中国是一夫一妻制。按规定我还有权再娶一个，等我赚到钱再说。"中方人员趁机祝他早日如愿，并借此气氛将新的价格条件告诉对方。对方高兴地说："中方说研究就拿出了新方案。"于是，他也顺口讲出了自己的条件。中方一听该条件虽与自己的新方案仍有距离，但有商谈空间。

中方组长很自然地说："贵方也很讲信用，研究了新方案，但看来双方还有差距。怎么办呢？我有个建议，既然来了您的家，我们也不好意思只让你让步，我们双方一起让步，如何？"阿方代表看了中方组长一眼，说："可以考虑，但价格外的其他条件呢？"中方组长说："我们可以先理清然后再谈价。"于是双方又把合同的产品规格、交货日期及合同文本等扫了一遍，确认、廓清和订正。阿方代表说："好吧，我们折中让步吧，将刚才贵方的价与我方的价进行折中成交。"中方组长说："贵方的折中是个很好的建议，不过该条件对我方来说，还是过高些，我建议将我方刚才的价与贵方同意折中后的价进行折中，并以此价成交。"阿方代表大笑，说："贵方真能讨价还价，看在贵方昨天等我一个小时的诚意上，我们成交吧！"于是他的手握住了中方组长的手。

问题：

1. 你如何看待中方人员对对方迟到的处理，为什么对方未就迟到一事道歉？
2. 你如何看待阿方代表把中方人员请到家里谈判的做法？
3. 通过双方的成交过程，评价中方的准备工作。

参考文献

[1] 唐蜀湘，陈宁. 商务礼仪[M]. 北京：北京师范大学出版社，2013.

[2] 刘民英. 商务礼仪[M]. 上海：复旦大学出版社，2014.

[3] 韩爱群. 商务礼仪实务[M]. 北京：北京理工大学出版社，2012.

[4] 孙金明，王春凤. 商务礼仪实务[M]. 3 版. 北京：人民邮电出版社，2019.

[5] 王玉苓. 商务礼仪：案例与实践[M]. 北京：人民邮电出版社，2018.

[6] 王忠伟，蒲岸华，李洪娜，胡迎春. 商务礼仪[M]. 4 版. 大连：东北财经大学出版社，2022.

[7] 杨秀丽. 商务礼仪[M]. 上海：上海财经大学出版社，2015.

[8] 何伟祥. 公关礼仪[M]. 4 版. 大连：东北财经大学出版社，2019.

[9] 耿燕，梁月. 人际沟通与社交礼仪[M]. 2 版. 北京：清华大学出版社，2020.

[10] 李映霞. 管理沟通：理论、案例与实训[M]. 北京：人民邮电出版社，2017.

[11] 张铭. 现代实用社交礼仪[M]. 北京：人民邮电出版社，2017.

[12] 张学娟. 实用商务礼仪[M]. 2 版. 北京：人民邮电出版社，2015.

[13] 韩冬. 大学生礼仪[M]. 北京：人民邮电出版社，2014.

[14] 熊卫平. 现代公关礼仪[M]. 4 版. 北京：高等教育出版社，2015.

[15] 何浩然. 中外礼仪[M]. 大连：东北财经大学出版社，2006.

[16] 龚荒. 商务谈判与沟通[M]. 3 版. 北京：人民邮电出版社，2021.